전쟁범죄 · 일본군'위안부' 피해실태 자료집
중국 침략 일본전범 자필진술서

일제침탈사
자료총서 93

전쟁범죄·일본군'위안부' 피해실태 자료집

—중국 침략 일본전범 자필진술서

동북아역사재단 편

동북아역사재단
NORTHEAST ASIAN HISTORY FOUNDATION

| 발간사

일본제국주의의 식민 침탈에서 벗어난 지 75년이 되었지만, 그 역사가 아직도 한일 관계에서 큰 걸림돌로 작용하고 있다. 21세기에 들어 일본 정부의 독도 영유권 주장은 점차 도를 더해 가고 있으며, 최근에는 일제의 강제동원 문제와 한국 대법원 판결, 일본군'위안부' 문제 해결 방안 등으로 갈등이 불거졌다. 급기야 그 불이 무역 분쟁, 안보 문제까지 옮겨 붙었다.

한일 간의 역사 문제는 우선, '식민지배'라는 역사를 어떻게 볼 것인가라는 역사인식에서 기인한다. 우리는 언제나 오늘날의 입장에서 과거의 역사를 바라보고, 다시 미래로 나아간다. 과거 침략의 역사를 미화하면서 평화로운 미래를 얘기하는 것은 불가능하다. 식민지배로 인한 잘못을 인정하고 반성하지 않으면 다시 전쟁이 일어날 위험성이 있고, 인권을 존중하지 않는 군국주의 부활을 획책할 수도 있다. 따라서 역사를 보는 미래지향적 인식이 필요하다. 그리고 이 인식을 한일 양국이 공유해야 할 것이다.

다음, 지금의 한일 역사 문제는 '과거'의 '사실'이 명확하게 규명되지 않은 것에도 연유한 점이 있다. 해방된 이후, 일제강점기에 대한 개인적인 연구는 다수 이루어졌으나, 학계나 정부 차원에서 식민지배의 실상을 체계적으로 연구 정리하고, 관계 되는 자료집을 모아 정리하지 못하였다. 지금까지 항일독립운동사에 대한 연구와 자료집은 많이 출간되었지만, 일제의 통치 자체를 정리하지 못한 것이다.

또한 일제의 식민 침탈의 실상을 국민에게 알리고 교육하는 것도 체계적이지 않았다. 초등학교에서 고등학교에 이르는 학교의 역사교육은 나름대로 성과가 있었지만, 학교를 떠난 이후의 일반 시민교육에는 사실 무관심하였다. 그러자 최근에는 일제의 한반도 강점과 식민지배로 인한 피해를 부정하는 인식 아래, 일제강점기에 한반도가 근대화되었고, 수탈이나 강제동원은 꾸며진 이야기라고 주장하는 책이 시중에 나오기도 하였다. 역사인식이 명확하지 않았던 일부 국민들이 여기에 호기심을 가졌고, 또한 이를 넘어 찬동하는 사태도 일어났다. 이런 책에서 부정한 것은 일제 침탈의 역사뿐만 아니라 항일독립운동의 역사, 나아가 우리 민족사 전체였다.

우리 학계는 일찍부터 일제 침탈의 역사를 체계적·객관적으로 정리해야 한다는 점을 잘 알고 있었지만, 차일피일 미루다가 너무 많은 시간이 흐르게 되었다. 이에, 더 늦기 전에 우리 재단이 중심이 되어 한국학계의 힘을 모두 모아 일제침탈사 연구를 집대성하고, 관련된 자료를 수집하여 체계적으로 정리하고, 일제 침탈 실상을 바로 알리기 위한 일반 시민 대상의 교양서 발간을 기획하게 되었다. 2020년부터 사업을 시작하였고, 앞으로 몇 개년에 걸쳐 이를 수행할 예정이다. 일제침탈사 편찬사업은 크게 세 부분으로 나누어, (1) 일제 침탈의 전모를 학문적으로 정리한 연구총서(50권), (2) 문호개방 이후 일제강점기에 이르는 기간의 일제침탈 자료총서(100여 권), 그리고 (3) 일반 국민이 일제 침탈을 올바르게 알 수 있는 주제를 쉽게 풀어쓴 교양총서(70여 권)로 구성하고자 한다.

그동안 일제의 침탈상을 밝히려는 연구가 없었던 것은 아니다. 관련 자료집도 여러 방면에서 편찬된 바 있다. 그러나 모든 분야를 망라하여 학계의 연구 성과를 종합하고 관련 자료를 편찬하는 일은 이번이 처음이다. 무엇보다 일반 시민들이 과거 제국주의시대 우리가 겪었던 침략과 수탈의 역사를 또렷하게 직시할 수 있게 하는 종합 자료집은 드물었다. 따라서 정치·경제·사회·문화 등 모든 방면에 걸쳐 침탈의 역사를 알기 쉽게 기록하고 그에 대응한 자료를 모아 번역함으로써 시민들에게 일제 식민지배의 실체와 침탈의 실상을 전하고자 한다.

이런 계획 아래에서, 이 책은 중국 중앙당안관이 출간한 『중앙당안관 소장 중국 침략 일본전범 자필진술서(中央檔案館藏日本侵華戰犯筆供選)』(120권, 中華書局, 2015, 2017) 중에서, 일본군'위안부' 관련 중요 내용이 포함된 일본전범들의 자필진술서 5건을 번역하였다. 일본전범 자필진술서는 현역 일본 군인의 고백으로, 일본군이 '위안부'를 동원하였으며 그 과정에서 불법을 묵인하거나 방조한 사실, 일본군이 군 시설로 위안소를 설치하고, 관리·통제하였으며, '위안부' 피해자는 위안소 등에서 강제적인 상황에 놓여있었음을 확인할 수 있는 귀중한 자료이다. 일제침탈사 자료총서 중 하나인 이 책 『전쟁범죄·일본군'위안부' 피해실태 자료집: 중국 침략 일본전범 자필진술서』에는 일본의 군과 정부가 국가정책으로 여성의 성(性)을 침략전쟁 수행을 위한 도구로 이용하였으며, 그 과정에서 많은 여성들이 중대한 인권 침해를 당한 다양한 사례들이 밝혀져 있다. 이 자료집이 일본군'위안부' 피해의 역사적 사실을 알리는 데 기여하기를 기대한다.

2020년 11월

동북아역사재단

이사장

| 차례

—

자료 소개

중국 침략 일본전범 자필진술서

I

중국 중앙당안관(문서기록관)은 지난 몇 년간 일본전범들이 중국 침략시기 범죄 사실을 고백한 자필진술서 842건을 공개하고, 120권의 책으로 출간하였다(『중앙당안관 소장 중국 침략 일본전범 자필진술서(中央檔案館藏日本侵華戰犯筆供選)』, 中華書局, 2015, 2017).[1] 중국 중앙당안관은 그중 성폭력과 일본군'위안부' 관련 내용이 많은 전범 9명의 진술서 일부를 홈페이지에 공개하였다.[2] 동북아역사재단은 2020년 중화서국과 이 전범 자필진술서 9건을 번역하여 일제침탈사 자료총서 『전쟁범죄 · 일본군'위안부' 피해실태 자료집-중국 침략 일본전범 자필진술서』로 발간하는 협약을 맺었다.[3] 이 자료집에는 그중 번역이 완료된 전범 5명의 진술서를 수록하였다.

전범 5명의 진술서는 1954년 중국 랴오닝(遼寧)성 푸순(撫順) 전범관리소에서 작성되었다.

---

1 출간된 120권은 전체 6만 3천 페이지에 이른다. 중국 중앙당안관의 원제목은 필공(筆供)이나, 이는 일제강점기 때 용어로서 신문(訊問)에 응하여 진술(陳述)한 사실을 기록한 문서를 칭하므로, 이 책에서는 진술서로 번역하였다.

2 www.saac.gov.cn/waf/waf.html("위안부"-일본군성노예당안선 제6집 중국사법기관심문 일본군 중국침략전범 문서).

3 「Translation Copyright Agreement」(中華書局有限公司, 2020. 7. 1.)

푸순 전범관리소에서 일본전범 진술서가 작성된 경위는 다음과 같다. 소련은 전후 중국 동북 지역에서 전범으로 체포·연행하였던 일본 군인과 만주국 관료 중 969명을 1950년 7월 중국에 인도하였다. 푸순 전범관리소에 수감된 전범 969명은 일본 군인과 만주국 관료, 하사관, 사병, 헌병, 경찰, 전쟁 지휘를 맡은 하급장교에서 여단장과 사단장, 만주국 지도자, 세균 부대와 정보원 등이 포함되어 있다.[4] 전범 관리소가 전범들로 하여금 전시에 범한 죄를 반성하기 위해 요구한 것이 진술서 집필이었고, 그중 842명분의 진술서가 영인판으로 출간된 것이다.[5]

중화인민공화국 중앙인민정부 최고인민검찰은 1951~1956년 수감된 일본전범을 심문·조사한 후, 1956년 4월 수감된 전범을 관대하게 처리한다는 '수감된 중국 침략전쟁의 일본 범죄인을 처리하는 결정'을 내렸다. 전범들의 자필진술서는 1956년 6~7월 일본전범심판 특별군사법정(審判日本戰犯特別軍事法庭)에 제출되었다. 특별군사법정은 엄중한 죄를 지은 45명의 전범에 대해서만 8~20년의 유기징역을 내리고, 나머지 전범 중 죄가 가볍거나, 죄를 깊이 반성하는 전범은 기소를 면제하고 즉시 석방시켰다.[6]

일본군 전범들이 고백한 자필진술서는 피해자의 기소 내용이 아니라 가해자가 직접 작성한 정확한 자료이며, 중국 정부에 제출해 중국 침략시기 자신의 범죄 사실을 확인하는 진실된 자료이다.[7] 전범들의 진술서에는 살인, 살인방조, 체포 감금, 고문, 구타, 강제노동 혹사, 약탈, 불법가옥 침입, 가옥 파괴와 몰수, 방화, 음식물 강탈, 부정부패, 탈세, 정보활동, 위안소

---

4 이들은 만주국 행정·사법 관계 28명, 만주국 군관계 25명, 만주국 경찰 관계자 119명, 만주국 철도경호군 관계 48명, 광동성청 관계 및 기타 33명, 관동군 헌병대 관계 500여 명, 관동군 소속 부대 800여 명이었다. 관동군 소속 부대가 절반 이상을 차지한다. 김효순, 2020, 『나는 전쟁범죄자입니다 – 일본인 전범을 개조한 푸순의 기적』, 서해문집, pp.86~87.

5 일본전범 자필진술서 영인본 출간에 의해 전범진술서의 전체 모습이 밝혀졌다고 할 수 있다. 단, 자료집에 왜 전범 전체가 아닌 842명이 수록되었는가에 대해서는 설명이 없다. 伊香俊哉, 「資料紹介–『中國檔案館藏日本侵華戰犯筆供選)』の概要–全120巻の '摘要'に示された戦争犯罪」, 季刊『戰爭責任硏究』第91号(2018年 冬季号). p.40.

6 이들 전범은 귀국 후 중국귀환자연락회(中国帰還者連絡會)를 만들어, 전후 일본에서 전쟁 가해 증언 활동을 지속하고 있다. 1990년대 중반 일본의 역사수정주의자에 대항해 『중귀련(계간)』을 발행하여 일본의 젊은이들에게 전쟁의 진상을 알렸다. 周桂香, 2020, 「중국 침략 일본 전범의 '위안부'와 성범죄 반성 고찰」, 『일본군'위안부' 문제와 과제 II–피해자 중심 해결』, 동북아역사재단, p.204.

7 일본이 공개한 사료와 대조해보면 진술서의 내용이 정확하다. 진술 내용을 추가·삭제·수정한 내용은 모두 본인이 직접 지장이나 도장을 찍어 확인하였다. 周桂香, 2020, pp.207~209.

설치와 강간, 윤간 등 전범들이 저지른 범죄 종류가 자세히 기술되어 있다. 일본군의 전시 성범죄는 행정사법·경찰·헌병·군대에서 모두 발생하였다. 강간에 대해서는 100건을 넘는다고 쓴 진술서도 적지 않다. 일본 군대는 위안소 운영을 지원하였고, 위안소 설치를 위해 강제연행, 사기, 감금 등 다양한 수단으로 '위안부'를 동원하였다. 전범 진술서는 일본군이 중국에서 군위안소 운영과 '위안부' 유괴에 직접 관련한 사실을 현역 일본 군인의 고백으로 확인할 수 있고, 일본전범의 범죄 실태를 밝히는 귀중한 자료이다.

II

본 자료집에 수록된 전범 5명의 강간과 위안소 관련 죄행은 헤이룽장(黑龍江)성, 후베이(湖北)성, 광둥(廣東)성 등 중국 동북부에서 남부까지 다양한 지역에서 행해졌다. 전범 5명의 이름과 활동 지역, 일본군위안소 설치와 '위안부' 동원, 강간 관련 개인별 죄행 진술은 다음과 같다.

1. 오노 타케츠구(小野武次)

헤이룽장성에서 일본군위안소를 감시한 전범 오노 타케츠구는 1917년 일본 야마가타(山形)현에서 태어나 1938년 중일전쟁에 참전했고, 1945년 8월 소련군에 포로로 잡혔다. 오노 타케츠구는 주요 강간 죄행으로 "1943년 12월 중순, 만주국 산장(三江)성 푸진(富錦)헌병분대 헌병군조 방첩원 신분으로 수이빈현에서 25세가량의 중국인 여성 강간, 1944년 5월 푸진현 싱룽진에서 30세가량의 중국인 여자를 싱룽정미소에서 강간, 6월 푸진현 지센진에서 35세가량의 중국인 여자를 강간, 1943년 5월부터 1944년 6월, 산장성 푸진헌병분대에서 푸진 통러(同樂)가 일본군위안소에서 25세가량의 조선 여성 2명을 약 10차례 강간, 1944년 11월 푸진현 사강촌 조선인호텔에서 25세가량의 조선인 여자 계(桂) 아무개를 두 차례 강간하였다"

고 진술하였다.

오노 타케츠구는 위안소 감시감독 업무도 맡았으며, 그가 고백한 당시의 죄행은 다음과 같다.

> 1940년 4월부터 1942년 1월까지, 1943년 2월부터 12월까지, 1945년 1월부터 7월까지, 산장성 푸진헌병분대에서 헌병 상등병에서 군조(軍曹)[8]까지 승진하면서 경무 계원과 주임을 맡았던 때 일본군위안소를 감시감독하면서, 조선인 여자(20세~30세가량) 약 30명을 노예로 간주하여 그들의 자유를 박탈하고 푸진 주둔 일본군들이 그 여자들을 능욕하고 강간하는 일에 협조하였습니다. 매주 1회 위안부들의 음부검사를 실시하고 검사결과를 일본군 부대에 통지하였으며, 조선 여자들의 자유를 박탈했을 뿐 아니라 성병으로 인해 막대한 고통에 시달리게 하였습니다.

또한 오노가 지휘한 중국인 밀정 부하가 1944년 7월, 지셴촌 부근에서 중국 농민의 아내를 협박하여 간통, 동거함으로써 피해자의 가정생활을 파괴하였는데, 이러한 죄행이 모두 자신의 책임이라고 인정하였다.

2. 아즈마 이페이(東一兵)

일본군 헌병으로 무단장(牧丹江)성에서 군위안소를 만든 아즈마 이페이는 1918년 일본 이시카와(石川)현에서 태어나 1940년 중일전쟁에 참전했고 1945년 8월 포로로 잡혔다. 그는 위안소 강간 죄행에 대해 “1941년 8월, 무단장성 둥닝(東寧)현에서 관동군사령부의 명령을 받아 중국인의 가옥을 약탈하여 군위안소로 만들고, 조선인 여성 30명을 일본군‘위안부’로 강제로 영업시켜, 해당 지역에 주둔한 일본 군부대의 군인, 군속(군고용인) 4천 명의 강간 대상이자 구타 폭행의 대상으로 만들어 피해자들이 성병으로 고생하게 하고 빚까지 가중시켰으

8 당시 일본군 계급 군조는 우리나라의 중사에 해당한다.

며, 이들을 노예처럼 학대하여 위안소 설치 이후 1942년 10월까지 50회에 걸쳐 강간, 능욕하였다"고 진술하였다.

아즈마는 중국인을 검문검색하는 업무를 하면서도 여성을 능욕하였다. 1942년 5월과 9월, 2회에 걸쳐 퍼예거우(不爺溝)탄광과 다두즈촨부락에서 분대원 15명과 함께 '소련 지하공작원' 색출이라는 명목으로 중국인 가옥 1백 동, 2천 명을 야간에 일제히 검색하면서, 취침 중이던 부녀 15명의 의복을 벗기고 능욕하였고, 1944년 8월 뤼순(旅順)시의 일본인 경영 음식점에서 유흥 중에 중국인 여종업원 1명(성명 미상, 16세)을 강간하였다고 한다. 아즈마의 죄행 진술서 작성일은 1954년 6월 26일이며, 7월 16일 4건을 보충 추가하였고, 9월 6일 죄행 일부를 보완·수정하였다.

3. 다케우치 유타카(竹內豊)

다케우치 유타카는 1910년 일본 교토에서 태어나 1936년 중일전쟁에 참전하였다. 1936년 12월 10일부터 1945년 9월 3일까지 일본군 군의로 복무하면서 헤이룽장성에 일본군장병 전용위안소를 설치하기 위해, 중국인 가옥을 강탈하고 중국인 부녀를 강제 납치하여 일본군위안소에 구속하였다. 그는 위안소 설치와 위안부 강제동원 관련 죄행으로 "1936년 12월 25일, 중국 동북 빈장성 탕위엔(湯原)시 관동군 육군병원 내과병실 소속 군의중위로 근무 중 병원장에게 기녀관(妓館)이 적기 때문에 성병 예방을 위해 일본군 전용 기관을 설치하는 것이 어떻겠느냐고 건의하였고, 전력 감퇴 방지를 위해 중국인 젊은 여자들을 모아 일본군 전용 기녀관을 신설할 필요가 있다는 공문을 작성해 탕위안 경비사령관에게 보냈으며, 경비사령부는 현공서를 시켜 중국인 젊은 여자 30명을 강제로 데려와 일본군전용위안소를 설치하였다"고 진술하였다.

그는 "경비사령부에서 무장병력을 파견하여 무력으로 중국인 가옥 30칸을 강점, 일본군 전용위안소로 썼는데, 당시 일본 여성은 1시간에 3위안 정도였지만 중국 여성은 겨우 1위안으로 일본인 몸 값의 3분의 1의 적은 돈으로 일본군 장병의 노리개로 유린되었고, 금족령으로 위안소 밖으로 단독 자유 외출이 금지되었으며, 식사는 잡곡과 장아찌 등 주로 거친 음식을 주었다"고 진술하였다. 그는 탕위안에 이어 1938년 1월 후린시 경비사령부에도 일본군전용위안소 설치를 건의하여 중국인 젊은 여자 25명을 강제로 끌어오게 해 일본군 전용 기생집을 만들고, 무장병력을 파견하여 무력으로 협박해서 중국인 가옥 25칸을 강점, 일본군전용위안소를 설치하였다. 그가 저지른 중국 여성 납치 유린은 일본군에 복무하던 1936년 12월 10일부터 1945년 9월 3일까지 총 2건 55명이다.

4. 다카자와 겐지(高澤健兒)

다카자와 겐지의 강간 죄행 진술은 만주사변 직후부터 시작된다. 1932년 8월 보병 제39연대 제1기관총 중대장으로 중국 하얼빈(哈爾濱)에 온 그는 "1932년 9월 23일부터 12월 31일까지 제1대대가 닝안(寧安)지구를 경비할 때, 닝안과 둥닝(東寧)에서 중국 여성 3명과 조선 여성 6명을 강간하였는데, 경비대장 이하 많은 장병도 같은 죄행을 범하였다"고 한다. 그는 1934년 4월 일본으로 귀환하였다가 중일전쟁 발발 후 1937년 10월 보충대에서 독립기관총 제8대대 대장에 임명되어 11월에 상하이에 상륙하였다. 1938년 1월 5일경부터 약 1개월 동안 쟈싱(嘉興)을 경비하던 때, 본인과 다수의 부하가 사단이 경영하던 위안소에서 중국 여성을 강간하였다고 한다. 그는 "1938년 쟈싱에서 약 6개월 동안 중국 여성 1명(19세)을 매달 30엔(円)과 약간의 물자를 주면서 강간하였고, 1938년 어느 날, 비전투병 2명이 중국 여성의 집에 침입해서 윤간하였으며, 1939년 1월부터 3월까지 제9사단에 배속되어 한닝(咸寧)지구 병참지부가 경영하는 위안소에서 조선 여성 2명을 강간했고 다수 부하가 위안소에서 강간하였다"고 고백하였다.

그는 1939년 3월 하순부터 창사(長沙) 북부지구 제1차 침략전 개시 때까지 위에양(岳陽)에 주둔하였고, 1939년 7~8월경, 제6사단 모 여단에 배속되어 충양성(崇陽城) 남쪽 스청즈(石城子) 남부 부락을 경비하던 중, 조선 여성을 강간하기 위해 자치회로 하여금 경비대 주둔 구역의 가옥 2호를 빼앗게 하여 위안소로 사용하였다. 그는 "후베이(湖北)성 우한(武漢)지구에서 강제연행한 조선 여성 5~6명을 강간하고 위안부로 만들었으며, 1939년 가을 약 1개월 동안 제6사단 사노(佐野)연대에 배속되어 양러우즈(羊樓子)를 경비하던 기간, 충양현 남쪽 작은 마을 자치회로 하여금 민가를 빼앗고 설치한 위안소에서 자신과 부하 다수가 조선 여성들을 강간하였고, 1939년 양러우즈 경비 종료 이후 1940년 3월 하순까지 푸치(蒲圻)성 서쪽 거리를 경비할 때, 민가를 빼앗아 설치한 위안소에서 조선 여성 5~6명을 부하들과 강간하였으며, 1940~1941년 동북의 자무스시에 주둔하던 제10사단 보병 제10연대 보병포대대 대대장 신분으로 경비구역 내에서 조선 여성 1명을 약 16회에 걸쳐 강간하였다"고 진술하였다.

5. 후루카와 유이치(古川勇一)

후루가와 유이치는 1911년 12월 11일생으로 만주국 산장(三江)성 지방 보안국 속관을 역임하였다. 후루카와는 1933년 4월 베이징 주재 일본대사관의 추천으로 베이징대학 연구생으로 입학하였고, 1937년 7월 베이징 주재 일본대사관 조선과(朝鮮課) 통역으로 채용되어 조선총독부 외무부와 연락 및 재화북조선족 행정지도의 번역과 통상 업무에 종사하였다. 1939년 3월 중국 남부 광저우(廣州)를 침략한 일본 육군특무단에 취직하였다. 1939년 5월 일본군사령부 촉탁 광둥(廣東)육군특무기관 소속 중화민국유신정부[9] 난하이(南海)현 현정부 행정고문이 되어 퍼산(佛山)시에서 활동하면서 중국 여성 50여 명을 납치하여 일본군위안소에 감금하였다.

그는 "1939년 6월 난하이현 스완(石灣)진에서 일본 박애회병원의 의사 하세가와(長谷川)에게 주민 대상으로 콜레라 예방주사를 접종하게 했는데, 하세가와가 접종 시행 중 중국인 여성을 강간하여 피해자가 친일 구장(區長)을 통해 피해 사실을 통보해 왔지만, 가해자의 죄행을 은폐하고 퍼산시 일본헌병대와 공모하여 가해자를 일본으로 보냈으므로 강간과 관련된 책임이 있어 죄를 인정한다"고 고백하였다. 또 "1939년 5월부터 1940년 5월까지 퍼산시에서 친일 정부의 행정고문으로서 일본헌병대의 중국 여성 50여 명에 대한 일본군위안소 감금과 강간 피해를 목격했지만 어떤 구제 조처도 해주지 않고 방치한 책임과 죄를 인정한다"고 고백하였다.

---

9 중화민국유신정부(維新政府)는 일본군 화중방면군의 지원 아래 1938년 3월 28일 성립되었다.

후루카와 유이치는 일본제국주의의 동북 침략 식민지화 정책의 우민화 선전 기초 조직 단체인 만주국 협화회(協和會)[10]에 가입하였으며, 1941년 8월 산장성 지방보안국의 자무스시 정첩 공작반장, 1942년 2월 1일 보안국 자무스시 특첩(特諜)반장을 거쳐, 1944년 4월 1일 보안국 허강(鶴岡)지구 특첩반장으로 전근하여 활동하였다. 1945년 8월 11일 동만주지구 일본재향군인[11] 전원소집령에 의해 허강을 출발하여 자무스시에 도착, 이등병으로 관동군 제853부대에 입대하였다. 1945년 9월 2일 산장성 팡정(方正)현 요우산(有山)툰에서 소련군에 무장해제를 당하고 포로수용소에 수용되었다.

III

이상 자신의 죄행을 상세히 고백한 5명 전범들의 진술서는 중국에서 일본전범의 범죄 실태와 중국인과 조선인 '위안부'의 피해 사실을 파악하는 데 중요한 자료이다. 전범들의 진술에는 일본군'위안부'와 위안소를 정확하게 쓴 경우도 있으나, '기원(妓院)', '감금' 등으로 표현하기도 하였다. 전범 진술서에는 일본군이 저지른 성폭력의 여러 유형이 망라되어 있고, 위안소 정책과 '위안부' 유괴, 즉 강제연행, '위안부' 피해 실태의 다양한 사례가 들어있다.

일부 전범들은 진술서 작성 시 자백서 문건을 공식 제출한 후에 추가로 범죄 행위와 참회의 결론을 보충 작성했다. 이들은 일본제국주의의 중국 침략과 일본 '천황'의 잘못을 비판하고, 생명의 은인인 중국 정부에 대한 감사 그리고 향후 자기 개조의 결의를 표명하였다.

다케우치 유타카는 본인이 '천황'에 충성을 다하여 얻은 결과물은 국가의 번창이나 집안의 번성도 본인의 행복과 명예도 아니며, 현재 자신은 감옥에 있고 일가가 흩어져 있게 되어 고령의 부모님은 노후를 돌봐드릴 사람도 없으며, 조국 일본과 일본 민족은 미국제국주의의

---

10 협화회는 오족(한족, 만주족, 몽골족, 조선족, 일본족) 협화를 제창하였다.

11 일본재향군인회는 일본군국주의의 기초단체로서, 강령에서 국민개병하 군에서는 충용한 병이 되고 고향에서는 충량한 신민이 되는 것을 강조한다.

노예가 되어 모두 비참한 상태에 빠져 있을 뿐이라며 참회하였다. 그는 "4년 동안의 학습을 통해 비로소 천황 맹신의 미몽에서 깨어나 중국 인민들에게 감사하고 있으며, 천황과 그 일파들은 국민 대중을 착취 압박하고 역사를 왜곡했는데, 천황 스스로 현인신(現人神)이라고 칭하며 충효일치사상과 무사도사상을 날조하여 그것을 교육칙어와 군인칙유에 넣어 일본 전국에 보급 침투시켰고, 그릇되고 협애한 야마토(大和)민족관과 민족 간의 차별을 일으켜, 중국 인민을 비롯해 조선과 월남 등의 다른 나라 인민을 향해 대동아공영권이나 팔굉일우(八紘一宇) 등 엉터리 선전으로 국민 대중을 우롱하고, 중국 침략전쟁을 발동하여 태평양전쟁으로 확대하였다. 히로히토가 발동한 이 전쟁은 정의롭지 않은 침략전쟁"이라고 진술하였다.

다카자와 겐지는 과거에 일본제국주의를 제대로 인식하지 못하여 자신의 죄행도 인식하지 못했지만, 죄행 인식 공작이 시작된 후 차츰 일본제국주의의 흉악함을 알게 되었고 중국 인민을 대표하는 중국 정부를 절대 신뢰하는 동시에 중국 인민에게 사죄하면서 어떤 판결에도 복종할 것을 결의한다고 진술하였다. 또 자신으로 하여금 이렇게 중대한 죄행을 범하게 만든 천황제를 무한 증오하며 천황제에 대해 철저하게 투쟁할 것을 결의하였다.

오노 타케츠구와 아즈마 이페이, 후루카와 유이치는 별도의 참회나 결론을 추가하지 않았다. 전범들의 진술서에는 전반적인 전쟁범죄에 대한 반성에 비해 '위안부'와 성폭력 범죄에 대한 반성은 많이 부족한 편이다. 이는 '위안부' 관련 기록물 발굴과 연구가 그만큼 어렵고 엄중하다는 사실을 보여준다.[12] 앞의 5명 이외에 나머지 전범들의 진술서에도 '위안부' 관련 성범죄를 고백한 사실이 다수 있고, 일부 전범은 귀국 후 책을 출간하기도 하였다. 일본전범들이 자백한 범죄행위는 중국 내에만 국한되지 않고 네덜란드령동인도 자바 등지에서 네덜란드인과 인도네시아인에게 저지른 성범죄도 있다.

일본군이 전시에 자행한 성범죄는 은폐성이 강하다. 이런 상황에서도 2000년 12월 도쿄에서 여성국제전범재판이 개최되었을 때, 국제법정에서 중국귀환자연락회 소속의 팔순이 넘은 가네코 야스지(金子安次)와 스즈키 요시오(鈴木良雄)가 용감하게 성범죄 가해 증언을 하였다. 2020년 여성국제전범재판 20주년에 이 자료집이 발간된다는 의의도 있다.

자료집 번역은 원문 전체 번역을 원칙으로 하였으나, 전범의 진술에서 일부 반복되는 부

12 주계향, 2020, p. 205.

분은 생략하였다. 일본인 인명에서 발음 확인이 가능하지 않은 경우 한자만 표기하였다. 자료집 발간을 위해 일본전범의 일본어 자필진술과 중국어 번역을 꼼꼼하게 대조하여 번역하고 역자 각주를 달아준 신경란 님에게 감사드린다. 향후 일제 침탈과 전시 성폭력 등 전쟁범죄를 극복하기 위해, 침략의 실태 및 군'위안부'의 피해 실상을 전하는 자료 발굴과 공개, 후속 연구가 계속 이루어지기를 기대한다.

자필진술서

오노 타케츠구 자필진술서

제24권 수록 전범

성명: 오노 타케츠구(小野武次).

별명: 없음.

연령: 1917년 2월 1일생(공술 시점 기준 만 37세).

본적: 야마가타(山形)현 니시무라야마(西村山)군 무라사키하시(紫橋)촌 오아자히라시오(大字平塩) 297호.

현주소: 야마가타현 니시무라야마군 무라사키하시촌 오아자히라시오 297호.

학력: 8년.

최종 졸업 학교: 무라사키하시 심상고등소학교.

출신성분: 중농.

직무계급: 일본 관동(關東)헌병대 스핑(四平)헌병대 스핑헌병분대 경무계(警務係) 헌병군조.

당파 및 단체 참가 유무: 없음.

경력

- 1923년 4월 1일 야마가타현 니시무라야마군 무라사키하시 심상고등소학교 입학.
- 1931년 3월 28일 동교(同校) 고등과 2학년 졸업.
- 1931년 4월부터 1932년 10월까지 원적지에서 농업에 종사함.
- 1932년 10월부터 1933년 4월까지 이바라키(茨城)현 타가(多賀)군 오즈(大津)정 코마치 키요시(小松清) 집에서 어류 가공에 종사함.

- 1933년 4월부터 1933년 10월까지 원적지에서 농사에 종사함.
- 1933년 10월부터 1934년 4월까지 이바라키현 타가군 세키나미(關南)촌 니이다 히카루(仁井田日) 시모베 카메요시(下部龜吉) 집에 가서 어류 가공에 종사함.
- 1934년 4월부터 1934년 10월까지 원적지에서 농사에 종사함.
- 1934년 10월부터 1935년 4월까지 이바라키현 타가군 세키나미촌 니이다 히카루 시모베 카메요시 집에서 어류 가공에 종사함.
- 1935년 4월부터 1935년 10월까지 원적지에서 농사에 종사함.
- 1935년 10월부터 1936년 4월까지 이바라키현 타가군 세키나미촌 니이다 히카루 시모베 카메요시 집에서 어류 가공에 종사함.
- 1936년 4월부터 1936년 10월까지 원적지에서 농사에 종사함.
- 1936년 10월부터 1937년 4월까지 이바라키현 타가군 시모베 카메요시 집에서 어류 가공에 종사함.
- 1937년 4월부터 1938년 1월 상순까지 원적지에서 농사에 종사함.
- 1938년 1월 10일 현역병으로 입대하여 히로사키(弘前)시 히로사키 기병 제8연대 유수대(留守隊) 제2중대 제4반 소 육군 기병 이등병이 됨.
- 1938년 4월 1일 육군 기병 일등병이 됨.
- 1938년 4월 상순 다롄(大連)에서 중국 동북 지방으로 이동함.
- 1938년 4월 중순부터 6월까지 무단장(牡丹江)성 무링(穆稜)가 주둔 히로사키 기병 제8연대 본부 제2중대 무라카미(村上) 부대에 편입됨.
- 1938년 6월부터 10월까지 소속 부대가 무단장성 수이양(綏陽)현 얼다오커우(二道溝) 북방 1천 500미터 지점 산속으로 이동해서 주둔함.
- 1938년 10월부터 1939년 7월까지 소속 부대가 무단장성 수양현 시린하(細麟河)로 이동해서 주둔함.
- 1938년 10월 1일 육군 기병 상등병(上等兵)이 됨.
- 1939년 7월부터 8월까지 무단장성 수이양가 제8사단 사령부에서 전령성원(傳令成員) 자격으로 전령교육을 받음.
- 1939년 8월부터 10월 1일까지 무단장성 수이양현 수이시(綏西) 주둔 히로사키 기병 8연

대 제2중대로 복귀함.

- 1939년 10월 1일 창춘시(長春市) 관동헌병대 교습대에 지원 입대함.
- 1940년 4월 1일 위 교습대 과정을 마치고 육군헌병 상등병으로서 산장성 푸진가 자무스(佳木斯)헌병대 푸진분대 경무계원(警務係員)이 됨.
- 1940년 4월 1일부터 1942년 1월 상순까지 푸진가 주둔 자무스헌병대 푸진헌병분대 경무계원.
- 1941년 10월 1일 일본 육군 헌병오장(伍長)[1]에 임명됨.
- 1942년 1월 상순부터 1942년 6월 1일까지 우(右) 습성늑막염을 앓아 산장성 푸진가 푸진육군병원(120부대)에 입원함.
- 1942년 6월 1일부터 1943년 1월 1일까지 신체 쇠약으로 뤼순(旅順)시 관동헌병대 훈련소에 입소함.
- 1943년 1월 1일부터 1943년 2월 1일까지 다롄(大連)시 다롄헌병대 다롄헌병분대 부두반(埠頭班)에서 부두 관제 일을 함.
- 1943년 2월 1일부터 1943년 11월 30일까지 산장성 푸진 자무스헌병대 푸진헌병분대에서 헌병오장으로서 경무주임을 맡음.
- 1943년 10월 중 자무스 헌병분대에서 7일간 침략을 위한 군사훈련 관제 일을 도움.
- 1943년 12월 1일 육군 헌병군조로 승진함.
- 1943년 12월 1일부터 1943년 12월 31일까지 방첩공작을 위해 산장성 수이빈현(綏濱縣)에 출동함.
- 1944년 1월 1일부터 1944년 12월 30일까지 푸진가 자무스헌병대 푸진헌병분대 훠티엔(活田) 전시업무 방첩원으로 일함.
- 1944년 8월 8일 푸진가 푸진헌병분대에서 후쿠시마(福島)현 타이라(平)시 쇼가츠(正月)정 이노우에 카오루(井上馨)의 장녀 테이지(貞二, 19세)와 혼인함.
- 1945년 1월 1일부터 1945년 8월 5일까지 푸진가 푸진헌병분대 군조로서 경무주임을 맡음.

---

1 옛 일본 육군 계급의 하나로, 우리나라의 하사에 해당한다.

- 1945년 8월 10일부터 1945년 8월 30일까지 스핑시 스핑헌병대 스핑헌병분대 헌병군조 경무계원을 맡음.
- 1945년 8월 30일경 스핑헌병분대의 무장해제 후 스핑시 양무린(楊木林)에 집결함.
- 1945년 9월 중순 스핑시 양무린에서 출발하여 헤이허(黑河)를 거쳐 소련으로 이동.

훈장 및 기념장 수상 내역

- 1940년 4월 중국 동북 국경 침략전투에서 훈팔등(勳八等) 서보장(瑞寶章)을 받음[이외에 현금 공채(公債) 약 100엔(圓)을 받음].
- 1944년 8월 훈칠등(勳七等) 서보장(瑞寶章)을 받음(정기 서훈).
- 1940년 4월 중국 침략 7·7종군[2] 기념장을 받음.
- 1943년 6월 인구조사 기념장을 받음.
- 1944년 12월 중국인 애국자(소련 무선 전신 공작원)를 체포하여 자무스헌병대장 헌병 중좌(中佐) 하야카와 타다이치(早川只一)의 상장을 받음(이외에 현금 15엔을 받음).

오노 타케츠구는 1917년에 일본 야마가타(山形)현에서 태어나 1938년 중일전쟁에 참전하였고, 1945년 8월에 포로가 되었다. (중략) 강간 관련 주요 죄행은 "1944년 6월, 푸진현에서 중국 농민 1명(35세가량)을 만주국 싱룽(興隆)경찰서에 체포·구금해 5일간 학대하였고, 피해자의 아내(25세가량)도 체포하여, 발가벗겨 등에 큰 자라를 그린 뒤 발가벗긴 채로 싱룽거리로 내쫓아 대중 앞에서 능욕함. 1943년 5월부터 1944년 6월에 푸진현 통러(同樂)가에 있던 일본군위안소에서 조선 여성 2명(25세가량)을 약 10차례 강간함. 1944년 11월, 푸진현 사강(沙崗)촌에서 "조선 여성 계(桂) 아무개(25세가량)를 2차례 강간함. 1940년 4월부터 1942년 1월까지, 1943년 2월부터 12월까지, 1945년 1월부터 7월까지 "일본군위안소를 감시감독하면서 약 30명의 조선 여성(20세~30세가량)을 노예로 간주하고 그들의 자유를 박탈하여 푸진에 주둔한 중국 침략 일본군들이 그 여성들을 능욕하고 강간하도록 협조하였고, 주 1회 그 여성들을 대상으로 음부검사를 실시하고, 검사결과를 일본군 부대에 통지함으로

---

2 1937년 7월 7일 루거우차오(蘆溝橋)에서 발생한 발포사건으로, 중일전쟁의 발단이 되었다.

써 조선 여성들의 자유를 박탈하였을 뿐 아니라 그 여성들로 하여금 성병으로 인한 막대한 고통에 시달리게 함" 등이다.

오노 타케츠구의 죄행 진술

청류공작(淸流工作)[3] 개황

1943년 12월 1일부터 1943년 12월 31일 사이에 산장성 푸진현 푸진헌병분대장 헌병 소위(少尉) 쇼우지 츠네지(庄司常二)의 명령 및 지휘하에 헌병군조 방첩원 신분으로 지휘반장 헌병 조장(曹長)[4] 스즈키 사토시(鈴木敏) 이하 대원 40명과 함께 산장성 수이빈현에 침입, 1941년 이래 푸진헌병분대 방첩원 토미야마 토오키치로우(富山藤吉郎)가 조사한 과거 소련에 거주한 사실이 있는 사람과 중국인 애국자를 체포하기 위해 국경수비반과 더불어 계속해서 유동적으로 검문검색하였습니다.

수이빈현 내에 거주하던 중국인 애국 남성 약 100명을 체포하여 푸진헌병분대 구류소에 약 40명을, 만주국 푸진헌병단에 약 30명을, 만주국 푸진경찰서에 약 30명을 구금하였습니다. 1944년 1월 상순부터 푸진헌병분대에서 본인과 헌병, 보조헌병 약 40명이 함께 고문하면서 심문과 학대를 가하여 푸진헌병분대에 감금되었던 중국인이 피부병과 발열, 구토, 섬망, 혼수 상태에 이르는 반진상한병(斑疹傷寒病)에 걸렸습니다. 1944년 2월 상순 전후해서 푸진헌병분대 구류소 내에서 사망자 2명이 발생하자 증세가 위중한 중국인 10명 이상을 내쫓고 사망을 조성한 고문을 잠시 중단하였습니다. 1944년 2월 중순, 심문을 늘리기 위해 자무스헌병분대 및 이란(依蘭)헌병분대에서 와카사(若差) 조장, 히오키(日置) 군조 등 5, 6명을 파견해 와서 고문을 통한 심문을 다시 시작하였습니다.

1944년 3월 중순, 야마구치(山口) 군조, 하타노(羽田野) 군조 외 약 2명과 함께 중국인 3명을 하얼빈헌병대 본부로 '특수수송'하였습니다. 1944년 5월 중순, 군조였던 본인과 야마구

---

3 중국인을 대규모로 체포하고 학살한 죄행을 말한다.

4 옛 일본 육군 하사관 계급의 최상급으로, 군조(軍曹)의 위이고 우리나라의 상사에 해당한다.

치 군조 및 보조헌병 2명이 중국인 5명을 하얼빈헌병대 본부로 '특수수송'하고[소련군에 체포되어 소련 수용소에 있을 때 이시이(石井)부대로 특수수송하여 세균실험에 이용하고 살해한 것을 알게 됨] 1944년 5월 하순에서 6월 사이에 하타노 군조, 도바시(土橋) 군조 외 몇 명과 함께 중국인 8명을 하얼빈헌병대 본부로 '특수수송'하여 살해하게 하였습니다.

청류공작에 참가하여 중국인을 체포한 정황

1. 명령 및 지휘자: 푸진헌병분대장 헌병소위 쇼우지 츠네지
2. 지휘반장(전시업무반장): 헌병 조장 스즈키 사토시, 보조헌병지휘자: 육군 준위(准尉) 타우에 마츠조(田上末藏), 통역: 위안(遠) 아무개, 지휘반원: 이토(伊藤) 오장, 가게치 모이치(陰地茂一, 준비 및 기타 서무 담당), 나루세(成瀨) 병장(兵長), 타니구치(谷口) 병장(연락원), 기타 보조헌병 여러 명
3. 유동 검문검색반

   제1반장: 하타마(濱田) 조장

   제1반 반원: 도바시(土橋) 오장, 헌보(憲補)[5] 왕차이장(王財章), 통역 타케우치(竹內, 조선인), 보조헌병 약 5명

   제2반장: 토미야마 조장

   제2반 반원: 오니시(大西) 오장, 마츠모토(松本) 헌병보(憲兵補), 관청린(關成林) 헌보(憲補), 보조헌병 약 5명

이 밖에도 유동반은 푸진헌병분대에서 이용하던 중국인 밀정 뤼중위안(呂中元), 허칭셴(赫慶先), 청칭장(程慶章), 왕(王) 아무개 외 여러 명이 모두 출동하였습니다.

4. 국경수비반(5개 반)

   반장: 본인(당시 군조), 야마구치 오장, 하타노 오장, 나카야마 오장, 사토(佐藤) 오장 5명

수비반마다 보조헌병 2명을 둠. 그밖에 수비반마다 일본어 회화가 가능한 푸진가 거주 중국인 1명을 이용하여 출동하였습니다.

---

5 헌병보조원의 준말. 일본 헌병대에 정식으로 편제되지 않은 보조원으로 중국 동북 지역에서는 해당 지역의 조선인과 중국인을 뽑아 썼다.

청류공작 결과

1943년 12월, 청류공작을 진행하여 산장성 수이빈현에서 체포한 중국인 약 100명 중 28명을 살해하였습니다.

1944년 2월 중순까지 석방한 약 40명가량을 제외한 나머지 30명의 생사 유무는 불명[본인은 1944년 2월 중순부터 1944년 3월 중순, 1944년 3월 하순부터 1944년 5월 중순 사이 산장성 푸진현 싱룽촌 산퉁강(三通崗)촌, 지셴(集賢)촌 등지에서 방첩공작을 하였기 때문에 알 수 없음].

청류공작 중에 범한 죄행

1. 1943년 12월 하순부터 푸진가 푸진헌병분대에 감금한 중국인 약 100명을 고문하고 학대한 결과 1944년 1월 하순부터 2월 중순에 구류소 내에 발생한 반진상한병(斑疹傷寒病) 환자 40명 중 40세가량의 남자 2명을 사망에 이르게 하였습니다. 당시 본인은 분대장 쇼우지 츠네지의 명령을 받아 보조헌병 1명을 지휘하여(1월 하순부터 2월 중순 사이) 구류소 내를 연일 감시함으로써 학대받다가 사망에 이르게 만들었고, 본인이 푸진가 공소(公所)[6]에 명령하여 그 시체를 처리하게 하였으며, 본인은 학대 치사 집행자였습니다.

1944년 2월 중순, 전시업무반 반장 스즈키 사토시의 명령을 받고 반진상한병 중환자 10명을 석방하였으나 감금 기간 중에 가한 고문과 학대로 피해자가 석방 후 사망한 것을 인정합니다. 석방자 중 사망한 4명은 본인이 1944년 1월 상순부터 1월 중순 사이에 물고문과 학대를 통해 살인한 죄행이며, 피해자는 산장성 수이빈현에 거주하던 중국인 남자들(30세~50세가량)이었습니다.

2. 하얼빈으로 '특수수송'하여 살해한 죄행

1943년 12월 이후 청류공작으로 푸진헌병분대에서 체포, 구금하고 고문한 중국인 애국자 약 100명 중 16명을 하얼빈으로 '특수수송'하여 살해당하게 만들었습니다. 당시 본인은

(1) 1944년 5월 중순, 푸진헌병분대장 헌병대위(大尉) 이누도 키치노스케(犬童吉之助)의 명령을 받고 헌병군조 야마구치 히사오(山口久夫), 보조헌병 4명을 지휘하여 중국인 애국자 5명(남자, 30세~50세가량)을 전 푸진헌병분대에서 하얼빈역으로 이송, 하얼빈헌병대

---

6 만주국 하위 행정 구역의 행정 관청 소재지.

본부 아무개 군조에게 인계하였으나, 피해자들은 하얼빈 이시이부대에서 살해되었습니다. 본인이 '특수수송'하여 살인한 죄행을 인정합니다.

(2) 1943년 12월 하순, 본인은 푸진헌병분대 청류공작 유동반장 토미야마 토키치로의 명령을 받고 산장성 수이빈현 중싱진(中興鎭) 부근 촌락에서 남자 중국인 1명(40세가량)을 체포하여 푸진헌병분대에 구금하였고, 토미야마 토키치로가 심문 후 1944년 5월 하순(또는 6월)에 하타노, 도바시 군조 등 여러 명이 이 남자를 하얼빈 이시이부대로 이송하여 살해당하게 하였으므로, 본인이 체포함으로써 살인에 이르게 된 죄행을 인정합니다.

(3) 1943년 12월 하순, 푸진헌병분대장 헌병소위 쇼우지 츠네지의 명령을 받아 청류공작으로 체포되었던 중국인 애국자 약 100명 중 본인이 연락하여 만주국 푸진경찰서에 30명, 만주국 육군헌병 푸진헌병분단에 30명 수감하고 약 30일에서 100일 동안 학대하였습니다. 또 1944년 1월 상순부터 2월 중순 사이 푸진헌병분대에 중국인 40명가량이 수감되었는데, 본인이 구류소 간수 신분으로 그 애국자들에게 학대를 가하였고, 푸진헌병분대의 심문을 거친 후 그중 11명을 하얼빈헌병대 본부로 이송하여(1944년 3월 중순에 3명 이송, 야마구치 및 하타노 오장이 다른 몇 명 이송, 1944년 5월 하순 또는 6월에 하타노 및 도바시가 그 외 몇 명을 이송함) 하얼빈 이시이부대에서 세균실험에 이용된 뒤 살해당하게 하였으므로, 본인이 감금하였던 행위가 바로 살인 죄행임을 인정합니다.

3. 청류공작 중 본인이 범한 체포 죄행

1943년 12월 1일부터 31일 사이, 푸진헌병분대장 헌병소위 쇼우지 츠네지의 명령과 지휘하에 동료 40명과 함께 산장성 수이빈현에 침입해 이 지역 주민이었던 중국인 애국자 약 100명(남자, 25세~50세가량)을 체포하였고, 당시 국경수비반 제3반장 신분으로 보조헌병 2명 및 통역 왕(王) 아무개를 지휘하여 수이빈현 중싱진에서 국경을 수비하여 애국자들의 활동을 방해하였습니다. 유동반의 체포에 유리하도록 본인이 3명의 중국인[중싱진에 거주하던 순(孫) 아무개, 남자 35세가량, 부근 촌락의 남자 2명 30세, 40세가량]을 체포, 푸진헌병분대에 구금하고, 이들 중 순(孫)과 30세 남자에게 통역 타케우치(조선인)와 위안(遠)을 데리고 고문하고 죽검으로 멍이 들고 붓도록 때렸습니다. 당시 구금 학대는 20일간 진행한 뒤에 석방하였습니다(나머지 1명에 대한 죄행은 위 살인 죄행 부문에서 인정). 이는 본인이 체포, 고문, 구금, 학대한 죄행입니다.

4. 청류공작 중 본인이 고문을 가한 죄행

1944년 1월 7일부터 중순 사이, 푸진헌병분대장 쇼우지 츠네지의 명령을 받고 동료 약 40명과 함께 푸진헌병분대에서 청류공작으로 체포되어 온 약 100명의 중국인들을 고문하였습니다. 본인은 통역 타케우치(조선인)와 위안(遠)을 데리고 4명(산장성 수이빈현 거주하던 30세~40세가량까지의 중국인 남자)에 대해 죽검으로 구타하고 물고문을 가하고 구금하여 15일에서 20일가량 학대한 뒤 석방하였습니다. 이는 본인이 고문, 구금, 학대한 죄행입니다.

본인이 청류공작 중에 범한 죄행 요약

명령을 받고 총 28명 살인: 학대 치사 12명, 체포 살해 1명, '특수수송'으로 인한 살해 5명, 구금하여 간수로서 살해 10명

명령을 받고 약 70여 명을 고문하고 학대: 체포 고문 2명, 고문 4명, 구금 및 간수로서 학대 약 70명

본인의 죄행으로 말미암아 피해자의 아내는 남편을 잃었고 아이들은 고아가 되었으며, 그 부모 형제 처자식이 빈곤과 고통 속에 생활하게 되었습니다. 이는 나에게 책임이 있는 나의 죄행입니다.

증인 가게치 모이치

살인 죄행

1. 1940년 10월 중, 산장성 푸진가에서 푸진헌병분대장 헌병중위(中尉) 이나미 사다카즈(稻見定一)의 명령을 받고 푸진헌병분대 방첩주임 헌병 조장 카토 보가 체포하여 구금 중이던 중국인 남자 1명(45세가량, 주소 미상)을 마차로 푸진가 난얼다오(南二道)가 푸진육군병원에 이송, 육군 군의중위 카네츠키 킨고(金築金吾)에게 인계한 결과 푸진육군병원에서 카네츠키 킨고가 수술 실험에 이용하고 살해하였습니다. 본인이 이송하였던 행위는 바로 살인 죄행이며, 당시 본인은 경무계 헌병 상등병이었습니다.

2. 1940년 12월, 헌병 상등병으로 경무계원이었던 본인은 당번 근무 중에 푸진헌병분대

장 헌병중위 이나미 사다카즈의 명령을 받아 하사관 1명과 함께 구류소 간수로서 구금되어 있던 중국인 남자 1명(약 30세가량, 주소 및 체포자 불명)을 구류소에서 끌어내어 손을 등 뒤에 묶은 채 푸진헌병분대 방첩원 이시카와(石川) 오장과 사토 세이지(佐藤世治) 상등병에게 인계하였는데, 이들이 피해자를 푸진가 부두 부근으로 데려가 쑹화강(松花江) 물속에 던져 살해하였으므로 본인의 행위는 바로 살인 죄행입니다.

3. 1941년 7월 중 푸진가 만주국 신카이먼(新開門)가 경찰파출소 남쪽 약 200미터 지점에 있던 교차로에서 푸진에 주둔 중이던 항공대 카와구치대(川口隊) 사병 1명이 차를 몰아 수로기(修路機)[7]를 견인하던 중 6세 중국 남자아이 1명을 치여 죽였는데, 당시 본인은 경무계원 헌병오장으로서 푸진헌병분대장 헌병중위 이나미 사다카즈의 명령을 받아 피해 아동의 부친에게 "아이를 제대로 간수하지 않았다"고 하고 이치에 맞지 않게 억지로 위협하고 압박하여 가해자가 처벌받지 않게 하였습니다. 중국 사람을 기만하고 일본 군인을 비호한 이런 행위는 살인 행위였으며, 시체는 부친에게 인계하여 처리하게 하였습니다. 피해자는 산장성 푸진가 신카이먼가 경찰파출소 남쪽 200미터 지점 교차로 동쪽 자락에 거주하던 농민(35세가량)의 아들이었으며, 살인을 비호하고 시체를 처리한 본인의 행위는 바로 살인 죄행입니다.

4. 1941년 7월 중 산장성 푸진가 난강(南崗) 일본군 막사 병원 공사현장에서 공병대 제412부대가 감독하던 하청업체 공사현장에서 주임 오노 토하루(大野友春) 외 약 30명과 함께 중국인 노동자 약 200명을 혹사시켰습니다. 임금 투쟁(분쟁)이 발생하였을 때 토목 하청업자 일본인 오쿠라(大倉)가 야구 방망이로 중국인 남자 1명(약 40세)의 머리를 구타하여 살해하였는데, 본인은 당시 푸진헌병분대장 헌병중위 이나미 사다카즈의 명령을 받아 해당 푸진가 난강 공사현장에서 직권을 남용하였습니다. 본인은 일본인과 중국인 중간에서 중국인을 속이는 방법을 써서 인민의 투쟁을 진압하였을 뿐 아니라 가해자를 처벌하지 않았습니다. 이와 반대로 중국인을 체포하였는데, 먼저 수감된 인부 3명이 살해되었지만 은폐하고 그 시체를 동료들에게 인계하여 처리하도록 강요하였습니다. 중국인 남성 3명(모두 30세가량)을 체포하여 푸진헌병분대에 사흘쯤 구금하였는데, 본인이 통역 왕(王)을 통해 심문한 후 공사현장으로 내쫓아 계속 혹사시켰습니다. 헌병 상등병 경무계원 신분으로 해당 공사장을 감시감독하는

7 로드 롤러. 도로의 면을 고르거나 다지는 중장비.

입장에 있으면서 살인 죄행을 비호, 은폐하고 시체를 처리한 본인의 행위는 바로 살인 죄행입니다. 또 200명을 진압하고 혹사하였으며 3명을 체포하여 구금한 죄행을 범하였습니다.

5. 1943년 4월, 푸진헌병분대 방첩원 토미야마 군조가 산장성 수이빈현에서 중국인 2명(성명 및 주소 미상, 30세~40세가량)을 체포하여 토미야마가 심문하고 구타한 상태에서 본인이 헌병오장 경무주임의 자격으로 푸진헌병분대장 헌병소위 후나바시 소이치로(舟橋宗一郞)의 명령을 받아 재심문한 뒤 장기 징역 판결을 바라는 문건을 재판에 넘겼습니다. 이후 토미야마 토오키치로오가 만주국 자무스 육군군법회의 재판에 이송하였는데 징역 판결을 받은 피해자는 사망하기 전 잔혹한 고문과 학대를 받고 혹사당하였습니다. 징역 판결을 바라는 문서를 작성한 본인의 행위는 바로 살인 행위입니다.

6. 1943년 6월, 푸진헌병분대 헌병군조 이시카와 노부요시(石川信義)가 체포하고 고문을 가해 심문한 뒤 구금하였던 중국 남성 1명(약 35세가량)을 하얼빈 이시이부대의 세균실험에 이용하기 위해 하얼빈헌병대 본부로 이송하였습니다. 본인은 푸진헌병분대장 헌병소위 사이토오 츠네타로오(齋藤常太郞)의 명령을 받아 당번 근무 중 해당 피해자를 감시하고 학대하였고, 이시카와 노부요시에게 협조하여 피해자를 하얼빈헌병대 본부로 이송 구금하게 하고 '특수수송'되게 하였습니다. 피해자를 감시하고 학대함은 물론 '특수수송'에 협조한 본인의 행위는 바로 살인 죄행이며, 당시 본인은 헌병오장 경무주임이었습니다. 또 푸진 주둔 일본군 사병 1명을 풀어주고 만주국 수도 신징(新京)군법회의에 이송, 자무스시 자무스헌병분대로 복귀하게 하였습니다.

7. 1943년 6월, 만주국 치안부 대신[8]이 산장성 푸진현 '우상산(五項山)진지[9]'를 시찰할 때 푸진헌병분대장 헌병소위 사이토오 츠네타로오의 명령을 받아 헌병오장 경무주임의 자격으로 만주국 경찰과 만주국 헌병 등 약 100명과 만주국 군인 몇백 명을 배치하여 경비하는 '경계 계획'을 분대장에게 제출하였습니다. 그 결과 분대장이 본인이 제출한 계획에 따라 만주국 경찰과 만주국 헌병 등 약 100명 및 만주국 군대를 통솔하여 경계하였습니다. 그때 중국 남

8 싱스롄(邢士廉, 1885 - 1954). 만주국 치안부의 전신은 군정부 군사부이다.

9 일본군이 대소련 작전용으로 구축한 진지이다. 현재 지명은 푸진시 우딩산(五頂山)으로 일본군 보루가 남아 있다.

자 1명(약 22세)[10]이 만주국 치안부 대신에게 총을 쏘았으나 목적을 달성하지 못하고[11] 도주한 일이 발생하였습니다. 당시 일본 헌병과 만주국 군대 등 몇천 명 병력이 추격하였고, 뒤에 만주국 육군 징안(靖安) 제1사(師) 기병단이 추격하여 통장(同江)현 부비타이타오(不比太套)[12]까지 쫓아가자 피해자가 쑹화강에 투신 사망하였습니다.

본인이 초안한 '경계 계획'으로 조성된 살인 죄행입니다. 추격 시 본인은 푸진현 타이핑(太平)촌에서 경계근무 중이었으므로 추격전에 참가하지 않고 해당 지역 주민의 통행을 금지하였습니다.

증인 타우에 마츠조

8. 1943년 8월 중, 산장성 진푸가비행장 공사에서 제412부대가 감독하던 하청업체 오쿠라 토목조(大倉土木組)의 직원 일본인 1명(남자, 20세)이 푸진현 난강비행장 공사현장에서 혹사당하고 있던 중국인 인부 1명(남자, 40세가량)의 머리를 멜대로 구타하여 중상을 입혔습니다. 피해자를 푸진가 베이얼통(北二通)가 순허(順和)병원으로 옮겼으나 상처가 심해 결국 사망하였습니다. 당시 본인은 푸진헌병분대장 헌병소위 사이토오 츠네타로오의 명령을 받아 헌병오장 경무주임 신분으로 이 공사를 감시·감독하는 입장에서 기만적 조사를 실시하여 가해자를 처벌하지 않고 살인 행위를 비호하고 은폐하였으며, 피해자의 시체를 피해자의 동료들에게 내어주어 처리하게 함으로써 피해자의 시체를 욕되게 하였습니다. 피해자는 푸진현에서 '근로봉공대(勤勞奉公隊)' 명목으로 강제징용한 인부였습니다.

본인의 이런 행위는 살인 죄행입니다.

9. 1943년 2월부터 11월 사이, 산장성 푸진 제412부대의 감독하에 다툰(大屯)비행장, 마오청툰(茂成屯)비행장, 푸진동(東)비행장 및 비행장 내의 비행기 격납고 36개, 부속 통로 공사를 완공하기 위해 하청업체 오쿠라 토목조에서 날마다 중국인 약 5천 명을 혹사시켰으며, 학

---

10 상융기(常隆基 1917~1943), 랴오닝(遼寧)성 티에링(鐵嶺)시 시펑(西豐)현 롱탄사(龍潭寺)에서 태어나 1941년에 강제징병되었고, 조선 혈통으로 알려져 있다.

11 상융기가 쏜 탄환에 맞은 일본군 중장 쿠스노키 사네타가(楠木實隆)가 사망하였다. 오노 타케츠구가 고의로 이 사실을 진술하지 않은 것인지, 당시 쿠스노키 중장의 사망 사실이 비밀에 부쳐져 모르고 있었는지는 알 수 없다.

12 현재 지명은 후비다라(呼毕达拉)이다. 상융기는 저격 후 말을 타고 수십 킬로미터 이상 이동하여 쑹화강변 후비다라만에서 투신하였다. 후비다라만에서 약 1킬로미터 떨어진 푸진시 푸민향(富民鄉) 경로원에 상융기순국기념비가 있다.

대와 혹사로 인해 여름철에 몇백 명의 환자가 발생하였습니다. 당시 푸진가 베이얼통가에 환자 수용소를 설립하였으나, 이 수용소는 중국인들을 기만하기 위해 만든 것이었습니다. 의사[순허병원 주인 쿠보 료쿠(久保綠)]의 치료는 형식적이었으므로 약 10명의 중국인이 혹사와 학대로 인해 사망하였습니다. 당시 본인은 푸진헌병분대장 헌병소위 사이토 츠네타로의 명령을 받아 헌병오장 경무주임 자격으로 공사를 감독하던 제412부대가 오쿠라 토목조를 독촉하여 중국인을 혹사하는 데 적극 협조하였을 뿐 아니라 부하 상등병 나카가미(中上), 우스이(豕井), 가게치(陰地), 이타가키(板垣)에게 순찰과 감시를 하게 해 중국인을 혹사시켰습니다. 질병 발생에 대해서는 본인이 감독자였음에도 불구하고 정황을 묻지 않고 다만 오쿠라 토목조 공사현장 주임의 학대 치사 보고만 받았으므로 시체 처리 상황 및 피해자의 성명과 주소는 알지 못합니다. 본인은 푸진헌병분대 경무주임 신분으로 피해자 10명을 학살하였고 환자가 된 중국인 수백 명의 수명 단축을 재촉하였습니다. 또 매일 5천 명의 중국인을 학대한 죄행을 범하였습니다. 이 죄행들을 삼가 인정합니다.

증인 가게치 모이치

10. 1944년 3월, 산장성 푸진헌병분대에서 보조헌병 경무계원 육군 준위 타우에 마츠조가 푸진 주둔 일본군 부대 매점에서 군용품을 유출하고 관계를 누설하였다는 명목으로 중국인 남자 1명(40세가량)을 체포하였습니다. 이때 본인은 헌병군조 방첩원 신분으로 푸진헌병분대장 헌병소위 쇼우지 츠네지의 명령을 받아 피해자를 심문하였습니다. 본인이 죽검으로 구타한 것 외에 타우에 마츠조가 추가로 구타하여 피해자가 멍이 들고 부은 상태에서 물고문을 가한 뒤에 석방하였으나, 집에 돌아간 뒤 피해자는 고문후유증으로 사망하였습니다. 이는 본인이 고문하여 사망하게 한 죄행입니다.

증인 타우에 마츠조

11. 1944년 2월부터 12월 사이, 본인은 헌병 군조 방첩원 신분으로, 산장성 푸진헌병분대장 쇼우지 츠네지(1944년 2월부터 4월까지), 스즈키 지로오(鈴木二郎, 1944년 4월까지), 이누도오 키치노스케(1944년 4월부터 12월까지) 등의 명령을 받아 야마구치 히사오 군조(하타노, 나카야마 군조도 순번에 따라 출동), 보조헌병 와타나베(渡邊), 오오타니(大谷) 상등병 및 거(葛)헌보(憲補) 등을 지휘하여 푸진현 싱룽촌 산통강촌, 지셴촌, 사강촌 지역에서 진행하던 일본군 군용공사, 즉 싱룽비행장, 지셴비행장의 공사에 협조하였습니다. 또 푸진석탄광산에서 석

탄 약탈에 협조하였습니다. 또 중국인 애국자를 체포하고 진압하는 것을 목적으로 일본군 제412부대와 만철(滿鐵)에 협조하여 헌병 권력을 써서 하청업체 공사현장의 일본인 직원을 강박하여 중국인(매일 약 1만 2천 명가량 동원)을 혹사시켰습니다. 또 밀정 허칭셴, 상(尙), 류(劉), 리(李) 등을 공사장 부근의 촌락에 파견하여 정보연락망을 구성하고 중국인 애국자들의 투쟁을 진압하였습니다. 그 결과 1944년 12월 산장성 푸진현 사강촌 만철공사현장 사무소에서 공사 영업업무과 과장 오카다(岡田)가 중국인 약 20명(사망 일자, 지점, 주소, 성명 및 시체 처리 등은 미상)을 혹사시키고 학대하여 죽음에 이르게 한 보고를 받았습니다. 인민을 진압하고 혹사하도록 강박한 본인의 행위는 중국인 20명을 학대하여 사망하게 한 죄행입니다. 또 매일 중국인 1만 2천 명을 10개월 동안 동원하여 수명을 단축시키고 생활이 빈궁해지게 만든 것도 본인에게 책임이 있는 본인의 죄행입니다.

12. 1945년 8월 하순, 스핑헌병분대 경무주임 아즈마(東) 조장의 지휘를 받아 헌병 5, 6명이 구금 중이던 중국인 남자 3명을 총살하였습니다. 본인은 헌병분대장 헌병소위 요시다 요시테루(吉田義照)의 명령을 받아 구류소에 구금 중이던 피해자들을 감시하고 학대하였습니다. 또 총살 집행 시 본인이 차를 준비한 결과 아즈마 조장 등 5, 6명이 무장하여 중국인 남성 3명(30세에서 40세까지, 체포자, 체포 이유 및 피해자의 주소, 성명 등은 미상)을 차에 태워 출발하였습니다(살해 지점 및 기타 구체적 정황은 미상). 피해자들을 구금하고 학대하였을 뿐 아니라 총살 준비를 진행한 본인의 행위는 살인 죄행입니다. 당시 본인은 헌병군조 경무계원이었습니다.

살인에 참가한 죄행

1944년 5월부터 6월 사이, 산장성 통장현의 무장한 중국인 애국자가 만주국 통장경찰 나카무라(中村) 경위를 때려 죽인 사건이 발생하였습니다. 당시 통장헌병파견대 야마시타(山下) 준위 외 몇 명 및 만주국 통장경찰 몇 명이 수색하였습니다. 동시에 지명수배령을 내려 푸진헌병분대 스즈키 지로오의 지휘 아래 헌병 몇 명 및 만주국 푸진경찰 특무고장(特務股長) 히로노(廣野) 아무개 외 몇 명이 수색을 진행하였습니다. 특무고장 히로노 경좌(警佐)가 이끌던 1대(隊)가 애국자 청허촨(曾合川)을 살해하고 권총 1정 및 탄환 등을 약탈하였습니다(시체 처리 정황 불명, 권총과 탄환은 히로노 경좌가 푸진헌병분대 전시업무반 반장 스즈키 사토시에게 인계하여 자무스헌병대 본부에 제출하였습니다).

본인은 헌병군조 방첩원 신분으로 산장성 푸진현 싱룽촌에 주둔 중 푸진헌병분대 전시업무반장 스즈키 사토시로부터 중국인 청허찬을 수색하라는 전화를 받고 보조헌병 2명 거 헌보, 밀정 허칭셴 등을 지휘하여 푸진현 산통강촌으로 가서 그 마을의 위룽샹(裕隆祥) 상점에서 기숙하며 부근 마을을 수색하였습니다. 애국자 수색에 참가한 본인의 행위는 살인에 참가한 죄행입니다.

증인 가게치 모이치

살인 방조 죄행

1944년 11월 중, 산장성 푸진헌병분대 헌병군조 사토오 요시오(佐藤義夫)가 보조헌병 2명을 지휘하여 푸진헌병분대에 체포되어 구금 중이던 중국인 남자 2명을 하얼빈헌병대 본부로 이송한 뒤 하얼빈 이시이부대로 넘겨 세균실험에 이용하고 살해하였습니다. 당시 본인은 이 헌병분대 헌병군조 방첩원 신분으로 거 헌보와 함께 산장성 푸진현 지셴촌에 주둔하면서 사토 군조의 살인 목적 수송에 필요한 식량을 준비하는 것으로 수송에 협조하였습니다. 식량을 준비해 준 본인의 행위는 살인을 방조한 죄행입니다.

증인 가게치 모이치

체포 죄행

1. 1943년 8월, 산장성 푸진 주둔 일본군 제775부대의 위탁을 받아 군용품과 일용품(수건 및 기타) 절도사건을 수사하면서 푸진헌병분대장 헌병소위 사이토오 츠네타로가 만주국 푸진경찰 특무 및 푸진 특무기관과 더불어 수사방법을 상의하였습니다. 이때 본인은 헌병오장 경무주임 신분으로 해당 부대의 절도 피해 상황을 조사하였습니다. 그 사건은 외부인이 부대 창고에 진입하여 절도한 것으로 보고 자료를 올렸으며, 이에 따라 일본 헌병과 만주국 경찰이 중국인들을 수색하기 시작하였습니다. 그 결과 푸진경찰서 특무고장 히로노 경좌가 푸진가 상지에지촌(上街基村) 부근에서 중국인 남자 자오원구이(趙文貴, 25세가량, 주소 미상)를 푸진헌병분대에 구금하였습니다. 또 푸진헌병분대 이시카와(石川) 군조의 밀정 보고에 근거하여 푸진가 베이얼통가에 거주하던 중국인 남자 왕(王) 아무개와 이(李) 아무개(목수, 20세가량)를 체포하여 푸진헌병분대에 구금하였습니다. 이상 피해자 3명에 대해 본인이 통역 왕(王)

아무개를 통해 심문하며 죽검으로 구타하고 차가운 물을 주입하며 장총으로 위협하는 등 열 몇 차례 고문을 가해 멍이 들고 붓는 상해를 입혔습니다. 뒤에 자오원구이는 군용품 절도죄로 만주국 자무스군감옥에서 징역 6년을 살았고, 왕과 이는 군용품 매매죄로 푸진감옥에 수감되어 징역 2년을 살았습니다. 또 군용품 구매죄 명목으로 푸진가 중앙(中央) 대가(大街)의 중앙(中央)은행 옆 이발관 주인(남자, 30세가량)과 푸진가 통러(同樂)이발관 주인(남자 50세가량), 푸진 베이얼통(北二通)이발관 주인(남자, 30세가량), 푸진가 신신취안(新新泉) 주인(남자 50세가량), 푸진가 신카이먼가 주민 1명(남자, 40세가량) 등 중국인 5명을 체포, 푸진헌병분대에서 통역 왕(王) 아무개를 통해 심문한 후 수건 약 200장을 갈취한 뒤 5명을 석방하였습니다. 수건 200장은 775부대에 넘겼습니다. 이는 본인이 중국인 3명에 대해 체포, 심문, 하옥한 것과 5명에 대해 체포, 갈취한 죄행입니다.

증인 가게치 모이치

2. 1943년 7월, 산장성 푸진가 부두에서 중국인 남자(22세)를 불법 심문한 뒤 만주국 군대 탈영병으로 판단하고 체포하여 만주국 군헌병 푸진분단(分團)으로 이송하였습니다. 그 결과 만주국 군헌병분단에서 심문한 후 만주국 자무스군감옥에 수감하였습니다(형기 미상). 피해자는 푸진가에서 강제징병되어 만주국 육군 징안(靖安) 제1사 보병단에서 복무 중이었는데, 만주국 군인 노릇을 원하지 않아 탈영한 중국인 애국자였습니다. 이는 본인이 체포, 하옥시킨 죄행이며, 당시 본인은 푸진헌병분대 헌병오장 경무주임이었습니다.

3. 1945년 4월, 산장성 푸진 주둔 일본군 제 775부대 사병 1명[조선인, 박(朴) 아무개, 25세]이 일본군 반대투쟁으로 탈영하였을 때 본인은 푸진헌병분대장 헌병대위 이누도오 키치노스케의 명령을 받아 헌병군조 경무주임 신분으로 보조헌병 약 10명을 지위하여 수색하였습니다. 푸진가 베이얼통가 기독교회 부근에서 본인이 직접 그를 체포하여 푸진헌병분대에 약 7일 동안 구금하고 본인이 심문한 후 본인과 나카야마(中山) 군조 2명이 동안(東安)군법회의 재판에 넘겨 6개월 징역형을 받고 학대 속에 고통받게 하였으며, 이는 본인이 체포, 하옥한 죄행입니다.

증인 가게치 모이치

4. 1944년 2월 중순부터 같은 해 12월까지, 본인은 산장성 푸진헌병분대 전시업무반 반장 스즈키 사토시의 명령을 받아 푸진현 사강촌 푸안(富安)탄광의 만철공사현장 노무과 과

장에게 매월 600위안, 총 6천 위안을 바치게 하여 스즈키 사토시의 방첩공작비에 충당하였습니다. 그 결과 1944년 11월, 스즈키 사토시가 이용하던 밀정의 보고에 따라 푸진가 남쪽 40킬로미터 지점의 중국인 마을에서 소련 무전기 공작원 중국인 남자 1명을 체포하여 푸진헌병분대에서 스즈키 사토시의 심문을 거쳐 스즈키 사토시, 타마키 토키오(玉置登喜男), 통역 등 3명이 피해자를 이송하였습니다. 무단장(牡丹江) 산속 설원에서 무전기를 찾아내 압수하고 피해자를 하얼빈 특무기관으로 이송하여 역이용에 들어갔습니다. 이 반인민 죄행으로 인해 푸진헌병분대는 자무스헌병대장 헌병 중좌 하야카와 타다이치로부터 상장 및 상금 1천 위안을 받았습니다. 스즈키 사토시, 타마키 토키오, 본인 3명은 개인 상장과 상금 50위안을 받았습니다(본인은 15위안을 받음). 이는 본인이 체포한 죄행입니다. 또 무전기 공작원을 역이용함으로써 중국인에게 막대한 위해를 가하였으며, 그 정황은 미상이지만 이 또한 본인의 죄행입니다. 당시 본인은 헌병군조 방첩원이었습니다.

증인 가게치 모이치

5. 1944년 2월 중순부터 3월 중순까지, 본인은 헌병군조 방첩원 신분으로 산장성 푸진헌병분대장 헌병소위 쇼우지 츠네지의 명령을 받아 정보수집 및 중국인 애국자의 체포를 위해 야마구치 오장, 야마시나 상등병, 와타나베 상등병, 통역 왕(王) 아무개 등을 지휘하여 푸진현 산통강(三通崗)촌 싱룽촌에서 활동하며 밀정 허칭셴, 이(李) 아무개, 유(劉) 아무개 등에게 정보를 수집시켰습니다. 또 허칭셴에게 명령하여 중국인 남자 6명(30세~40세가량)을 체포하게 하여 싱룽정미소 및 산통강에서 본인이 직접 또는 야마구치 오장에게 명령하여 심문하면서 구타하고 차가운 물을 주입하는 고문을 가해 막대한 고통을 입힌 뒤에 2명을 석방하고 나머지 4명은 푸진헌병분대로 이송하여 구금하고 학대하였습니다. 그러나 4명을 재심문한 결과 거짓 정보로 판명돼 석방하였습니다.

피해자는 만주국 군대에서 면직되어 가난하게 살던 푸진가의 주민들로 제국주의 일본의 침략이 중국인을 빈곤과 고통의 상태에 빠지게 하였습니다. 본인이 그 피해자 6명을 체포하고 고문, 구금, 학대한 것은 죄행입니다.

6. 1944년 3월 하순부터 5월 상순까지, 본인은 산장성 푸진헌병분대 대리분대장 헌병준위 스즈키 지로오의 명령을 받아 일본군 군용공사 협조 및 중국인 애국자 체포를 위해 동료 야마구치 오장, 와타나베 상등병, 야마시나 상등병, 거 헌보 등을 지휘하여 푸진현 싱룽촌에

출동, 밀정 허칭센 등을 정보 공작에 종사하게 하였습니다. 1944년 4월, 밀정 허칭센에게 명령하여 그 지역에서 기숙하던 중국인 남자 3명(30세~40세가량)을 체포하게 하여 만주국 경찰서에 구금하고 학대하였습니다. 이어 싱룽촌정미소에서 거 헌보의 통역을 통해 본인이 직접 또는 야마구치 오장에게 명령하여 곤봉으로 어깨를 구타하여 멍이 들고 붓게 하였으며, 3차례 차가운 물을 주입하는 등 고문하고 석방하였습니다. 피해자들은 1943년 봄철 이래 푸진현 얼다오린즈(二道林子)에서 아편을 심고 재배하던 농민이었습니다. 이는 본인이 체포, 구금, 고문한 죄행입니다.

7. 1944년 5월 하순부터 12월 하순까지, 본인은 산장성 푸진헌병분대장 헌병대위 이누도오 키치노스케의 명령을 받아 일본군 군용공사 협조 및 중국인 애국자 체포를 위해 동료 야마구치 군조(하타노, 나카야마 군조가 번갈아가며 출동), 오오타니, 와타나베 상등병, 거 헌보 등을 지휘하여 푸진현 싱룽촌, 산다오강촌, 지셴촌, 사강촌 등지에 침입하여 밀정 허칭센, 상(尙)아무개 등에게 정보 공작에 종사하게 하였습니다.

1) 1944년 6월, 푸진현 지셴촌에서 밀정 허칭센에게 명령하여 '소련 정보원'이라는 죄목으로 중국인 남자(40세가량) 2명을 체포하여 약 7일 동안 만주국 지셴경찰서에 구금하고 학대하였습니다. 지셴정미소에서 거 헌보의 통역을 통해 본인이 직접 또는 야마구치 군조에게 명령하여 곤봉으로 구타하고 물고문을 가하여 그 피해자로 하여금 멍이 들고 붓게 하는 막대한 고통을 입게 하여 목숨을 단축시킨 뒤 석방하였습니다. 피해자는 푸진현 얼다오린즈에서 아편을 심고 재배하던 농민이었으며, 본인이 체포, 구금, 고문한 죄행입니다.

2) 1944년 6월, 본인은 푸진현 싱룽촌에서 밀정 허칭센에게 명령하여 '소련 연락원'의 죄명으로 싱룽촌 동팡(東方)촌의 죄 없는 중국 농민(남자, 35세가량)을 체포하여 만주국 싱룽경찰서에서 약 5일 동안 구금하고 학대하여 막대한 고통을 입혔습니다. 싱룽정미소에서 거 헌보의 통역을 통해 곤봉으로 구타하는 고문을 하고, 허칭센에게 명령하여 피해자의 아내(중국인 여자, 25세가량)를 체포하여 정미소에서 심문하고 "네 목을 쳐버리겠다"고 협박한 뒤 상부에 보고하겠다고 거짓으로 말하면서 그 여자를 발가벗겨 등에 큰 자라[13]를 그리고 나체 상태로 싱룽촌 거리에 내쫓아 대중 앞에서 능욕하였고. 남자 피해자는 석방하였습니다. 이는 본인이 위 2명을

13 자라의 중국어 '王八'는 중국어 욕이다.

체포, 고문, 구금, 능욕한 죄행입니다.

3) 1944년 9월, 산장성 지셴촌에서 밀정 허칭셴에게 명령하여 난팡촌장(南方村莊)에서 중국인 남자 2명을 체포하여 만주국 지셴경찰서에 구금하고 학대하였습니다. 지셴정미소에서 거 헌보의 통역을 거쳐 곤봉으로 구타하고 물고문을 가하여 멍이 들고 붓게 하여 수명을 단축시킨 뒤에 석방하였습니다. 피해자는 푸진가 난강(南崗) 일본군 군용공사현장에서 혹사당하다가 도주한 중국인이었습니다. 이는 본인이 체포하여 구금하고 고문한 죄행입니다.

4) 1944년 10월, 산장성 지셴촌에서 밀정 허칭셴에게 명령하여 권총 은닉 죄명으로 지셴가에 거주하던 중국인 남자(40세가량)와 죄 없는 농민을 체포하여 만주국 지셴경찰서에 약 5일 동안 구금하여 학대하고 지셴정미소에서 연속 3차례 고문, 곤봉으로 구타하여 멍이 들고 붓게 하였습니다. 그 결과 중산 군조가 이용하였던 밀정 리 아무개의 정보가 거짓으로 판명되어 석방하였습니다. 이는 본인이 체포, 구금, 고문한 죄행입니다.

5) 1944년 11월 중, 산장성 사강촌에서 밀정 상 아무개의 보고에 따라 본인이 밀정 허칭셴과 상 아무개에게 명령하여 국민당 군대 병사였다는 죄목으로 사강촌 일본군 군용공사 푸안탄광 현장에서 혹사시키고 있던 중국인 남자 2명(20세가량)을 체포하여 만주국 지셴경찰서에 구금하여 학대하였습니다. 지셴정미소에서 거 헌보의 통역을 통해 곤봉으로 구타하고 위협하여 일본군 앞잡이가 되도록 강박한 뒤 군용공사현장으로 쫓아보냈습니다. 이는 본인이 체포, 고문한 죄행입니다.

8. 1945년 3월 중, 본인은 산장성 푸진헌병분대장 헌병대위 이누도오 키치노스케의 명령을 받아 헌병군조 경무주임 신분으로 동료 중산 군조를 지휘하여 일본군 군용 휘발유 절도 죄명으로 푸진 신카이먼가 자동차수리점 주인 조선인 남자(30세가량)를 체포하여 푸진헌병분대 구류소에 구금하였습니다. 푸진가 난팡촌장 중국인 남자 농민 1명(40세가량)도 체포하여 헌병분대 구류소에 감금하고 학대하였습니다. 본인이 직접 또는 중산 군조에게 명령하여 죽검으로 구타하고 5차례 물고문을 가하여 피해자가 멍이 들고 붓는 상해를 입었으며. 약 15일가량 구금한 뒤 석방하였습니다. 이는 본인이 체포, 구금, 고문한 죄행입니다.

증인 가게치 모이치

9. 1941년 8월, 본인은 산장성 푸진헌병분대장 헌병중위 이나미 사다카즈의 명령을 받아 헌병 상등병 경무계원 신분으로 푸진 난강 일본군 군용공사현장 식사를 담당한 중국인 남자

2명(30세 및 40세가량)을 폭리를 취하였다는 죄명으로 체포하고 푸진헌병분대에 구금하여 약 5일 동안 학대하였습니다. 죽검으로 고문, 협박하며 "너희가 폭리를 취하였기 때문에 군용공사 인부들에게 월급을 적게 줄 수밖에 없었다"고 거짓으로 말하였습니다. 이렇게 중국인을 기만한 뒤 석방하였습니다.

이는 본인이 체포, 고문한 죄행입니다.

10. 1941년 9월 중, 본인은 산장성 푸진헌병분대 헌병중위 이나미 사다카즈의 명령을 받아 헌병 상등병 경무계원 신분으로 "시라카와(白川)가 피혁을 유출, 판매함"이라는 밀고를 접수하고 푸진 통러가 조선인 시라카와(남자, 45세, 피혁 수매 상인)를 체포하여 푸진헌병분대에 구금하고 약 20일 동안 학대하였는데, 그중 3일 동안 죽검으로 구타하여 멍이 들고 붓게 하는 상해를 입혔습니다. 아울러 중산 상등병을 지휘하여 피해자의 창고를 수색하고 그 가족들을 위협한 뒤 피해자를 석방하였습니다. 이는 본인이 체포, 고문한 죄행입니다.

11. 1941년 여름(7월), 본인은 헌병 상등병 경무계원 신분으로 산장성 푸진헌병분대 헌병중위 이나미 사다카즈의 명령을 받아 "자오통(交通)여관에 아편을 휴대한 여자가 숙박하고 있다"는 방첩주임 카토 타모츠(加藤保)의 밀정 보고에 따라 푸진 통러가 자오통여관에 불법으로 침입하여 여관에 숙박 중이던 중국인을 위협, 중국인 여자(35세가량)를 체포하고 아편 3근을 압수, 아편과 함께 피해자를 만주국 푸진경찰서에 이송하였습니다. 결과 만주국 경찰이 심문하고 아편을 압수한 뒤 그 여자를 석방하였습니다. 카토는 만주국 정부로부터 상금 100위안, 본인은 15위안을 받았습니다. 이는 본인이 체포, 약탈, 위협한 죄행입니다.

12. 1940년 12월, 산장성 푸진헌병분대장 헌병중위 이나미 사다카즈가 통솔하여 만주국 헌병 및 경찰 약 100명을 배치, 연말 연합대수색(푸진가 소재 여관, 호텔 등)을 진행하는 동시에 야간에 중국인 가옥을 불법으로 침입하여 실내 수색과 신체 수색을 진행하였습니다. 취침 중이던 중국인들을 깨워 위협하면서 거주증명서 미소지 죄명으로 약 30명을 체포하여 죽검으로 구타하는 고문을 가한 뒤 석방하였습니다. 당시 본인은 헌병 상등병 경무계원 신분으로 만주국 경찰 및 헌병 4, 5명을 지휘하여 푸진 난얼다오가 중국인이 경영하는 여관 십수군데를 불법침입하여 신체 수색을 실행하여 거주증명서 미소지 죄명으로 5명의 중국인(남자, 30세~50세가량)을 체포하여 푸진헌병분대로 데려가 심문반에 넘겨 죽검으로 구타당하게 하여 막대한 고통을 입힌 뒤 석방하였습니다.

이는 30명 체포, 고문 죄행 중 본인이 중국인 5명을 체포, 고문한 죄행입니다.

13. 1941년 5월, 히로히토(裕仁)의 동족 타케다(武田)가 푸진진지를 시찰할 때, 산장성 푸진헌병분대장 헌병중위 이나미 사다카즈가 통솔하여 만주국 푸진헌병과 경찰 등 약 100명을 배치, 푸진현 타이핑(太平)촌, 우딩산(五頂山)촌의 중국인 촌장에서 대수색을 실시하여 중국인 약 40명을 체포, 푸진헌병분대 심문반에 넘겨 죽검으로 구타하는 고문을 가한 뒤 석방하였습니다. 당시 본인은 헌병 상등병 경무계원 신분으로 만주국 경찰과 헌병 5, 6명을 지휘하여 야간에 불법으로 주택에 침입하여 수색하고 거주증명서 미소지 죄명으로 중국인 6명(남자, 30세~50세가량)을 푸진헌병분대에 데려가 심문반에 넘긴 결과 심문반에서 죽검으로 구타하는 등의 고문을 가한 뒤 석방하였습니다. 이는 본인이 불법으로 주택에 침입하여 중국인 6명을 체포, 고문한 죄행이며, 또 40명 체포, 고문한 죄행에 참가한 죄행입니다.

14. 1943년 6월 중, 만주국 치안부 대신이 산장성 푸진 일본군 진지를 시찰하였을 때, 푸진헌병분대장 헌병소위 사이토오 츠네타로오가 통솔하여 만주국 푸진 경찰과 헌병 약 100명을 배치, 푸진가 소재 여관과 호텔에 대해 대수색을 실시하여 중국인 남자 20명을 체포, 심문반에 넘겨 죽검으로 구타하는 고문을 가한 뒤 석방하였습니다. 본인은 헌병오장 경무주임 신분으로 대수색에 참가하여 만주국 헌병과 경찰 4, 5명을 지휘하여 야간에 푸진 베이얼다오가 소재 여관과 호텔 30군데에 불법침입하여 실내를 수색함과 동시에 약 150명의 중국인에 대하여 신체 수색을 진행하면서 위협을 가한 뒤 거주증명서 미소지 죄명으로 중국인 남자 4명(30세~40세가량)을 체포하였습니다. 그 결과 푸진헌병분대 심문반에서 죽검으로 구타하여 고문하고 위협한 뒤 석방하였습니다. 이는 20명 체포 죄행에 참가하여 본인이 직접 불법 주거 침입하고 4명을 체포, 고문한 죄행입니다.

15. 1940년 11월, 산장성 푸진헌병분대장 헌병중위 이나미 사다카즈의 명령을 받아 반장 히비노(日日野) 조장의 지시로 푸진가 베이얼다오가 일본 양곡회사 푸진판사처 미조시리(溝尻) 처장 수뢰 사건의 참고인 명목으로 본인이 중국인 남자(20세가량) 1명을 체포하여 왕 아무개의 통역을 통해 심문한 뒤 석방하였습니다. 미조시리를 검찰청에 이송한 뒤, 푸진가 소재 중국인 양조장 주인 3명을 다시 체포하였습니다. 이 3명은 모두 벌금 처분을 받았다고 하며(벌금액 미상), 이는 본인이 중국인 4명을 체포한 죄행입니다.

16. 1941년 3월 중, 본인은 헌병 상등병 경무계원 신분으로 산장성 푸진헌병분대장 헌병

중위 이나미 사다카즈의 명령을 받아 푸진가 통러가 만잉(滿映) 푸진영화관 니나가와(蜷川)의 공문서 위조사건이 발생하였을 때 이 영화관에서 혹사당하고 있던 중국인 남자 2명(25세가량)을 체포, 푸진헌병분대에서 심문 후 석방하였습니다. 이는 본인이 2명의 중국인을 체포, 위협한 죄행입니다.

17. 1941년 11월, 본인은 헌병오장 경무계원 신분으로 산장성 푸진헌병분대장 헌병소위 타무라 쇼자부로(田村正三郎)의 명령을 받아 푸진가 베이산다오가에서 '화물마차조합' 사무원 일본인 요시다 이요시(吉田已吉)의 공금유용사건이 발생하였을 때, 이 조합의 중국인 남자(40세가량)을 참고인 명목으로 체포, 푸진헌병분대에서 왕 아무개의 통역을 통해 심문하고 협박한 뒤 석방하였습니다.

이는 본인의 체포 죄행입니다.

고문 죄행

1. 1940년 7월 중, 일본군 푸진 주둔 775부대에서 푸진부두에 쌓아둔 군용 건초더미에서 화재가 발생하였을 때, 산장성 푸진헌병분대 경무주임 고바야시(小林) 군조가 중국인 남자 3명(30세~40세가량)을 방화 죄목으로 체포하여 푸진헌병분대에서 심문하였습니다. 당시 본인은 헌병 상등병 경무계원 신분으로 고바야시 군조의 명령을 받아 고바야시와 함께 피해자 3명을 죽검으로 구타하는 고문을 가하여 피해자에게 멍이 들고 붓는 상해를 입힌 뒤 석방하였습니다. 피해자는 푸진가부두 국제운수부문에서 부리던 노동자였습니다. 이는 본인이 고문한 죄행입니다.

2. 1941년 10월 중, 푸진 주둔 일본군 공병대(제412부대) 창고계 일본인 군속의 못 1통을 훔친 죄목으로 체포한 중국인 남자(35세가량)에 대해 본인이 헌병오장 경무계원 신분으로 푸진헌병분대장 헌병중위 이나미 사다카즈의 명령을 받아 왕 아무개의 통역을 통해 4, 5차례 죽검으로 구타하고 차가운 물을 주입하는 고문을 가하여 멍이 들고 붓는 상해를 입히는 등 약 10일가량 구금 학대하였습니다. 징역 6개월형을 받은 피해자를 본인이 푸진감옥에 이송하였습니다. 이는 본인이 고문, 구금, 하옥시킨 죄행입니다.

3. 1943년 7월 중, 산장성 만주국 푸진 경찰 특무고장 히로노(廣野) 경좌가 만주국 푸진 육군 징안(靖安) 제1사 보병단 왕(王) 준위 외 약 10명(만주국 육군에 강제로 징병된 중국인들)이

일으킨 소위 '사병(士兵) 공작'을 정탐하고 푸진헌병분단에 체포를 명하였을 때, 푸진헌병분대장 헌병소위 사이토오 츠네타로오가 만주국 경찰과 헌병을 배치하고 직접 반장 우라타(浦田) 조장, 방첩주임 하마다(濱田) 군조 및 경무주임 헌병오장 본인 등을 지휘하여 푸진가 중양대가 만주국 헌병분단 건물에서 3일 동안 피해자들을 죽검으로 구타하여 멍이 들고 붓는 상해를 입힌 뒤 약 3시간 동안 고문을 실시하여 피해자에게 막대한 고통을 입혔습니다. 만주국 푸진 경찰 특무고에서 계속해서 고문하고 왕 아무개(40세가량)를 퇴역시키고 나머지 약 10명의 중국인은 군대로 돌려보내 강제로 복무하게 하였습니다. 이는 본인 직접 또는 타인에게 명령하여 고문한 죄행이며, 피해자 성명 및 주소는 미상이고 연령은 20세~22세가량까지였습니다.

구타 죄행

1. 1940년 6월, 산장성 푸진헌병분대에서 방첩주임 카토 타모츠 군조가 이용하던 중국인 밀정(성명 미상)에게 경제 통제(구체적 정황 불명)를 위반하도록 시킨 것에 대해 만주국 푸진 경찰관이 카토오가 이용한 밀정을 체포하자 헌병대에서 전화를 걸어 그 중국인 경찰관(남자, 30세가량, 만주국 경위로서 일본 헌병의 죄악 행위에 반대투쟁을 전개한 것임)을 푸진헌병분대로 강제 소환하였습니다. 당시 본인은 헌병 상등병 경무계원 신분으로 카토 군조의 명령을 받아 그 경관을 두 손으로 세게 40차례 구타하고 카토 군조가 다시 계속해서 구타하여 돌려보낸 후 카토 군조가 만주국 푸진현 경무과장에게 명령하여 피해자를 면직시켰습니다. 이는 본인이 구타한 죄행이자 피해자를 면직시켜 일가를 빈곤에 빠뜨린 죄행입니다.

2. 1941년 8월 중, 본인은 산장성 푸진헌병분대 헌병 상등병 경무계원 지위에 있으면서 푸진가 베이얼다오가 소재 과자가게(点心铺) 중국인 주인(남자, 50세가량)이 불만이 있는 태도를 표시하였다는 이유로 그 아내 앞에서 두 손으로 십여 차례 구타하였습니다. 이는 본인이 불법 구타하고 모욕한 죄행입니다.

강간 죄행

1. 1943년 12월 중순, 본인이 산장성 푸진헌병분대 헌병군조 방첩원 신분으로 산장성 수이빈현에서 공작 중 수이빈현 중싱진 부근 중국인 마을에서 중국인 여자(25세가량, 부근 촌장

사람이라고 들었으나 구체적 주소는 미상)를 기만하여 강간, 그 여자의 정조를 파괴한 뒤 풀어주었습니다. 이는 본인이 유부녀를 강간한 죄행입니다.

2. 1944년 5월 중, 본인이 산장성 푸진헌병분대 헌병군조 방첩원 신분으로 푸진현 싱룽진에서 공작 중 밀정 허칭셴에게 명령하여 자무스에서 온 30세가량의 중국인 여자를 싱룽 정미소로 데려오게 해서, 여자를 기만하여 강간한 후 풀어주었습니다. 이는 본인의 강간 죄행입니다.

3. 1944년 6월 중, 본인이 산장성 푸진헌병분대 헌병군조 방첩원 신분으로 푸진현 지셴진에서 공작 중, 이 지역 중국인 목욕탕에서 목욕탕 지배인(중국인 남자, 25세가량)을 압박하여 지셴진에 거주하던 중국인 여자(35세가량)을 데려오게 해서 강간하고 풀어주었습니다.

4. 1943년 5월부터 1944년 6월 사이, 산장성 푸진헌병분대에서 헌병오장 및 군조로서 경무주임 방첩원으로 있던 기간에 푸진 통러가 소재 일본군위안소(종군 기원)에서 조선인 여자 2명(25세가량)을 약 10차례 강간하였습니다.

5. 1944년 11월 중, 본인이 산장성 푸진헌병분대 헌병군조 방첩원 신분으로 푸진현 사강촌에서 공작 중, 사강조선인호텔에서 조선인 여자 계(桂) 아무개(25세가량)를 두 차례 강간하였습니다. 이는 본인이 강간한 죄행입니다.

6. 1940년 4월부터 1942년 1월까지, 1943년 2월부터 1943년 12월까지, 1945년 1월부터 1945년 7월까지, 본인이 산장성 푸진헌병분대에서 헌병 상등병으로부터 군조까지 승진하면서 경무계원, 경무주임직을 맡고 있던 때, 일본군위안소를 감시감독하는 입장에서 조선인 여자(20세~30세가량) 약 30명을 노예로 간주하여 그들의 자유를 박탈하고 푸진 주둔 일본군들이 그 여자들을 능욕하고 강간하는 일에 공개적으로 협조하였습니다. 매주 1회 그 여자들에게 음부검사를 실시하고 검사결과를 일본군 부대에 통지하였습니다. 조선 여자들의 자유를 박탈하였을 뿐 아니라 성병으로 인해 막대한 고통에 시달리게 하였습니다.

중국인을 대규모 노역에 동원한 죄행

1940년 4월부터 1945년 7월 사이(1942년 1월~1943년 2월 제외), 본인은 산장성 푸진헌병분대에서 헌병 상등병부터 군조까지 승진하면서 경무계원과 경무주임 및 방첩원 등을 맡았습니다. 관동군 대소련 침략음모기지 푸진지구 헌병으로서, 침략음모의 비밀을 은폐하고 일본군 군용공사에 중국인들을 동원하여 혹사시키고, 애국자를 체포, 진압하였으며 약탈, 살해 등의 공작을 행하였습니다.

살해와 체포 죄행은 위에서 진술하였으므로 아래에서 노역동원 죄행을 진술합니다.

1. 1940년 4월부터 1940년 9월까지, 산장성 푸진현 푸진가 난강 일본군 대소련 침략용 비행장을 공사(1940년 4월 이 공사가 절반 진행되었을 때 본인은 푸진헌병분대에 근무함)할 때, 시공 하청업체 시미즈(淸水)조에서 매일 1천 명(누계 18만 명)의 중국인과 대형 짐수레 약 300대(누계 5만 4천 대)를 동원하였습니다. 같은 해 9월 이 비행장 완공 시 본인은 헌병 상등병 경무계원 신분으로 분대장 헌병중위 이나미 사다카즈의 명령을 받아 중국인의 노역동원을 위해 무장하고 순찰하면서 중국인의 투쟁을 진압하였습니다.

2. 1941년 1월부터 1941년 12월까지 푸진 난강 일본군 막사(2천 명 수용 규모)와 병원(4백 병상 규모) 및 막사 수도와 도로 등의 건축공사에서 194부대 하청업체 오쿠라 토목조를 감독하여 중국 농민의 토지 약 6km²를 약탈하고, 만주국 푸진현 공서(共署)[14]를 통해 매일 중국인 1천 명(누계 36만 5천 명), 대형 짐수레 약 300대(누계 19만 5천 대)를 동원하여 침략용 군용공사를 완공하였습니다. 또 이 기간 중 만주국 장상군(江上軍)[15]이 푸진가 샤지리(下吉利)에서 막사를 건축할 때 해당 부대 군수관(軍需官) 하타노의 감독하에 하청업자 무라카미 마타요시(村上又吉)가 푸진 베이얼다오가에서 공사를 하면서 중국 농민의 토지 약 0.5km²(만주국 푸진현 공서를 통해 집행)를 약탈하고, 매일 중국인 약 500명(누계 3만 2천 500명) 강제징용, 대형 짐수레 약 100대(누계 3만 5천 500대)를 강제공출하였습니다. 본인은 푸진헌병분대장 이나미 사다카즈의 명령을 받아 이타가키, 나카야마, 야마구치 상등병과 함께 무장하고 순찰, 시찰하는 방법으로 중국인의 투쟁을 진압, 시공 부대에 적극 협조하여 중국인을 노역에 동원하였습니다.

3. 1941년 7월 중, 관동군 대소련 침략음모 차원의 '관동 특별 군사훈련' 시, 푸진 주둔 항공대 카와구치대 푸진 난강비행장을 정비하였습니다. 본인은 푸진헌병분대장 헌병중위 이나미 사다카즈의 명령을 받아 헌병 상등병 경무계원 신분으로 직권을 써서 푸진가 공소와 협

---

14 만주국 상위 행정구역의 행정 관청.

15 1932년 4월, 만주국에서 헤이룽강(黑龍江)과 쑹화강(松花江)을 방어하기 위해 설립한 함대에서 출발하여 1939년 2월, 일본 주만주국 해군부가 취소된 후 만주국 육군 소속 장팡(江防)함대로 개편되었다. 이 부대의 장교는 대부분 일본 해군과 육군의 퇴역군인으로 함대의 함장을 담당하였다.

화회를 강박하여 근로봉공이라는 기만적 명분으로 푸진가에서 연속 10일 동안 매일 중국인 1천 명(누계 1만 명)을 동원하여 항공대 카와구치대에서 무장 감시하며 비행장의 제초작업을 시켰습니다.

4. 1943년 2월부터 1943년 11월 사이, 산장성 푸진가 주위의 일본군 군용공사장, 즉 다툰비행장 1개소, 마오청툰비행장 1개소, 푸진 동팡(東方)비행장 1개소, 마오청툰 및 난강비행장의 격납고 36개, 각 비행장 부속도로 공사장에서 412부대 감독하에 공사를 진행하였습니다. 다툰비행장은 중국 회사가, 부속도로는 다이도오(大同)조, 나머지는 오쿠라조에서 하청을 받아 진행하였습니다. 이 공사 시공 중에 만주국 푸진현 공서를 통해 중국 농민의 토지 약 12km²를 약탈하고, 해당 지구에서 매일 중국인 5천 명(누계 150만 명)을 동원하여 노역하였으며, 매일 중국인의 대형 짐수레 약 1천 대(누계 30만 대)를 강제징발하였습니다. 공사가 절반 넘게 진행되었을 때 본인이 헌병오장 경무주임 신분으로 푸진헌병분대장 헌병소위 사이토오 츠네타로오(같은 해 4월 이전은 후나바시 소이치로)의 명령을 받아 시공 부대 412부대에 적극 협조하여 하청업체들을 강박, 중국인을 노역에 동원하였습니다. 또 중국인 애국 운동을 진압할 목적으로 부하 헌병 상등병에게 명령하여 무장 순찰 및 시찰하게 하였습니다. 본인도 직접 공사장을 시찰하면서 중국인을 노역에 동원하며 학대하였습니다.

5. 1943년 5월 중, 산장성 푸진 주둔 일본군 제775부대장 이시마루(石丸) 중좌의 지시와 명령에 따라 대소련 전쟁 준비용 전차 참호를 파는 공사에 근로봉공이란 기만적 명분을 내세워 푸진가 거주 중국인 약 1만여 명을 동원하였습니다. 당시 본인은 헌병오장 경무주임 신분으로 푸진헌병분대장 헌병소위 사이토오 츠네타로오의 명령을 받아 나카야마 오장을 지휘하여 일본군 부대가 중국인을 동원하여 노역에 부리는 일을 시찰하며 적극 협조하였습니다.

6. 1944년 2월부터 12월 사이, 일본군 제412부대의 감독하에 하청업체 다이도조가 산장성 푸진현 지셴촌과 싱룽촌의 침략용 비행장 두 군데 공사를 시행하였을 때, 중국인의 토지 약 8km²를 약탈하고, 해당 지역에서 매일 중국인 2천 명(누계 61만 명)을 노역시켰으며, 매일 대형 짐수레 약 300대(누계 9만 1천 500대)를 강제징발하였습니다. 당시 본인은 헌병군조 방첩원 신분으로 푸진헌병분대장 소위 쇼우지 츠네지(2월~4월), 스즈키 지로오(4월~5월), 헌병대위 이누도오 키치노스케(5월 이후)의 명령을 받아 본인이 야마구치 군조, 보조헌병 2명, 거헌보를 지휘, 공사현장 주위의 촌장으로 하여금 하청업체를 강박하여 중국인을 동원하여 부

리게 하고, 애국자를 체포하기 위해 밀정 허칭셴 등으로 연락망을 짜서 중국인의 애국투쟁을 진압하고 중국인을 노역에 동원하는 등 공병대에 적극 협조하였습니다.

7. 1944년 2월부터 같은 해 12월까지, 관동군에서 만철에 명령하여 산장성 푸진현 사강촌 푸안(富安)탄광을 약탈할 때 사장 사카모토(板本)의 감독하에 매일 중국인 약 1만 명(누계 305만 명)을 노역에 동원하고 대형 짐수레 다량(정확한 수치 미상)을 강제징발하였습니다. 당시 본인은 헌병분대장 쇼우지 츠네지, 스즈키 지로오, 이누도오 키치노스케의 명령을 받아 헌병 1명, 보조헌병 2명 및 거 헌보를 지휘하여 푸안탄광 약탈현장으로 가서 약탈을 완성할 있도록 일본인 하청업자를 강박하여 중국인을 노역에 동원하고, 밀정 허칭셴, 상 아무개 등으로 하여금 약탈현장 주위의 중국 촌장에서 연락망을 형성시켜 중국인의 애국투쟁을 진압하고 중국인을 노역에 동원함으로써 만철 사카모토 사장에게 적극 협조하였습니다.

해당 약탈은 일본제국주의의 남방 침략 실패 후 공업용 석탄 수급이 어려워지자 실시한 것으로 자무스에서 푸안현까지의 푸안철도공사 및 석탄채굴설비공사 등을 포함하고 있습니다. 자무스헌병대 본부 전시업무반 반장 헌병준위 카토 타모츠가 부하 약 10명을 지휘하여 철로공사를 원조하였습니다. 본인의 공작구역은 탄광 내부 및 사강촌이었습니다. 매일 1만 명 노역동원은 노무과장 오카다의 통계에 따른 것으로 해당 지역의 각종 약탈공사에 동원된 노역자 수 총계입니다.

8. 1944년 10월, 본인은 산장성 푸진헌병분대 헌병군조 방첩원 신분으로 푸진 베이얼다오가 소재 숙소를 수리하기 위해 일본업체 다이도조에 명령하여 푸진 중앙 대가의 중국인 20명을 노역에 동원시켰으며, 이는 본인이 사적으로 노역시킨 죄행입니다.

이상과 같이 본인은 침략기지의 헌병 신분으로 중국인의 토지 36.5km^2, 탄광 1군데, 철로부지 너비 50미터, 길이 40킬로미터를 약탈하는 데 참가하여 상사의 명령을 받아 해당 토지에서 중국인들(누계 59만 7천 500명)을 부렸고, 본인 개인적으로 중국인 20명을 부렸습니다. 상사의 명령을 받아 노역에 쓸 대형 짐수레(누계 49만 500대)를 강제로 징발하였습니다. 이 밖에도 일본군 군용공사에 필요한 원료, 자재 및 식량 등을 전적으로 중국인으로부터 약탈하였습니다. 약탈한 구체적 물량은 잘 모르지만 본인에게 약탈에 참가한 죄행이 있습니다. 그와 동시에 중국인의 생산활동을 방해하여 경제적으로 빈곤을 겪게 하였고 수명을 단축시켰으며, 이 모두는 본인이 약탈기지의 헌병으로서 범한 죄행입니다.

약탈기지에서 헌병으로 근무한 죄행

1943년 1월 1일부터 1월 30일까지, 다롄(大連)시에서 다롄헌병분대 부두 반원으로 부두 빌딩 2층에서 중국인을 약탈하는 기지의 헌병오장으로 있으면서

1. 부두반장 헌병 조장 이마가와 히카루(今川光)의 명령을 받아 동료 4, 5명과 함께 부두 퇴적장을 무장 순찰하며 감시하여 중국인에게서 약탈해 온 산더미 같은 물자를 지켰습니다.

2. 부두반장 헌병 조장 이마가와 히카루의 명령을 받아 무장 순찰하는 방법(매일 4시간 집행)으로 부두 퇴적장에 약탈물자를 부리고 운반하는 데 중국인(매일 1만 명, 누계 30만 명)을 더욱 혹사하거나 애국자의 투쟁을 진압하였습니다.

3. 부두반장 이마가와 히카루의 명령과 지휘하에 본인이 동료 5, 6명과 군용부두에서 부리던 중국인(매일 2천 명, 누계 6만 명)에게 신체검사를 실시하였습니다. 본인이 직접 매일 3백 명, 누계 1만 명가량을 불법 수색하여 중국인을 모욕, 위협하고 투쟁을 진압하였습니다.

증인 이마가와 히카루

약탈 죄행

1. 1938년 8월, 본인은 무단장성(牡丹江省) 수이양현 얼다오거우(二道溝)에 주둔하던 기병 제8연대(무라카미 부대) 제2중대 제4소대의 기병 일등병으로서 수이양 제8사단 하계 군사훈련 때 소대장 타카오(武尾) 준위 등 10명과 함께 훈련에 참가하였습니다. 이때 동료 30명이 약 10차례에 걸쳐 수양현 서부의 중국인 경작지에서 옥수수 400자루를 약탈한 것을 알게 되었습니다.

2. 1938년 10월 중, 본인은 무단장성 수이양현 시런하 무라카미(村上)부대의 기병 상등병으로서, 반장 마츠자와(松澤) 오장 지휘하에 10여 명과 함께 시런하 중국인 마을에 들어가 약 40미터의 널판지 담장을 훼손하고 널판지와 목재 약 2m³를 약탈하여 부대 마굿간 수리에 사용하였습니다. 이는 본인이 파괴하고 약탈한 행위입니다.

3. 1938년 8월, 본인은 무단장성 수이양현 얼다오거우 무라카미부대 기병 일등병으로서 동료 500명과 더불어 약 반 경(垧)[16]의 땅에 자라고 있던 대두(大豆)를 잘라왔습니다. 본인은

16 중국에서 면적을 재는 단위. 1경(垧)은 1헥타르, 즉 1만m²로 주로 쓰인다.

약 20차례에 걸쳐 기병대 말의 사료로 쓰기 위해 약 1천 근을 약탈하였습니다.

4. 1939년 9월 중, 본인은 무단장성 수이양현 수이시(綏西)의 오타니(小谷)부대 타카기(高木)부대 기병 상등병으로서 동료 5, 6명과 함께 수이시 부근의 중국인 경작지에 들어가 채소 약 100근을 약탈하였습니다. 그중 20근은 본인이 약탈하였습니다.

5. 1941년 9월, 본인은 산장성 푸진헌병분대장 이나미 사다카즈의 명령을 받아 헌병 상등병 경무계원 신분으로 푸진가 베이먼(北門) 안에 거주하던 중국인 목재상으로부터 '산속에서 흘러내려온 국유 목재' 명목으로 목재 약 10m^3를 약탈하였습니다. 약탈한 목재는 이나미 사다카즈가 숙소 건축에 사용하였습니다.

6. 1941년 9월 중, 본인은 산장성 푸진헌병분대장 헌병중위 이나미 사다카즈의 명령을 받아 헌병 상등병 경무계원 신분으로 직권을 남용하여 푸진 신카이먼가 중국 농민(성명 및 기타 사항 미상) 집에서 '산속에서 흘러나온 관 소유 목재' 명목으로 목재 약 4m^3를 약탈, 분대장 이나미 사다카즈에게 넘겨 숙소를 짓는 데 사용하게 하였습니다.

7. 1941년 7월 중, 본인은 산장성 푸진헌병분대장 헌병중위 이나미 사다카즈의 명령을 받아 헌병 상등병 경무계원 신분으로 푸진 주둔 일본군 군용공사에 협조하기 위해 직권을 남용하여 푸진가 베이먼 안에 사는 중국인 목재상에게서 목재(길이 5미터, 지름 10센티미터) 약 100개를 약탈, 푸진 주둔 항공대 카와구치대에 주어 사용하게 하였습니다.

8. 1943년 7월, 본인은 산장성 푸진헌병분대장 헌병소위 사이토의 명령을 받아 헌병오장 경무주임 신분으로, 푸진 주둔 일본군 군용공사에 직권을 남용하여 푸진가 베이먼 안에 사는 중국인 목재상에게서 목재(길이 5미터, 지름 10센티미터) 약 500개를 약탈, 일본군 군용공사 하청업체 오쿠라 토목조에 주어 사용하게 하였습니다.

9. 1943년 12월 하순, 산장성 푸진헌병분대장 헌병소위 쇼우지 츠네지의 명령을 받아 산장성 수이빈현 중싱촌에서 아무 잘못 없는 중국 농민 순(孫)(남자, 40세가량)에게 배추 약 500근을 약탈하고 푸진헌병분대로 수송하게 하여 분대장 쇼우지 츠네지가 쓰게 하였습니다.

10. 1943년 2월 중순부터 같은 해 12월 사이, 본인은 산장성 푸진헌병분대장 헌병소위 쇼우지 츠네지(4월까지), 스즈키 지로오(4월부터 5월까지), 헌병대위 이누도오 키치노스케의 명령을 받아 헌병 방첩원 신분으로,

1) 푸진현 사강촌 푸안(富安)탄광의 만철(滿鐵)공사 노무과장 오카다에게 명령하여 중국

인들에게 매달 20위안씩 총 1만 위안을 빼앗게 하여 푸진헌병분대의 밀정공작비로 지급하게 하였습니다. 전시업무반장 스즈키 사토시 월 600위안, 방첩원 나카야마 신사쿠(中山新作) 월 300위안, 본인 월 200위안씩 받았고, 본인은 매달 수령한 200위안으로 밀정 허칭셴 및 상(尙) 등에게 각각 100위안씩 주었습니다.

2) 이 기간 동안 푸진현 싱룽촌 일본군 군용공사현장의 하청업체 다이도조에 명령하여 매달 중국인에게서 200위안, 총계 2천 위안을 갈취하게 하고, 밀정 리 아무개 및 류 아무개에게 각각 월 100위안씩 지급하여 공작비로 쓰게 하였습니다.

본인은 이상 갈취한 1만 2천 위안을 중국인을 위협하고 애국자를 체포, 감시, 동원하는데 사용하였습니다. 이는 본인의 죄행입니다(체포 및 노역을 강제한 죄행은 따로 기록함).

11. 1943년 2월부터 1943년 11월 사이, 본인은 산장성 푸진헌병분대 헌병오장 경무주임 신분으로 만주국 푸진협화회(協和會)에게 명령하여 푸진의 중국인으로 하여금 일본군에 헌금을 하도록 강제하게 하였습니다. 그 결과 푸진에 거주하던 중국인 30명에게서 약 2천 위안을 갈취하여 푸진헌병분대 서무계를 통해 관동군으로 보냈습니다.

증인 가게치 모이치

12. 1944년 8월 중, 산장성 푸진헌병분대 헌병군조 방첩원 신분으로 직권을 남용하여 푸진 중앙 대가 소재 일본군 군용공사현장의 하청업체 다이도조 사무소에서 중국인에게 발급할[17] 방수용 고무양말 10켤레를 빼앗아 동료 타마키(玉置) 군조에게 5켤레를 주고 나머지 5켤레는 본인이 가지고 방첩공작용으로 썼습니다.

13. 1944년 3월 중, 본인이 산장성 푸진헌병분대 헌병군조 방첩원 신분으로 푸진현 싱룽촌에서 공작할 때, 그 지역에서 일본군 군용공사를 하던 하청업체 다이도조를 통해 중국인에게 발급할 요와 이불 1채를 빼앗게 하여 개인적으로 사용하였습니다.

14. 1944년 8월, 본인이 산장성 푸진헌병분대 헌병군조 방첩원으로 푸진가 베이얼다오가에서 결혼식을 올릴 때, 밀정 허칭셴이 하례금 명의로 본인에게 현금 50위안을 주었는데, 그는 본래 무직이었으므로 중국인으로부터 갈취한(갈취 방법 미상) 것이었으며, 허칭셴은 본인이 부리던 부하였으므로 이는 본인이 약탈한 죄행입니다.

17 만주국은 1937년부터 물자동원을 시작하였고, 1939년부터 생활필수품 배급제를 전역에 실시하였다.

15. 1944년 10월 중, 본인은 산장성 푸진헌병분대 헌병군조 방첩원으로 밀정 허칭셴이 빼앗은 여우가죽(미가공) 1장(피해자 및 갈취 방법 미상)을 푸진가 베이얼다오가 소재 숙소에서 개인적으로 사용하였습니다.

16. 1944년 10월 중, 본인은 산장성 푸진헌병분대 헌병군조 방첩원으로 푸진현 사강촌에서 공작활동 중 밀정 상(尙) 아무개에게 명령하여 사슴가죽 2장(피해자와 갈취 방법 미상)을 갈취하여 사용하였습니다.

17. 1944년 11월, 본인은 산장성 푸진헌병분대 헌병군조 방첩원으로 푸진가 상지에지(上街基)촌에서 푸진 주둔 일본군 제194부대에서 공사를 하면서 중국인의 땅(배추밭)을 점용하고, 배추 1천 근을 약탈하여 푸진헌병분대에 주고 독신자 전원이 식용하였습니다.

18. 1944년 3월 중순, 본인은 산장성 푸진헌병분대 헌병군조 방첩원으로 직권을 남용하여 푸진가 베이산다오가 일본군 군용발주공사의 하청업체 오오쿠라조 사무소로 하여금 중국인들에게 배급할 솜옷(상하의) 5벌을 빼앗아 부하 보조헌병 및 밀정 등이 착용하게 하였습니다.

19. 1944년 12월, 산장성 푸진헌병분대장 헌병대위 이누도오 키치노스케로부터 갈취한 아편(3백 위안 상당)을 받아 밀정활동비로 사용하였습니다. 이는 본인이 갈취한 아편을 불법 밀매한 죄행입니다.

20. 1944년 6월, 본인은 산장성 푸진헌병분대 헌병군조 방첩원 신분으로 푸진현 지셴(集賢)진에서 활동 중 이 지역에 거주하던 중국인 여자 양(楊) 아무개(23세가량)의 만년필 한 자루를 빼앗아 본인이 사용하였습니다.

21. 1944년 6월 중, 산장성 푸진헌병분대 헌병군조 방첩원 신분으로 푸진현 싱룽촌에서 공작 중에 부하 거 헌보에게 명령하여 일본군 군용 발주 공사용이란 명목으로 싱룽촌 촌장을 강박하여 중국인들로부터 약 200위안 상당의 건초를 갈취하여 싱룽 주둔 일본군 군용공사 하청업체 다이도조에 주어 사용하게 하였습니다.

22. 1943년 여름 및 1945년 봄, 산장성 푸진헌병분대 주둔 중 푸진가 공소(公所)로 하여금 중국인에게 배급할 유제품 약 10근을 갈취하게 한 뒤 본인이 식용하였습니다.

23. 1944년 4월부터 1944년 12월 사이, 산장성 푸진헌병분대 헌병군조 방첩원 신분으로 푸진현 싱룽촌에서 활동 중, 중국 농민들의 춘경기 기아 상황에서 싱룽합작사의 일본인에게 명하여 본인에게 쌀 3가마니를 가져오게 해서 식용하였습니다.

24. 1944년 3월부터 12월 사이, 만주국 푸진현 공서에서 산장성 푸진헌병분대 헌병군조 방첩원 신분으로 중국인에게 배급할 궐련담배 400갑(1갑 20개비)을 빼앗아 본인이 소비하였습니다.

25. 1944년 12월, 본인은 산장성 푸진헌병분대장 헌병대위 이누도오 키치노스케의 명령을 받아 헌병군조 방첩원으로 푸진현 지셴진에서 활동 중 이 지역의 소주양조장 사장으로부터 술 약 300근을 빼앗아 푸진헌병분대 동료 약 40명에게 주어 소비하였습니다.

26. 1944년 9월, 본인은 산장성 푸진헌병분대 헌병군조 방첩원으로 푸진현 싱룽촌에서 활동 중 밀정 류 아무개에게 명하여 싱룽가에서 중국인이 경영하던 설탕가게에서 덩어리 당(糖) 약 15근을 빼앗아 본인에게 식용하였습니다.

27. 1944년 9월 중, 산장성 푸진헌병분대 헌병군조 방첩원으로 푸진현 싱충촌에서 활동 중 밀정 류 아무개에게 명령하여 싱룽가에 거주하던 중국인(성명, 연령 미상)으로부터 닭 5마리, 달걀 200개를 빼앗아 본인이 식용하였습니다.

28. 1945년 4월부터 7월 사이, 본인은 산장성 헌병분대장 헌병대위 이누도오 키치노스케의 명령을 받아 헌병군조 경무주임 신분으로 푸진 주둔 일본군 775부대가 점용하고 있던 중국인의 토지에서 본인이 지휘하여 2km²를 경작하였습니다. 경작 시 통역 위안(遠) 아무개에게 명령하여 중국인에게서 약 10원 상당의 씨앗을 갈취하였습니다.

29. 1945년 1월부터 같은 해 7월까지, 산장성 푸진헌병분대 헌병군조 경무주임 신분으로 직권을 남용하여 통역 위안에게 명령하여 매일 중국인에게서 우유 3, 4냥, 합계 21병(60근)을 빼앗아 본인이 식용하였습니다.

30. 1944년 10월부터 1945년 7월 사이, 산장성 푸진헌병분대장 이누도오 키치노스케가 분대원 25명의 식비 해결을 위해 통역 위안에게 명령하여 중국인(푸진 베이먼 내 거주)에게서 두부 약 6천 근을 갈취하였습니다. 본인 몫으로 매일 1근, 총계 240근을 약탈하였습니다.

기타 죄행

지문 채취 죄행

1943년 5월 중, 산장성 푸진헌병분대 헌병군조 방첩원 토미야마 토키치로가 수이빈현에서 체포한 소련 사병 1명(남자, 25세가량)을 푸진헌병분대로 데려왔으나, 통역이 없어 심문하지 않고 푸진특무기관에 보고하였습니다. 본인은 헌병오장 경무주임 신분으로 분대장 헌병소위 사이토오 츠네타로오의 명령을 받아 지문을 채취한 후 신징(新京) 86부대로 이송하였습니다.

증인 가게치 모이치

헌병 상등병을 교육한 죄행

1940년 10월부터 1942년 1월까지, 1943년 2월부터 12월까지, 1945년 1월부터 7월 사이에 본인은 산장성 푸진헌병분대 경무계원 및 경무주임 신분으로 헌병 상등병 및 보조헌병 약 30명에게 업무 교육(순찰, 시찰, 조사, 신체 수색, 단속, 구류소 감시)을 진행하여, 교육받은 대로 중국인을 무력으로 진압하여 노역시키거나 약탈하는 일에 적극 협조하게 하였습니다.

생활 개선을 요구하다가 쟁의를 일으킨 중국인을 진압한 죄행

1943년 7월 중, 푸진동비행장 공사현장에서 중국인 약 1천 명[소위 근로봉공대(勤勞奉公隊)]이 하청업체 오쿠라조에게 음식 등 생활조건 개선을 요구하며 파업투쟁에 들어가자, 본인은 당시 헌병오장 경무주임 신분으로 푸진헌병분대장 헌병소위 사이토오 츠네타로오의 지휘 아래 동료 5, 6명과 함께 무장하고 공사현장으로 가서 중국인들을 위협하고, 통역 왕(王) 아무개에게 분대장의 명령을 전달하여 계속 노동하도록 강제하였습니다. 파업투쟁을 무장 진압하여 중국인 1천 명으로 하여금 계속 노동에 종사하게 만들었습니다.

중국인 감금에 참가한 죄행

1943년 10월 중, 푸진헌병분대장 헌병소위 사이토 츠네타로의 명령을 받아 헌병오장 경무주임 신분으로 동료 4명과 함께 관동군(關東軍)의 대소련 전쟁 준비 특별 비밀 군사훈련 음모에 참가하였습니다. 당시 음모를 은폐할 목적으로 자무스헌병분대에 증원차 당도하여 자무스헌병분대장 헌병대위 요시야 지로(吉屋次郎)의 명령과 지휘 아래 헌병과 만주국 경찰 약 백 몇 십 명과 함께 산장성 화촨현(華川縣)[18] 리요우팡(李有房) 부근 약 10개 촌락 약 1천 호, 약 5천 명 중국 농민을 3일 동안 실내에 연속 감금하여 자유를 박탈하고 그들이 생업에 종사하는 것을 방해하였습니다.

비밀 군사훈련의 지도자는 梅渾吉次郎[19] 대장(大將), 야마시타 대장, 기타 다수 장군이었고, 군사훈련은 대소련 침략음모의 일환으로 기계화 부대 전차 약 200대에 비행기 약 10대를 합하여 1개 사단 병력으로 결사전 훈련을 한 것입니다.

증인 가게치 모이치

부녀자들에게 군사교육을 실시한 죄행

1945년 5월부터 7월 사이, 본인은 헌병군조 경무주임 자격으로 산장성 푸진헌병분대장 헌병대위 이누도오 키치노스케의 명령을 받아 대소련 전쟁 준비를 목적으로 푸진에 거주하던 20명가량의 일본 퇴역군인을 감독하고 동시에 푸진에 거주하던 일본 부녀자 약 200명에게 날마다 2시간~4시간 동안 군사교육을 실시하였습니다.

가옥에 불법침입한 죄행

1940년 7월, 1941년 6월, 1941년 7월, 1941년 12월, 1943년 7월, 1945년 5월 중, 산장성 푸진헌병분대 주둔 시 본인은 헌병 상등병 경무계원, 군조 경무주임의 자격으로 총 6차례에 걸쳐 탈영병을 잡기 위해 밤낮을 가리지 않고 불법으로 중국인이 경영하는 여관과 식당(총 330군데)에 불법침입하여 3천 명의 안면(安眠)을 방해하였습니다.

통행을 금지한 죄행

1. 1940년 봄, (중략) 타케다(武田)가 푸진현의 우상산진지를 시찰하러 왔을 때, 본인은 푸

18 화촨(樺川)현의 오류로 보인다.

19 우메츠 요시지로(梅津美治郎, 1882~1949)의 오류로 보인다.

진헌병분대장 헌병중위 이나미 사다카즈의 명령을 받아 경계 명목으로 푸진가 신카이먼가 노상의 통행을 30분 동안 금지하고 100명가량의 중국인의 노동을 방해하였습니다. 당시 본인은 헌병 상등병 경무계원이었습니다.

2. 1941년 6월 중 613부대가 푸진에 주둔하러 들어올 때 본인은 헌병 상등병 경무계원 신분으로 푸진헌병분대장 헌병중위 이나미 사다카즈의 명령을 받아 동료 3명과 함께 푸진 부두에서 6시간 동안 중국인 약 800명의 진입을 금지하여 그들의 노동을 방해하였습니다.

3. 1941년 7월 중 푸진항공대 카와구치대에서 가짜 비행기를 운수할 때, 본인은 헌병 상등병 경무계원 신분으로 푸진헌병분대장 헌병중위 이나미 사다카즈의 명령을 받아 동료 2명과 함께 중국인 약 400명의 통행을 3시간 동안 금지하여 그들의 노동을 방해하였습니다.

4. 1943년 5월, 만주국 정부 치안부 대신이 푸진에 와서 우샹산진지를 시찰하였을 때, 본인은 푸진헌병분대장 헌병소위 사이토오 츠네타로오의 명령을 받아 경계 명목으로 푸진현 타이핑(太平)촌에서 중국 농민 약 500명의 통행을 3시간 동안 금지하고 촌락 안에 묶어두어 그들의 노동을 방해하였습니다.

5. 1945년 5월 중, 푸진 613부대에서 무기를 수송할 때 헌병군조 경무주임 신분으로 푸진헌병분대장 헌병대위 이누도오 키치노스케의 명령을 받아 보조헌병 3명을 지휘하여 푸진 부두에서 중국인 약 300명의 통행을 3시간 동안 금지하여 그들의 노동을 방해하였습니다.

6. 1940년 4월부터 1941년 11월까지, 1943년 2월부터 1943년 11월 사이에 푸진에 주둔하던 775부대에서 푸진 중국인에게 방공훈련을 실시하도록 강제하였을 때, 헌병 상등병 경무계원 및 오장 경무주임 신분으로 푸진헌병분대장의 명령을 받아 775부대에 협조하여 총 15차(1일 1차)에 걸쳐 중국인 약 5만 명을 강제하여 방공훈련에 참가하도록 강제하여 그들의 자유를 박탈하고 그들의 노동을 방해하였습니다.

중국인을 위협한 죄행

1945년 5월 푸진 제775부대장 키바야시(木林)가 군민(軍民) 군사훈련을 지휘하던 때 본인은 푸진헌병분대장 헌병대위 이누도오 키치노스케의 명령을 받아 헌병군조 경무주임 신분으로 헌병 5명을 지휘하여 무장한 채 푸진의 중국인(학생, 단체 등) 3천 명이 참가한 군사훈련을 감시하고, 푸진의 중국인 일반 시민 약 6만 명의 1일 노동을 방해하였습니다. 본인은 또 사람들에게 고의로 보여주기 위해 '시가전' 훈련을 강제로 참관하게 하였습니다.

구류소 간수 담당 시 저지른 죄행

1940년 4월부터 1945년 7월 사이(1942년 1월~1943년 2월 제외)에 산장성 푸진헌병분대에서 헌병 상등병-헌병군조 신분으로 분대장 이나미 사다카즈(1940년 4월~1941년 10월), 타무라 쇼사부로(田村正三郎, 1941년 10월~1942년 1월), 후나바시 소이치로(1943년 2월~1943년 4월), 사이토 츠네타로(1943년 4월~1943년 11월), 쇼우지 츠네지(1943년 11월~1944년 4월), 스즈키 지로(1944년 4월~1944년 5월), 이누도 키치노스케(1944년 5월~1945년 7월)의 명령을 받아 매 주 1회 당번 근무를 서면서 구금 중인 중국과 조선 인민을 감시하였습니다. 매일 두 끼 식사를 주되 소량의 좁쌀밥과 소금, 냉수를 주어 학대하였습니다. 피해자의 수는 정확히 알 수 없으나 당시 많으면 20명가량, 적으면 1, 2명가량이었으므로 본인이 학대한 중국인의 총수는 200~300명가량이었습니다.

부정부패 죄행

1. 1944년 6월, 본인은 산장성 푸진헌병분대 헌병군조 방첩원으로 푸진현 싱룽촌에서 활동 중 부하 야마구치 군조, 보조헌병 2명, 거 헌보가 이 지역 만주국 경찰 및 침략용 공사를 하던 일본군 군인 십여 명과 함께 싱룽촌 촌장에게 약 200위안의 향응을 받았습니다.

2. 1944년 9월 중, 본인은 산장성 푸진헌병분대 헌병군조 방첩원으로 푸진현 사강촌에서 활동 중 부하 거 헌보 및 이 지역 만주국 경찰과 침략용 공사를 하던 만철 직원 등 일본인 약 10명과 더불어 사강촌 촌장에게 200위안가량의 향응을 받았습니다.

3. 1941년 1월과 1942년 1월의 춘절 전후 두 차례에 걸쳐 산장성 푸진헌병분대 헌병 상등병, 오장 신분이었던 본인은 동료 14, 15명과 함께 푸진 중양대가(中央大街) 소재 위룽샹 백화점 사장(중국인)에게 300위안의 향응을 받았습니다.

4. 1944년 6월부터 1944년 12월 사이에, 본인은 산장성 푸진헌병분대 헌병군조 방첩원으로 푸진현 지셴촌에서 활동 중 제분공장에서 50일가량 강제로 기숙하고 약 250위안의 향응을 받았습니다.

5. 1944년 2월 중순부터 약 12일~13일 동안 본인은 산장성 푸진헌병분대 헌병군조 방

첩원으로 푸진현 산다오강(三道崗)촌에서 활동 중 부하 4명과 함께 직권을 이용하여 합작사 창고에 강제로 들어가 기숙하였습니다.

6. 1944년 3월 상순부터 중순 사이, 1944년 3월 하순부터 5월 중순, 1944년 5월 하순부터 6월 중순 사이, 본인은 푸진헌병분대 헌병군조 방첩원 신분으로 부하 4명을 지휘하여 푸진현 싱룽촌에서 활동하며 싱룽촌 정미공장에 100일가량 기숙하였습니다.

7. 1944년 5월 하순, 본인은 푸진헌병분대 헌병군조 신분으로 부하 3명을 지휘하여 푸진현 산다오강촌에서 활동하며 그 지역 위룽상상점에서 7일가량 기숙하면서 70위안가량의 향응을 받았습니다.

이상은 접대를 받은 죄행으로 이 죄행에는 만주국 소속 경찰과 촌장 등이 중국인을 통제하여 노역에 동원하고 약탈하도록 독촉하여 중국인들이 빈곤에 빠지게 한 죄행을 포함합니다.

중국인을 속여서 이용한 죄행

1944년 2월 중순부터 12월 하순 사이, 본인이 푸진헌병분대 헌병군조 방첩원으로 반인민적 공작을 할 때 푸진헌병분대장 헌병소위 쇼우지 츠네지의 명령을 받아 기존의 분대 중국인 밀정 허칭셴(28세가량), 창(常) 아무개(30세가량), 리 아무개(40세가량), 류 아무개(40세가량)를 이용하여 푸진현 지셴촌, 사강촌, 싱룽촌, 산다오강촌 등지에서 활동하였습니다. 본인은 중국인 애국자를 체포하거나 중국인을 진압하고 협박할 목적으로 위 4명을 부하로 이용하였습니다. 창 아무개가 사강촌에 전병(煎餅)가게를 열어 그 가게를 기반으로 위 4명이 해당 지역의 중국 촌락의 정보연락망을 구축하였습니다. 1944년 7월, 창 아무개가 지셴촌 부근에서 중국 농민의 아내를 협박하여 간통, 동거함으로써 피해자의 가정생활을 파괴하였습니다. 이 밖에도 그 밀정 4명이 세력을 믿고 더 많은 죄행(구체적 정황 불명)을 범하였으리라 생각하며, 이들이 저지른 모든 반인민적 죄행은 모두 본인의 죄행입니다.

1954년 7월 11일

푸순(撫順)에서

진술인 오노 타케츠구

아즈마 이페이 자필진술서

제38권 수록 전범

성명: 아즈마 이페이(東一兵) 연령 36세, 1918년 7월 8일생.

본적: 이시카와(石川)현 노미(能美)군 도리코시(鳥越)촌 아자시모쓰케구치(字下野口) 200번지.

현주소: 이시카와현 가나자와(金澤)시 로쿠게하야시(六斗林) (이하 불명).

학력: 6년제 교토(京都)시 토오카(陶化) 심상고등소학교 졸업.

가정환경: 빈농.

직무계급: 내무반장 헌병중사(軍曹).

참가 정당 및 단체: 없음.

상벌: 지나사변종군기장(支那事變從軍記章) 상금 국채 60엔.

경력

- 1925년 4월부터 1931년 3월까지 교토시 토오카 심상고등소학교 심상과 졸업.
- 1931년 4월부터 1931년 8월까지 교토시 로쿠죠(六條) 동쪽 길 '시즈카(靜)' 우동집에서 요리 견습함.
- 1931년 8월부터 1932년 3월까지 이시카와현 가나자와시 이즈미(泉)정 자택에서 가사 일을 도움.
- 1932년 3월부터 1932년 7월까지 가나자와시 하쿠초(白鳥)로 하쿠초식당에서 요리 견습함.
- 1932년 7월부터 1932년 12월까지 가나자와시 이즈미정 자택에서 가사를 도우며 개간

(開墾) 인부로 일함.

- 1932년 12월부터 1933년 2월까지 가나자와시 이즈미정 데라시마(寺島) 자수점에서 자수 견습함.
- 1933년 2월부터 1935년 10월까지 이시카와현 가나자와시 가타마치(片町) 마쓰모토(松本)간장 미소된장 양조점 점원.
- 1935년 10월부터 1935년 11월까지 동현 이시카와군 요시노다니(吉野谷)촌 아자시모요시노(字下吉野) 쓰지 니사부로(辻仁三郎)의 집에서 농업에 종사함.
- 1935년 11월부터 1937년 10월까지 가나자와시 나가(長)정 일본 경질도기주식회사 성형공으로 일함.
- 1937년 10월부터 11월까지 도야마(富山)현 다카오카(高岡)시 국유철도 다카오카역 잡역부로 일함.
- 1937년 11월부터 12월까지 가나자와시 노정(野町) 스기모토(杦本)운동구점에서 조수로 일함.
- 1938년 1월부터 9월까지 가나자와시 메이지(明治)밀크주식회사 하청 제관(製罐)공장 제관공으로 일함.
- 1938년 9월부터 10월까지 가나자와시 교외 인견(人絹)주식회사에서 잡역공으로 일함.
- 1938년 10월부터 12월까지 가나자와시 교외 가나자와 야금(冶金)주식회사 잡역공으로 일함.
- 1939년 1월부터 4월까지 오사카(大板)시 사쿠라지마(櫻島)구 스미토모(住友)신동소(伸銅所)[1]에서 잡역공으로 일함.
- 1939년 5월 가나자와시 보병 제7연대 제6중대 제3내무반에 입영함(육군 보병 이등병 경기관총수).
- 1939년 9월 위 부대에서 육군 보병 일등병 진급, 경기관총수.
- 1939년 12월 위 부대에서 육군 보병 상등병 진급, 경기관총수.
- 1939년 12월부터 1940년 5월까지 위 부대에서 초년병 조수 담당.

---

1 구리를 가공하여 판(板), 관(管), 선(線)으로 만드는 공장.

- 1940년 10월 위 부대에서 육군 병장 진급, 분대장 요원이 됨.
- 1940년 10월 가나자와시 제9사단의 동북(東北) 침략 시 보병 제7연대 제2대대 제6중대 제1소대 제3분대장으로 나나오항(七尾港)을 출발, 나신(羅新)[2]으로 상륙, 투먼(圖們)을 통과하여 무단장성 예하(掖河)[3]에 도착함.
- 1940년 10월부터 11월까지 무단장성 예하 주둔 만주 제414부대 제6중대(가나자와시 보병 제7연대 제6중대)에 소속됨. 위 부대에서 대소련 전투훈련을 받음.
- 1940년 12월부터 1941년 5월까지 창춘(長春)시 관동헌병대 교습대 제1중대에서 제7기 헌병 교습병으로 교육받음.
- 1941년 5월부터 6월까지 헌병 실무실습교육을 위해 무단장성 둥닝(東寧)헌병대 둥닝분대 교습병으로 배속됨.
- 1941년 6월부터 7월까지 창춘 관동헌병대 교습대로 복귀, 제7기 헌병 교습병으로 교육받음.
- 1941년 7월 헌병 병장. 무단장성 둥닝현 다두즈촨(大肚子川)헌병분대에 소속됨. 11월까지 위 부대에서 특고실(特高室) 방첩계 담당.
- 1941년 9월부터 10월까지 병기창 폭발사건 관련 입원자 감시를 위해 스먼즈(石門子)육군병원으로 출장감.
- 1941년 12월부터 1942년 10월까지(11개월) 무단장성 둥닝현 다두즈촨헌병분대 특고실 보급창계에 소속됨. 해당 지역 관동군 야전병기창에 파견됨.
- 1942년 8월 위 부대에서 헌병하사로 진급.
- 1942년 11월부터 1944년 6월까지(1년 7개월) 창춘 관동헌병대 교습대에서 내무반 하사관으로서 각 기수별 헌병 교습병(헌병후보자)에게 교육을 실시함.
- 1943년 3월부터 4월까지(1개월) 재외 하사관 특별휴가로 일본에 돌아감.
- 1944년 6월 교습대에서 헌병중사로 진급함. 1944년 7월까지(1개월) 재외 하사관 특별휴가로 귀국하여 결혼함.

---

2 나진(羅津)의 오류로 보인다.

3 지금의 헤이룽장(黑龍江)성 무단장시 양밍(陽明)구 티에링하(鐵嶺河).

- 1944년 6월부터 1944년 8월까지(1년 3개월) 창춘 관동헌병대 교습대 내무반장을 맡아 각 기수별 헌병후보자에게 교육을 실시함.
- 1944년 8월 맹장염에 걸려 창춘 제2육군병원에 입원함.
- 1944년 8월(15일 동안) 창춘시 신징(新京)헌병대 본부에 파견되어 요시카와대(吉川隊) 고노대(河野隊) 제1분대장을 맡음.
- 1945년 8월 28일 창춘시에서 소련군에게 무장해제되고 전쟁포로가 됨.
- 1945년 9월 6일 전쟁포로로 창춘역에서 출발하여 헤이허(黑河)를 거쳐 소련으로 감.
- 1942년부터 1945년까지 헌병대에서 러시아어 통역 수당을 받음.
- 1942년과 1943년 3등 수당, 1944년 2등 수당, 1945년 1등 수당을 받음.

아즈마 이페이(東一兵)의 1954년 6월 26일자 진술에 따르면 아즈마 이페이는 1918년 일본 이시카와현에서 태어나 1940년 중일전쟁에 참전하였고 1945년 8월에 포로로 잡혔다. 위안소 관련 주요 죄행은 1941년 8월, 무단장성 둥닝현에서 "관동군사령부의 명령을 받아 중국인의 가옥 200m²를 약탈하여 군위안소로 만들고, 조선인 김 아무개가 데려온 조선인 여자 30명에게 영업을 강박하고, 해당 지역 주둔 일본 군부대의 군인, 군속(군고용인) 4천 명의 강간 대상이자 구타 폭행의 대상으로 만들어 피해자들에게 성병으로 고생하고 빚까지 가중시켜 군 규정에 의해 노예처럼 학대하였고, 위안소 설립 이래 1942년 10월까지 50회 강간, 1944년 8월 뤼순시의 일본인 경영 음식점에서 중국인 여종업원 1명(성명 미상, 16세)을 강간함 등이다.

아즈마 이페이의 죄행 인정

중국인을 살해한 죄행

1. 1941년 12월부터 1943년 10월까지 만주국 무단장성 둥닝현 다두즈촨 관동군 제5야전병기창에서 중국인[펑티엔성 각 현에서 강제징용된 소위 '노공(勞工)', '근로봉사대(勤勞奉仕隊)'로 불리던 사람들] 1천 명을 과도한 혹사로 학대하였고, 1941년 9월부터 4개월 동안 150명 중

2명, 1941년 12월부터 4개월 동안 200명 중 10명, 1942년 3월부터 4개월 동안 250명 중 3명, 총 600명 중 15명을 살해하였습니다(기타 400명 중 살해된 자 없음). 나는 이 기간 중 병기창 파견 헌병으로 해당 병기창 공인계(工人係) 마쓰모토(松本傭人) 이하 5명을 지휘하여, 굶어죽지 않을 만큼 조금 먹이고 거적을 덮은 허름한 작은 집에 재우고 의료 혜택을 전혀 받지 못하는 짐승 이하로 취급하며 학대한 상황에서 폭발화재사건 정리와 대소련 침략전쟁 준비 작업을 강행하기 위해 총검으로 위협, 구타 폭행, 강제 혹사로 인해 쇠약해서 노동할 수 없는 115명이 발생하였지만 모든 수단과 방법을 동원하여 이 환자들도 강제로 혹사하여 해당 지역에서 15명을 살해하였습니다. 이는 내가 직접 또는 지휘 명령을 받아 살해한 죄행으로 이에 죄행을 인정합니다.

2. 1942년 5월경, 다두즈촨헌병분대에서 중국인 남자 1명 류(劉) 아무개[45세, 포예거우(佛爺溝)탄광 노동자]를 소위 '소련첩보공작원'이라며 하얼빈(哈爾濱) 이시이(石井)부대로 보내 살해하였습니다. 나는 보급창계(補給廠係)에 근무하면서 반장 시노다 가사미노루(篠田重稔) 준위와 통역 팡궈완(方國萬) 3명에게 이미 체포되어 감금 중이던 피해자에게 소련 당국의 지령 내용을 추궁하기 위해 주산판에 꿇어앉혀 죽도로 등을 50회 구타하고 다시 팔을 뒤로 묶어 천정에 매달아 죽도로 30회 구타하여 1시간 고문해서 등이 시퍼렇게 피멍이 들고 양 어깨뼈가 탈골되었습니다. 고문 후 1개월이 지나 상처가 대략 아물었을 때 하케야마(畠山) 하사(伍長)에게 이시이부대로 압송하게 하였습니다. 나는 압송 시 피해자에게 포승과 수갑을 준비하였고, 피해자를 고문하였고 이시이부대로 보내 살해하게 하였으므로 이는 살해에 참가한 죄행입니다.

중국 인민을 체포한 죄

1. 1941년 9월 5일 다두즈촨병기창 폭발화재사건이 발생하였을 때 다두즈촨헌병분대장 야마시타 쓰네지로(山下常治郎)의 명령으로 사건현장에서 강제노동 중이던 중국 인민 노동자 120명을 체포하고 분대에 감금, 취조, 구타, 고문하였습니다. 나는 특고실 방첩계로서 보헌(補憲) 5명을 지휘하여 이 병기창에 파견되어 있던 헌병 아리가(有賀) 하사가 체포한 중국 인민 120명을 현장에서 분대로 압송, 감금하였습니다. 분대에서 마사키(正木) 중사 이하 4명에게 피해자 10명을 인계하여 죽도로 구타 고문하게 하였습니다. 내가 체포하여 분대에 감금하

고 구타 고문한 죄행입니다.

2. 1941년 5월경, 무단장성 둥닝현 다두즈촨헌병분대 15명은 야마시타(山下) 분대장의 명령에 따라 포예거우탄광 노동자 숙소에서 소위 '소련 첩보원' 색출을 목적으로 대규모 야간 검문검색을 실시하여 중국 인민 6명을 체포, 감금, 고문하였습니다. 나는 검색반의 1명으로 다른 14명과 함께 취침 중이던 중국인 6명을 '숙소 명부에 등기하지 않았다'는 이유로 체포, 분대에 감금하고 피해자 6명(성명 미상, 남자 30세에서 40세까지)을 취조하면서 60회나 구타, 고문하였으나, 첩보활동을 한 사실이 없었으므로 2일 후에 귀가시켰습니다. 내가 직접 체포, 감금, 구타, 고문한 죄행입니다.

3. 1942년 2월경, 다두즈촨에서 나는 당직 하사관 미나미 데이이치(南貞一) 상사(曹長)와 함께 조선 남자 1명(김 아무개, 소위 군위안소 주인)을 '군인을 모욕하였다'는 이유로 분대로 체포해 와 감금하고 피해자에게 사과를 요구하며 주먹으로 5회 안면을 구타하고 다시 알몸으로 건물 외부에 서 있게 하였는데 물을 머리에서부터 끼얹어 5분 동안 서 있게 하여 동상에 걸리게 하였습니다. 피해자에게 '시말서'를 받고 귀가시켰습니다. 내가 직접 체포, 고문한 죄행입니다.

4. 1942년 8월경, 다두즈촨병기창에서 나는 파견헌병으로서 소위 '연락원'[4]의 첩보를 받아 '가정가맹[5]' 용의자 중국인 남자[왕(王) 아무개, 30세, 다두즈촨병기창 노동자] 1명을 체포하여 순(孫) 통역자와 함께 취조하던 중 주먹으로 5회 구타하는 고문을 가하였습니다. 그런 사실이 없었으므로 귀가시켰습니다. 본인이 직접 체포, 고문한 죄행입니다.

5. 1942년 9월경, 무단장성 둥닝현 포예거우탄광 노동자 숙소에서 다두즈촨헌병분대 15명은 핫토리(服部) 분대장의 명령에 따라 소위 '소련 첩보원' 색출을 목적으로 대규모 야간 검문검색을 실시하여 소위 '주거부정자'였던 중국인 남자 8명(성명 미상, 25세에서 40세까지)을 체포하여 감금하고 취조하면서 구타 고문하였습니다.

나는 검색반의 1명으로서 다른 14명과 함께 중국인들이 취침 중이던 숙소에 침입하여 숙소 명부에 등기하지 않은 8명을 체포하여 분대에 감금하였고, 쓰치야 야스쿠라(土屋泰藏) 상

---

4 일본 헌병을 위해 일하던 중국인 정보 제공자.

5 가정교회로 보인다.

사 이하 3명이 취조하면서 구타하고 고문하였는데, 그런 사실이 없었기 때문에 3일 후 탄광 노무계에서 감시하는 것을 조건으로 인계하였습니다. 본인인 직접 체포, 감금한 죄행이고, 구타 고문을 하도록 만든 죄행입니다.

중국 인민을 고문한 죄행

1. 1941년 7월 말, 나는 다두즈촨헌병분대 특고실 방첩계로서 하케야마 하사, 황(王) 헌보와 함께 3명이서 소위 '소련 첩보원'으로 체포, 감금 중이던 중국인 남자 1명(성명 미상, 40세, 일본군 공사현장 인부)을 취조하면서 1시간 동안 2회 물고문을 하였는데, 10리터의 찬물을 주입하여 인사불성이 되게 하였습니다. 또 죽도로 구타 고문하여 내출혈상을 입게 하였습니다. 첩보원이 아니었으므로 8월 상순에 피해자를 귀가시켰습니다. 내가 직접 고문한 죄행입니다.

2. 1941년 8월 상순, 나는 다두즈촨헌병분대 특고실 방첩계로서 요코지(横地) 하사, 류(劉) 헌보와 함께 3명이 소위 '소련 첩보원 용의자'로 체포, 감금 중이던 중국인 남자 1명(성명 미상, 35세, 일본군 공사현장 인부)을 취조 중 죽도로 40회 구타하고, 피부에 붙인 종잇장 태우기를 1시간 동안 실시하여 멍이 들고 화상을 입게 하였습니다. 첩보원이 아니었으므로 8월 상순에 피해자를 귀가시켰습니다. 내가 직접 고문한 죄행입니다.

3. 1942년 4월경, 다두즈촨헌병분대에서 소위 '소련 첩보원'으로 첩보, 감금하고 있던 중국인 남자 2명을 20일 동안 취조하고 고문하여 소위 '소련 첩보원'으로 무단장지방법원으로 보내 복역하게 하였습니다. 나는 보급창계(補給廠係)로서 피해자 중 1명[순(孫) 아무개, 성명 불확실함, 38세, 포예거우탄광 인부]을 하케야마 하사, 팡(方) 통역과 함께 3명이 고문하고, 기타 1명(성명 미상, 38세, 포예거우탄광 인부)을 내가 미나미 데이이치 상사, 모 헌보와 함께 3명이 고문하였습니다. 날마다 1시간 동안 죽도, 군도 칼집으로 50회 구타하고 다시 물고문을 실시, 2명 모두 내출혈상, 타박상을 입혔으며, 순 아무개는 인사불성 상태에 빠지게 하였습니다. 피해자 2명은 같은 해 5월 상순, 무단장지방법원으로 보내져 투옥되었습니다. 압송 때, 내가 포승과 수갑을 준비하여 이시마(島) 하사와 아리가 병장에게 피해자를 압송하게 하였습니다.

4. 1942년 7월경, 나는 다두즈촨헌병분대 보급창계로서 팡 통역과 함께 니시오카(西岡) 병장이 소위 '증명서 없음'을 이유로 하여 체포하여 구류시킨 중국인 남자 1명(왕 아무개,

38세, 토목 인부)을 소위 '소련 첩보원 용의자'로 취조하면서 피해자에게 왕빠(王八), 곧 자라 자세로 기어다니게 하고, 죽도로 30회 구타 고문하여 멍이 들게 하였습니다. 피해자에게 첩보 사실이 없었으므로 장래 '연락원'으로 이용할 목적으로 강제로 왕바토우(王把頭) 밑에서 병기창 인부로 일하게 하였습니다.

내가 직접 고문, 혹사한 죄행입니다.

5. 1942년 3월경, 나는 다두즈촨헌병분대 보급창계로서 아리가 병장, 팡 통역과 함께 3명이 다두즈촨자동차공장에서 팔로군 전사였다는 이유로 체포한 중국인 남자 1명[성명 미상, 35세, 푸위현(扶餘縣)에서 강제징집되어 온 노공(努工)]을 취조 중에 죽검으로 30회 구타하는 고문을 실시하여 내출혈상을 입혔는데, 피해자에게 해당 사실이 없었으므로 국경 지역 밖으로 추방하는 처분을 내렸습니다.

내가 직접 고문을 집행하고 소위 '추방'한 죄행입니다.

중국 인민을 구타 폭행한 죄행

1. 1941년 9월 5일, 다두즈촨부락 부근 군용공사 인부 숙소에서 병기창 폭발사건이 발생하였을 때 나는 방첩계로서 보조헌병 5명을 지휘하여 폭발 위험하에 피난하려던 중국 인민 200명을 숙소 내에 강제로 수용하는 과정에서 120명의 등을 가격하고 지시 없이는 외출을 할 수 없게 금지시켰습니다. 내가 직접 구타 폭행한 죄행입니다.

2. 1941년 7월부터 10월 사이에 나는 다두즈촨헌병분대에서 당직 하사관 또는 유치장 감시원으로 분대 유치장에 감금 중이던 중국 인민 애국자 20명에 대해 취조를 위해 고문을 받아 움직일 수 없게 된 사람들의 목덜미를 잡아 감방에 집어넣었는데 행동이 굼뜬 자들은 어깨를 밀치고 발로 차고 또는 구타하는 방법으로 폭행하였습니다. 내가 직접 구타 폭행한 죄행입니다.

3. 1941년 12월부터 1942년 10월 사이, 나는 다두즈촨병기창에서 보급창계로서 병기창에서 강제노동 중이던 중국 인민 20명에게 '공인계를 욕하였다'는 이유로 50회 구타하였습니다. 또 공인계 및 보초에게 명령하여 50명에게 '작업 태만'과 '경계구역 이탈' 등의 이유로 구타하게 하였습니다. 1945년 8월 20일경, 나는 창춘시 동남지구 모 검문소에서 검문소장으로 있을 때, 헌병후보자 10명 및 만주국 헌병 소사(少士) 1명을 지휘하였는데, 류(劉) 소사를

시켜 통행 중이던 중국 인민 5명을 소위 '반항적인 태도'라는 이유로 10회 구타하게 하였습니다. 내가 부하에게 명령하여 구타하게 한 죄행입니다.

중국 인민에게 독극물을 푼 죄행

1945년 2월, 창춘시 싱안(興安)광장 남쪽 500미터, 중국 인민이 살던 작은 부락에서 교습대장(教習隊長) 호리구치 마사오(堀口正雄)의 명령에 따라 나는 반장(조교)의 신분으로 스즈키 지로(鈴木二郎) 구대장(區隊長)의 지휘하에 제2중대 제2구대 헌병 후보자 60명에 대해 헌병 실무연습 '무장첩자' 체포요령교육 중, 후보자 2명을 시켜 위 부락의 가옥 한 채에 소형 최루가스탄 2발을 쏘게 하여 독가스를 마시게 하였습니다. 이 집은 독가스 발사로 인해 실내에 독가스가 가득차서 하루 동안 집안에 사람이 살 수 없게 되었습니다. 그 집안 사람 5명은 (최루가스탄 발사 시 뛰쳐 나와 이웃집으로 갔음) 눈이 빨갛게 되도록 자극을 받는 등 막대한 고통을 겪었습니다. 내가 명령하여 독가스를 푼 죄행입니다.

중국 인민을 강간한 죄행

1. 1941년 8월 중, 다두즈촨에서 관동군사령부의 명령에 따라 소위 '군위안소'를 설치하였을 때 나는 방첩계로서 경무주임 모모세(百瀨) 하사의 지휘를 받아 중국 인민의 가옥(200평방미터)을 약탈하여 '위안소'로 만들고, 조선 인민 김 아무개가 인솔한 조선 여성 30명을 강제로 영업시켜 그 지역에 주둔하던 일본군 부대의 군인과 군속 4천 명의 강간 대상이자 구타 폭행의 대상으로 삼았고, 피해자가 성병과 부채에 시달리게 하였고, 군의 규정에 따라 노예의 경우로 학대하였습니다. 나는 위 위안소 설립 이래 1942년 10월 중까지 50회에 걸쳐 강간, 학대, 능욕하였습니다.

2. 1944년 8월경, 뤼순시의 일본인 경영 음식점에서 유흥 중(후보자 하기훈련을 위한 출장) 내가 이 음식점의 중국인 여자 급사 1명(성명 불상, 16세)을 강박하여 강간하였습니다. 내가 강간한 죄행입니다.

중국 인민을 강제로 노역시킨 죄행

1. 1942년 3월경, 다두즈촨헌병분대에서 나는 보급창 담당으로 히가시하라(東原) 하사와

함께 분대 마당의 미화를 위해 위 지역의 화물창(貨物廠) 노동자 중국 인민 10명을 10일 동안 무보수 강제노역을 시켰습니다.

2. 1945년 8월 12일, 나는 내무반장으로 귀국하는 가족의 짐을 운반하게 하기 위해 창춘시 싱안대로에서 통행 중이던 중국인 마부를 협박하여 마차 1대를 끌고 창춘역까지 짐을 운반시켰습니다. 이상은 내가 스스로 강제노역을 시킨 죄행입니다.

중국 인민의 봉기를 탄압한 죄행

1. 1945년 8월 20일, 창춘시 동만(東滿)지구 만주국 정부 관사가(官舍街) 부근에서 관사 해방을 요구하는 중국 인민 1천 명의 군중 봉기 행동에 대해 나는 반장(분대장)으로서 요시카와(吉川) 소령 지휘하에 후보자 10명과 함께 자동차로 현장에 급히 출동하여 300미터 후방에서 군중에게 소총 5발을 상공을 향해 발사, 군중 행동을 해산시켰습니다.

2. 1945년 8월 15일, 만주국 육군 경리(經理)군관학교 중국 인민 생도의 봉기 발생 때 나는 반장(분대장)으로서 고노(河野) 소위의 지휘하에 후보생 50명과 함께 봉기를 진압하기 위해 위 학교 전방 100미터까지 침공하였습니다. 그곳에서 작전을 개시하려고 할 때, 위 학교 부근을 경계 중이던 만주국 육군중위 한 사람에게 철수를 요구받고 귀대하였습니다.

3. 1944년 9월, 태평양전쟁의 패전에 따라 창춘시 중국 인민이 일으킨 항일반전투쟁을 탄압할 목적으로 헌병대사령관의 명령을 받아 창춘시의 헌병과 경찰 2천 명을 무장시켜 시위행진하면서 탄압의 의지를 보여주었습니다. 나는 반장으로서 교습대장 호리구치 마사오의 명령을 받아 교습대 1천 명과 함께 탄압을 위한 시위행진에 참가하여 6시간 동안 시내 중국인 거주지역을 돌며 행진하였습니다.

이상은 중국 인민이 봉기하여 해방투쟁한 것에 대해 내가 위협적으로 탄압한 죄행입니다.

중국 인민을 감금 학대한 죄행

1. 1941년 6월 한 달 동안 둥닝헌병분대에서, 1941년 7월부터 1942년 10월 사이 다두즈촨헌병분대에서, 나는 유치장 감시 당직을 섰는데, 분대에 감금 중이던 중국인 애국자 30명(구타 폭행으로 죄를 인정하게 한 것 제외)에게 폭언으로 모욕하고, 밤에 침구를 제공하지

않았고, 식사를 금지하고, 고문기구를 사용하는 등의 학대를 가해 생명과 신체에 위해를 가하였습니다. 내가 직접 학대한 죄행입니다.

중국 인민을 검문검색한 죄행

1. 1941년 6월, 나는 둥닝역에서 교습병으로서 마쓰노(松野) 하사의 지휘하에 교육을 받던 중 열차를 기다리던 중국인 부부 2명(성명 불상, 30세가량)에게 대중 면전에서 신체 휴대품을 검사하고 폭언으로 모욕하였습니다.

2. 1941년 6월, 둥닝에서 황족이 국경을 시찰할 때 동녕헌병대장 마쓰나가 미쓰오(松永光雄)의 명령에 따라, 나는 교습병으로서 오니즈카(鬼塚) 하사의 지휘하에 다른 5명과 함께 동녕 동쪽 1킬로미터 부근에 있던 중국 인민 가옥 10호를 검색하고 가족 40명을 1시간 동안 외출금지시켰고, 또 통행 중이던 중국인 20명에게 1시간 동안 통행을 금지하였으며 이들을 감금하였습니다.

3. 1942년 5월과 9월, 2회에 걸쳐 퍼예거우(不爺溝)탄광 및 다두즈촨부락에서 나는 보급창계로서 분대장의 지휘 명령하에 분대원 15명과 함께 소위 '소련 지하공작원' 색출을 위해 중국인 가옥 100동, 2천 명을 야간에 일제 검색하였습니다. 가옥에 침입하여 취침 중이던 부녀 15명의 의복을 벗기고 검사하며 능욕하였고, 가구를 파괴하고 난동하는 등 침해 행위를 하였습니다.

4. 1942년 8월경, 다두즈촨에서 나는 병기창 공인계(工人係) 마쓰모토(松本傭人)와 함께 술을 마시고 취해서 야간에 위 병기창 여자 노동자 조장 장(姜) 아무개 집에 난입하여 취침 중이던 가족을 쫓아내고 다음 날 아침까지 취침하여 그들의 생활을 침해하였습니다.

5. 1942년 4월경, 다핑촨(大平川)에서 발생한 일로, 나는 보급창계로서 하타케야마(畠山) 하사, 아무개 헌보와 함께 3명이 다핑촨 부근 산중에서 발견한 소총 1정의 은닉자를 찾기 위해 그 지역 중국 인민 가옥 3호에 침입하여 10명에 대해 검색하고, 또 통행 중이던 중국인 10명에 대한 검문을 실시하여 생활과 통행을 침해하였습니다.

6. 1945년 8월 15일, 창춘시 콴청즈(寬城子) 서쪽 500미터 부근에서 황족을 위한 경계근무를 설 때, 신징헌병대장 히라바야시 시게키(平林茂樹)의 명령에 따라 나는 반장으로서 후보자 10명을 지휘하여 현장에 도착, 중국인 가옥 10호, 30명을 검색하고, 통행 중이던 중국인

50명을 30분 동안 통행 금지하여 생활과 통행을 침해하였습니다.

7. 1941년 7월부터 1942년 10월까지 나는 방첩계, 보급창계로서 소위 '소련 첩보원' 색출을 위해 다두즈촨, 선동(神洞), 퍼예거우에서 매일 중국 인민 가옥에 침입하여 검색하고, 또 통행 중이던 중국 인민을 검문, 신체를 수색하는 등 생활과 통행을 침해하였습니다.

8. 1942년 12월부터 1945년 8월까지 헌병후보자에 대한 실무실습교육을 실시하였을 때, 나는 반장으로서 구대장의 지휘하에 구대 후보자 50명과 함께 교습대 부근의 중국 인민의 가옥 6호를 16회 침해하여 교육에 사용하였습니다. 이때 사용하였던 가옥에 살고 있던 가족을 쫓아내고 난동을 부려 가구를 파손하였습니다. 또 같은 목적하에 통행 중이던 중국 인민 10명을 침해하여 교육의 수단으로 사용하였습니다.

9. 1944년 9월경, 창춘시 교습대 북방 0.5킬로미터 지점의 밭에서 나는 반장으로서 후보자 50명과 함께 교습대장의 지휘하에 야간전투훈련 실시 중이었는데, 이 밭 3헥타르를 짓밟고 밭에 자라고 있던 채소 3분의 1을 훼손하였습니다.

이상은 내가 스스로 행하였거나 실행하도록 지휘하였던 검문검색, 부녀자 능욕, 주거와 신체, 통행 침해, 경지와 가구 파괴의 죄행입니다.

중국 인민에 대한 음모를 계획하는 일에 참가한 죄행

1. 1942년 3월경, 다두즈촨헌병분대에서. 나는 보급창계로서 미나미(南) 상사(曹長)의 명령으로 다두즈촨헌병분대 전시복무계획을 보충 정정하였습니다. 그 내용은 다음과 같습니다. 1) 소위 '전시 유해 분자'의 검거 예정자에 다두즈촨에 거주하는 중국인 여성 1명(35세, 농민, 원래 서러시아인) 및 중국 남자 3명 추가, 2) 각 공장, 군용공사장 및 거주민 지역에 대해 중국인의 피난 금지, 강제 수용과 통신 및 여행에 대한 일정한 처치, 3) 중요한 산업 부문(탄광, 발전소, 정거장, 철도, 전신국)의 경비와 강제노동, 4) 산업 중요 설비와 교량의 파괴, 5) 소련 군사 침략 요도, 6) 헌병대의 병력 증강과 경찰 통제 구획, 7) 이 계획은 전시 비상사태 발생에 따라 적용하는 규정임. 여기에 더해 나는 음모계획의 기초 자료 중 노동자 분포상황, 관내 마을 요도 등 정보를 제공하였습니다.

방첩단체 조직을 통해 중국 인민을 억압한 죄행

1. 1942년 9월경, 다두즈촨에서 핫토리(服部) 분대장의 명령에 따라 나는 보급창계로서 전시에 중국 인민 억압을 목적으로 다두즈촨에 생활하던 일본인 일부와 조선인 100명으로 방첩단체를 조직 결성하였습니다. 나는 발대식 석상에서 이 단체의 목적을 "중국인을 '도둑'으로 여기고 엄중하게 감시하는 것이라고 강조하고 모든 정황을 헌병대에 보고"하게 하고, 이 조직을 헌병대 외곽단체로 발족시켰습니다.

중국 인민에 대해 정보활동을 한 죄행

1. 1941년 12월부터 1942년 10월까지 다두즈촨병기창에서 근무할 때, 나는 보급창계로서 중국 인민의 사상과 언동을 내사하였습니다. 소위 '소련 첩보원' 색출을 위해 다음의 중국 인민 4명을 소위 '연락원'으로 이용, 병기창 노동자 내부에 잠입시켜 탄압 정보를 수집하였습니다. 1) 자(賈) 아무개: 25세, 남자, 정규 노동자, 조장, 2) 순(孫) 아무개: 30세, 남자, 병기창 통역, 3) 마(馬) 아무개: 22세, 남자, 소위 '근봉대(勤奉隊)' 소대장, 4) 장(張) 아무개: 45세, 남자, 노동자용 매점 주인. 구체적 결과로는 쟈 아무개의 제보로, 1942년 8월, 병기창 노동자 왕(王) 아무개를 체포, 구타, 고문한 죄행이 있습니다.

중국 인민에 대한 약탈 죄행

1. 1941년 7월부터 1942년 10월까지 다두즈촨에서 근무할 때, 나는 방첩계, 보급창계로서 중국 인민이 경영하는 음식점과 상점에서 공짜로 음식을 먹었고, 중국 인민의 가정과 노동자 숙소에서 음식을 강탈, 수뢰하였으며 부등가 교환 등의 방법으로 약 200엔을 약탈하였습니다.

중국 인민에 대한 죄행 증거를 인멸한 죄행

1. 1945년 8월 18일경 이틀 동안 창춘시 헌병대사령부에서 신징(新京)헌병대장 히라바야시 시게키(平林茂樹)의 명령에 따라 나는 반장으로서 후보자 10명을 지휘하여 사령부에 보관 중이던 중국 인민에 대해 범하였던 죄행 기록의 중요 극비 서류(첩보, 사상, 탄압) 3개 항목을 증거 인멸을 위해 소각하였습니다.

중국 인민을 탄압하는 교육을 실시한 죄행

1942년 11월부터 1945년 8월까지 관동헌병대 교습대에서 나는 교습대장[다마오카 이와오(玉岡巖), 호리구치 마사오, 이시하라 겐이치(石原健一)]의 명령으로 내무반부(內務班附), 내무반장으로서 이하 각 기수별 헌병교습병(후보자)에게 중국 인민을 탄압하는 방법을 교육하였습니다.

제2기 헌병교습병 450명 중 내가 담임한 30명, 제1기 헌병후보자 500명 중 내가 담임한 30명, 제1기 헌병하사관후보자 250명 중 30명, 제3기 헌병병후보자 500명 중 내가 담임한 30명, 제5기 헌병병후보자 500명 중 내가 담임한 30명, 계 2천 200명 중 내가 담임하였던 150명을 교육하였습니다.

나는 구대장의 지휘를 받으면서 내무훈육을 담임해 가장 극단적 스파르타식 교육법으로 군인정신, 즉 천황 히로히토 및 상관에 대한 절대복종정신을 고취하고 또 조교로서 실무실습 탄압교육을 행하였습니다. 그 내용은 일반행정실무(주로 군사경찰), 사법실무(주로 수사 기술과 과학, 즉 화학감정 지문족적 채취법, 비밀통신문 실험, 사진 및 사법수속), 정보모략실무(군사정보와 모략활동에 대한 탐지 탄압 방법), 사상탄압실무(주로 공산주의운동과 반만항일민족해방운동의 탄압 방법) 등을 교육하였습니다. 실습 때에 중국 인민과 가옥을 침해하였고, 또 통행 중이던 중국인을 침해하였으며, 실지 검거 체포, 잠복, 미행, 내사, 검문검색 등의 요령을 교육하였고, 또 모략실습에서는 기관구(機關區), 검차구(檢車區), 발전소, 전신국 등에 대해 또 86부대에서 모략의 수단인 탐지 방법을 교육하였습니다. 기타 군사교련, 마술(馬術), 검술, 유술(柔術), 합기술, 포승술을 교육하였습니다. 법률학, 어학을 보강 교육하였습니다. 나는 2천 200명 중 150명을 맡아 일본제국주의가 중국 인민을 침략하는 데 순찰견이자 도구로 양성하였고, 그들이 동북 각지에서 중국인 애국자를 살해하고 체포, 고문, 투옥한 일체 죄행에 대해 제가 전체적 책임을 져야 합니다.

이 기간에 헌병 준사관, 하사관 특별교육에 피교육자로서 이하 죄악교육에 참가하였습니다.

(1) 1943년 12월, 안산시(鞍山市)에서 교습대 중대장 마쓰모토(松本)와 미마츠(三松) 소령을 교관으로 하여 교습대 준사관, 하사관 50명이 안산제강소 중국인 노동자를 강제노동시키는 방법과 탄압하는 방법을 교육받았습니다.

(2) 1944년 5월, 스핑시(四平市)에서 교습대 중대장 요시카와 소령을 교관으로 하여 교습대 준사관, 하사관 50명이 스핑 만주비행기제작소의 확대에 따른 중국 인민 노동자 탄압 방법에 대해 교육받았습니다.

(3) 1944년 2월, 교습대에서 요시카와 소령을 주임 교관으로 하여 각 부대의 사상대책계원, 하사관 50명이 1개월 동안 각종 사상운동을 탄압하는 방법을 교육받았습니다.

(4) 1944년 3월부터 5월에 걸쳐 부대 외부 인사, 즉 만주국 수도 창춘시 고등검찰청 오가타(緒方)[6], 만주국 협화회 본부 촉탁, 관동군사령부 4과 촉탁 사이토(齋藤)가 교습대 준사관, 하사관에게 실시한 중국 인민 사상 탄압 방법에 대한 교육을 받았습니다(참가자는 40명~70명).

(5) 1944년 6월 창춘시 헌병대사령부에서 열린 방첩전람회를 견학하고 정보와 모략, 사상을 탄압하는 방법과 특무활동에 대해 교육을 받았습니다.

(6) 1944년 11월 창춘시 합동법원에서 재판이 열린, 반만항일민족해방운동 애국자 50명의 탄압 공판에 참석하여, 어떤 검사로부터 탄압 경과와 방법에 대해 교육받았습니다.

(7) 1945년 2월, 교습대에서 오쿠다(奧田) 소위를 교관으로 하여 하얼빈에서 검거 탄압하였던 소위 '소련 첩보원' 중국 인민 6명에 관한 사건을 주제로 교육받았습니다. 또 이시가키(石垣) 소위를 교관으로 하여 지린(吉林)수력발전소에서 실행할 수 있는 모략 방법과 그 대책 탄압 방법을 교육받았습니다. 교습대 준사관, 하사관이 각 회마다 50명씩 함께 교육받았습니다.

이상 특별교육은 나를 통해 헌병후보자에게 교육되었습니다. 이는 중국 인민을 도탄에 빠뜨리게 한 근원이 된 죄행입니다.

1954년 6월 26일

푸순(撫順)에서

진술자 아즈마 이페이

---

6 만주국 고등검찰청장 오가타 히로시(緒方浩)를 이르는 것으로 보인다.

아즈마 이페이 죄행 진술 추가 부분

살해 죄행

1. 1941년 9월 5일, 무단장성 둥닝현 다두즈촨에서 근무할 때, 나는 다두즈촨헌병분대 특고방첩계로서 활동하였는데, 다두즈촨 관동군 제15야전 병기창 폭발화재사건이 일어났을 때 체포한 중국인 남자 1명(성명, 연령 미상, 병기창 강제 동원 노동자)을 분대 모 하사관이 취조 고문하였습니다. 같은 해 9월 20일경, 피해자를 '실화죄'로 무단장 만주국 군대 군법회의에 송치하여 사형 판결을 받아 학살되게 하였습니다. 내가 피해자를 체포하여 살해당하게 한 죄행입니다.

2. 1941년 9월 5일, 다두즈촨에서 근무할 때, 나는 다두즈촨헌병분대 특고방첩계로 활동하였는데, 병기창 폭발화재사건 때 현장에서 취로 중이던 중국인 남자 1명[성명, 연령 불명, 도비시마(飛島)조 건축 노동자]이 포탄 폭발로 살해되었습니다.

나는 피해자를 강제로 혹사시켰고 병기창 내에서 자유행동을 금지하여, 폭발 시에 피해자가 피난을 할 수 없어서 살해된 것입니다.

투옥시킨 죄행

1. 1941년 9월 5일 다두즈촨에서 근무 중, 나는 다두즈촨헌병분대 특고방첩계로서 병기창 폭발화재사건이 발생하였을 때 체포한 중국인 남자 3명(성명과 연령 불명, 병기창 강제 동원 노동자)을 체포하여 분대 모 하사관에게 취조 고문하게 하여, 9월 20일경, 무단장성 만주국 군대 군법회의로 송치하여 재판에서 장기 징역형 처분을 받아 투옥되게 하였습니다(실화죄). 내가 피해자를 체포하여 투옥당하게 한 죄행입니다.

체포 고문한 죄행(위에서 진술하여 제출한 것을 정정합니다.)

1. 1941년 9월 5일, 다두즈촨에서 근무 중, 다두즈촨헌병분대 특고방첩계로서 활동하였는데, 병기창 폭발화재사건이 발생함에 따라 나는 사건을 철저히 밝히기 위하여 현장에서 강제노역 중이던 중국인 120명을 체포하였습니다. 나는 보조헌병 5명을 병기창에 파견하여 아리가 다케후미(有賀武文) 병장과 함께 그들을 체포하고 분대에 감금하였습니다. 체포 당일

20명에 대해 분대 하사관을 시켜 취조 고문하게 하였는데, 그중 10명이 10일 동안 취조 고문당하였습니다(그중 1명은 살해되었고, 3명은 투옥 전에 죄를 인정함). 체포한 중국인 120명 중 100명은 그날 돌려보냈습니다. 남겨서 감금한 20명 중 10명은 3일 후에 돌려보냈고, 남은 10명 중 6명은 10일 후 귀가시켰습니다. 취조 고문할 때 연일 죽도로 구타하고 물고문을 실시하였습니다. 스스로 체포하고 취조 고문하게 한 죄행입니다.

이상 4건을 보충 추가하였습니다.

1954년 7월 16일

푸순(撫順)에서

관동군 헌병교습대 내무반장 중사(軍曹) 아즈마 이페이

아즈마 이페이 죄행 진술 정정

중국 인민을 노역에 부리고 살해한 죄행

1941년 12월부터 1942년 10월까지 무단장성 둥닝현 다두즈촨헌병분대에서 근무 중, 나는 방첩보급창계로서 다두즈촨헌병분대 분대장 야마시타 쓰네지로(山下常治郞)의 명령에 따라 관동군 야전병기창에 파견되어 병기창장 다무라 세이이치(田村淸一)의 명령을 받고 병기창 공인계(工人係) 마쓰모토(松本) 외 5명을 지휘하여 대소련 침략전쟁 준비용 무기와 탄약 집적 작업을 하였습니다. 이때 중국인 1천 340명[소위 '노공(勞工)', '근봉대(勤奉隊)'를 각지에서 강제징용하였습니다. 1941년 7월부터 12월까지 200명, 1941년 12월부터 1942년 3월까지 300명, 1942년 3월부터 7월까지 350명, 1942년 7월부터 10월까지 400명, 소계 1천 250명이며, 1941년 12월부터 1942년 10월까지 상용직 60명, 1942년 8월부터 10월까지 다두즈촨에서 징용한 여자 노동자 30명, 합계 1천 340명]을 부렸습니다.

총검을 들고 감시하며 위험물인 무기와 탄약을 많이 운반시키며 9시간 이상 장시간 동안 혹사하였습니다. 결과 이 기간 중에 15명을 살해하였습니다.

노동자 관리는 비인간적으로 이루어졌습니다. 식사는 수수와 옥수수, 채소국으로 영양이 모자랐습니다. 주식은 600그램(추정)으로 중노동을 견디기 어려운 양이었습니다. 또 임금을 지불하지 않아 일용품조차 살 수 없게 하였습니다. 피복은 지급하지 않았습니다. 숙소는 수숫대로 짠 집이어서 작고 비가 내리면 습기가 가득하여 아주 비위생적이었습니다. 의료설비가 없어서 병에 걸려도 약을 주지 않은 것은 물론 휴양하지도 못하게 하였습니다.

또 숙소 주위에는 철조망을 쳐서 위병이 감시하며 일체의 인권과 자유를 빼앗고, 내부에 밀탐망을 짜서 숙소 내의 일체 언행을 내사하였습니다. 그리하여 어떤 반항과 조금의 불평도 불가능한 상태에 빠뜨린 채 그들을 부렸습니다.

이런 학대와 혹사, 과로로 인해 신체가 쇠약해지고 병에 걸리는 결과를 낳았습니다. 움직일 수 없는 환자를 제외하고 계속 노동하게 하여 죽어야 끝나게 하였습니다. 특히 병기창 폭발 후 재건작업 중에는 '한 명도 쉬게 하면 안 된다'는 병기창장의 방침 아래 비틀거리며 보행이 어려운 환자조차 끌고 나와 노동하게 하였습니다. 증상이 심한 환자, 심각한 쇠약자, 영양부족으로 중태에 빠진 환자 그 누구에게도 어떤 의료 처치조차 제공하지 않고 방치하였습니다.

이상에서 언급한 학대 관리와 강제 중노동의 결과 제1차 징용 노공 200명 중 3명, 제2차 징용 노공 중 9명, 제3차 징용 노공 중 3명, 계 15명을 살해하였습니다.

나는 이 살해에 대해 병기창 공인계가 행한 학대 관리를 지휘하였고, 특고경찰로 학대 관리에 참가하여 중국 인민을 살해하였으므로 이 살해 죄행은 내가 직접 살해한 것으로 죄를 인정합니다.

1954년 9월 6일

푸순에서

진술인 아즈마 이페이

다케우치 유타카 자필진술서

제54권 수록 전범

성명: 다케우치 유타카(竹內豊), 중국 이름은 류바오선(劉寶森)이며, 성별은 남, 연령은 45세, 1910년 4월 10일 출생, 출생지는 일본국 히로시마(廣島)현 히로시마시 오오미즈(大水)정 2정목(町目) 15번지, 원적은 일본국 도쿄(東京)도 에바라(荏原)구 나카노부(中延)정 235번지, 현주소는 일본국 도쿄도 에바라구 나카노부마 235번지임.

최고학력: 도쿄도 도쿄의학전문학교 졸업이고, 특수훈련은 중국 동북(東北) 하이라얼(海拉爾)시 하이라얼군의단(軍醫團) 초독회(抄讀會)에서 1938년 4월 30일부터 1938년 5월 31일까지 매주 1회 세균학강의를 듣고 실습함.

가정상황: 생모 키요유키(清之) 무직(無職). 처 노키코(乃紀子)는 무직이며 일본국 나가사키(長崎)현 이사하야(諫早)시 하야미마사(早見町)정 75번지의 친정에서 거주함.

재산상황: 1942년 12월 1일 현재 논 1정(町)[1] 2반(反)[2] 8무(畝)[3], 밭 3반(反), 산 3정(町), 가옥 2층집 5동, 은행 예금 15만 엔이 있음.

가계수입원: 소작미 55섬[4], 산림에서 얻는 소득 약 500엔, 가계대출 300엔 정도이며, 아내는 수입을 친정의 부조에 의지하고 있음.

1 면적 단위 '町'은 약 9917m².

2 면적 단위 '反'은 약 992m²임. 1町=10反.

3 면적 단위 '畝'는 약 99m²임. 1反=10畝.

4 원문은 俵(たわら).

간략한 이력

- 1932년 4월 1일부터 7월 31일까지 도쿄도 시부야(澁谷)구 타카기(高木)정 도쿄일본적십자사병원 내과병실 구호의원(救護醫員)에서 근무.
- 1932년 8월 1일 우시고메(牛込)구 와카마츠(若松)정 도쿄제일육군병원에서 단기 현역 군의후보생으로 입대하여 1932년 8월 1일부터 7일까지 계급 위생 일등병, 1932년 8월 8일부터 14일까지 계급 위생 상등병, 1932년 8월 15일부터 31일까지 계급 위생 하사(伍長), 1932년 9월 1일부터 30일까지 계급위생 중사(軍曹)로 훈련받음.
- 1932년 10월부터 1933년 7월 31일까지 우시고메구 와카마츠정 도쿄제일육군병원 내과병실 소속 위생부(衛生部) 견습사관 계급 위생 상사(曹長)로 근무.
- 1933년 8월 1일 계급 군의 소위로 진급하고 예비역에 편입되어 같은 날 계속해서 임시 소집명령을 하달받음
- 1933년 8월 1일부터 1935년 9월 30일까지 도쿄도 우시고메구 와카마츠정 도쿄제일육군병원 내과병실 소속 군의소위로 근무.
- 1935년 10월 1일부터 11월 30일까지 도쿄도 우시고메구 와카마츠정 도쿄제일육군병원 내과병실 소속 군의중위로 근무하고, 11월 30일 소집해제되어 제대.
- 1935년 12월 1일부터 1936년 11월 30일까지 도쿄도 시부야 타카기정 도쿄일본적십자사병원 내과병실 구호의원으로 근무.
- 1936년 12월 1일부터 도쿄도 우시고메구 와카마츠정 도쿄제일육군병원으로 소집명령을 받고 입대하여 중국 동북 파견을 명령받고, 같은 달 4일 도쿄를 출발, 10일에 중국 동북 빈장성 탕위안시에 도착.
- 1936년 12월 11일부터 1937년 11월 30일까지 중국 동북 빈장성 탕위안시 관동군 탕위안 육군병원 내과병실 소속 군의중위로 근무.
- 1937년 12월 1일부터 1938년 3월 14일까지 중국 동북 빈장성 후린시 관동군 후린육군병원 내과병실 소속 군의중위로 근무.
- 1938년 3월 15일부터 6월 15일까지 중국 동북 하이라얼시 관동군 하이라얼육군병원 내과병실 소속 군의중위로 근무.
- 1938년 6월 15일 임시 도쿄제일육군병원으로 전속 명령을 받고 하이라얼을 출발하여 같

은 달 20일에 도쿄에 도착.

- 1938년 6월 20일부터 1939년 11월 30일까지 도쿄도 우시고메구 와카마츠정 임시 도쿄제일육군병원 내과병실 소속 군의중위로 근무.
- 1939년 12월 1일부터 1942년 11월 30일까지 도쿄도 시부야 타카기정 도쿄일본적십자사병원 내과병실 구호의원으로 근무.
- 1942년 12월 1일, 쿄도 우시고메구 와카마츠정 임시 도쿄제일육군병원으로 소집명령을 받고 입대하여 북중국 파견 명령을 받고, 같은 달 4일 도쿄 출발, 같은 달 10일 중국 화북 산둥성 지난시에 도착.
- 1942년 12월 11일부터 1945년 3월 1일까지 중국 화북 산동성 지난시 북지나방면군 지난육군병원 내과병실 소속 군의중위로 근무.
- 1945년 3월 2일부터 1945년 9월 25일까지 중국 화북 산동성 지난시 북지나방면군 지난육군병원 내과병실 소속 군의대위로 근무.
- 1945년 9월 27일부터 1946년 3월 27일까지 중국 화북 베이징(北京)시 동단(東單)에 거주하던 친구 테라이 요시노부(寺井義信) 집에 기숙함.
- 1946년 4월 1일부터 8월 15일까지 중국 화북 산시(山西)성 타이위안(太原)시 제2전구(戰區) 포병집훈단 군의과장 대령(上校) 군의교관으로 근무.
- 1946년 8월 16일부터 10월 20일까지 중국 화북 산시성 타이위안시 타이위안수정공서(綏靖公署) 친훈(親訓)포병단 위생대장 대령 군의교관으로 근무.
- 1946년 10월 21일부터 1949년 4월 20일까지 중국 화북 산시성 타이위안시 타이위안수정공서 특무단 군의처 대령 군의교관으로 근무.
- 1948년 7월 1일부터 1949년 4월 20일까지 중국 화북 산시성 타이위안시 타이위안수정공서 기관총대대 군의교관을 겸임함.
- 1949년 4월 21일, 중국 화북 산시성 타이위안시 신난먼와이(新南門外) 빙저우시로(幷州西路) 숙소에서 해방[5]을 맞이함.
- 1949년 5월 1일부터 1950년 12월 9일까지 중국 화북 산시성 타이위안시에서 개인병원

---

5 중국 공산당 팔로군(인민해방군의 전신)의 타이위안 입성을 의미한다.

다케우치진료소 개업.

- 1950년 12월 12일 중국 산시성 타이위안시 동먼와이(東門外) 일본포로집결소에 집결.
- 반동단체 하이라얼군의단 초독회 및 아시아주민족동지회에 입회.
- 훈장은 훈오등욱일장(勳五等旭日章)을 받음.

다케우치 유타카는 1910년 일본 교토에서 태어나 1936년 중일전쟁에 참전하였다. 그의 위안소 관련 주요 죄행은 "1936년 12월, 다케우치 유타카의 건의로 빈장성 탕위안시 경비사령부에서 현공서를 압박해 중국인 젊은 여자 30명을 강제로 끌고 와 일본군전용위안소에 창부로 두었고, 경비사령부에서 무장병력을 파견하여 무력으로 중국인 가옥 30칸을 강점, 일본군전용위안소로 썼다. (중략) 1938년 1월 다케우치 유타카의 건의로 후린시 경비사령부에서 현공서를 압박하여 중국인 젊은 여자 25명을 강제로 끌고 오게 해 일본군 전용 기생집을 만들고, 또 무장병력을 파견하여 무력으로 협박해서 중국인 가옥 25칸을 강점, 일본군 전용 기생집으로 썼음" 등이다. (중략) 이외 그는 일본군 복무 시기(1936년 12월 10일~1945년 9월 3일)에 총 10건, 12명을 살해하였다.

다케우치 유타카의 죄악사실 진술

살인 죄행

1938년 1월 8일, 중국 동북 빈장성 후린시 관동군 후린육군병원 내과병실 소속 군의중위로 근무 중에 병원장 혼다(本田) 군의대령(大佐)이 후린헌병분대에 교섭해서 팔로군 포로 1명을 하급 군의의 연구재료로 받았습니다. 나는 일본에서 얻기 어려운 좋은 기회를 놓치지 않고자 팔로군 포로를 헌병대에서 머리를 잘라서 죽이는 것보다 일본의 전시의학에 공헌하는 쪽이 좋겠다며 병원장에게 신청하여 수술 연습재료로 쓰도록 허가를 받았습니다. 병리실험실 위생하사관에게 명령하여 기계재료를 해부실에 준비하게 하고 내과병실 위생하사관과 위생병 2명에게 명령하여 헌병분대에서 트럭에 태워 헌병이 호송해 온 팔로군 포로 1명을 해부실 해부대 위에 눕히고 헝겊 끈으로 양 다리와 두 팔을 고정하자 포로가 불안한 얼굴로 "나리"라고 말하였기 때문에 나도 동정심이 일면서 꺼림칙한 기분이 들어 수술할 마음이 약해졌지만 즉시 마음을 다잡아 포로에게 "병을 치료하는 것"이라고 말해 주었습니다. 헌병이 나의 말을 포로에게 중국어로 통역해주고 난 뒤, 나는 내과병실 위생하사관에게 전신마취를 명령하여 포로가 마취된 것을 보고 집도를 시작하였습니다. 병리실험실 위생하사관에게 조수를 맡게 하고 병리실험실 위생병 2명에게 기기 치환 조수를 맡게 하였고 우장골(右腸骨) 쪽 복강을 절개하여 충양돌기를 끌어내 위생하사관에게 보여주고 충양돌기 절제, 매몰, 봉합 및 복강 내벽 처리 요령 등을 가르치고 충양돌기 절제술을 진행하여 다시 복부 정중앙에서 절개하여 조수에게 복강벽을 크게 열게 하여 위생하사관과 위생병에게 복부 내장의 명칭과 위치 및 소장 손상 시의 수술 요령을 가르치고 소장의 일부를 절제하여 양장관(兩腸管) 절단면을 봉합, 두 창자를 연결하는 문합술을 진행하였으며, 다시 위와 십이지장을 잘라내 위장문합술을 진행하고, 복강벽 3층 봉합으로 끝낸 뒤 나는 모르핀액을 정맥 내에 주사하여 살해하였습니다. 그 후 병리실험실 타카모리(高森) 군의대위가 뇌를 적출할 때 나는 뼈톱을 써서 두개골을 절단하고 다시 뇌적출을 마친 뒤 절개한 두개골을 봉합하였습니다. 이상의 생체해부를 진행하여 팔로군 포로 1명을 살해하고 시체를 헌병에게 인계하였습니다.

중국 산동성 지난시 북지나방면군 지난육군병원 내과병실 소속 군의중위로 근무 중, 1943년 8월 1일부터 1943년 8월 31일까지 북지나 방역급수부(防疫給水部)[6] 지난지부로 파견 명령을 받고 동 지부에서 근무하였습니다. 내가 파견되기 전에 지부장이 지난헌병대로부터 연구재료로 팔로군 포로 11명을 받아 세균전 용도 티푸스균의 감염력 실험을 위해 티푸스균을 접종당한 팔로군 포로 9명과 내가 도착한 당일 기무라(木村) 군의대위가 티푸스균을 접종 감염시킨 팔로군 포로 2명에 대하여 나는 지부장 의학박사 오카다(岡田) 군의대위의 명령을 받아 세균실 주임 의학박사 기무라 군의대위와 협력하여 감염력 조사를 위해 다음과 같이 생체 상태로 연구 해부를 하였습니다.

1943년 8월 6일부터 나는 세균실 주임 기무라 군의대위의 지시에 기초하여 세균실 위생하사관에게 명령하여 기기재료를 해부실로 준비시키고 위생병 3명에게 명하여 티푸스에 걸린 팔로군 포로 2명을 해부실로 들것에 실어오게 하였습니다. 먼저 1명을 해부대 위에 눕히고

6 일본군 세균전 담당 부대의 대외 명칭이다.

헝겊 끈으로 양 다리와 양 팔을 해부대에 묶어 고정시킨 뒤 위생하사관에게 명령하여 전신마취를 시키고 위생병 2명에게 기기를 꺼내는 등 조수 역할을 하도록 명령하였습니다. 다음으로 내가 조수가 되고 기무라 대위가 집도자가 되어 정중간을 절개하여 복강벽을 열고 내가 수술용 겸자로 절개 부분을 크게 벌려 기무라 대위가 비장과 간장의 병변을 조사 관찰하고 다시 창자를 복강 밖으로 꺼내 창자 병변을 정확히 관찰하였습니다. 나는 창자 병변 부분의 일부를 절제, 적출하고 내장을 복강 안으로 집어넣고 담낭을 찔러 담즙을 채취하여 배양하고 복강벽을 봉합한 후 정중정맥에 모르핀액을 주사하여 살해하였습니다.

이어 내가 위생하사관과 위생병에게 명령하여 다른 팔로군 포로 1명을 해부대 위에 눕혀 고정시키게 하고 위생하사관에게 명령하여 전신마취를 시켜 내가 조수가 되고 기무라 대위가 집도자가 되어 복부 정중간을 절개하고 기무라 대위가 비장, 간장 등의 병변을 검사하고 나는 창자 병변 일부를 표본용으로 절제 적취하고 담낭을 찔러 담즙을 채취 배양하고 내장을 복강 내로 집어넣고 복강벽을 처리한 뒤에 기무라 대위가 모르핀액을 정맥 내에 주사하여 살해하였습니다. 그런 뒤에 나는 채취한 창자 일부를 표본병에 저장하고 기무라 대위는 다른 일부로 박편표본을 만들었습니다. 이상과 같이 생체해부를 실시하여 팔로군 포로 2명을 살해하였고, 시체는 지부장이 지난헌병대에 연락하여 트럭을 가지고 수령하러 온 헌병에게 인계하였습니다.

1943년 8월 9일 나는 세균실 주임 기무라 대위의 지시를 받고 세균실 위생하사관과 위생병 3명에게 해부실 기기재료를 준비하게 하고, 티푸스에 걸린 팔로군 포로 1명을 해부실로 데려와서 해부대에 눕히고 사지를 해부대에 묶어 고정하라고 명령하여 실시된 후 위생하사관에게 명령하여 전신마취를 시키게 하고 위생병 2명에게 기기와 재료에 관련된 조수를 하도록 명령하고 다른 위생병 1명에게 잡무를 보도록 한 후 내가 조수가 되고 기무라 대위가 집도자가 되어 복부 정중간을 절개하고 기무라 대위와 함께 비장과 간장을 검사하고 내가 창자를 복강 밖으로 들어내 기무라 대위와 함께 창자 병변을 정밀하게 검사한 뒤 나는 내장을 복강 내로 집어넣고 기무라 대위는 담낭을 찔러 담즙 배양을 하고 나는 창자 일부를 절제 적취한 뒤 복강벽을 봉합하고 모르핀액을 정중정맥에 주사하여 살해하였습니다. 적취한 병변 창자 일부는 내가 표본병에 넣어 저장하고 다른 일부는 기무라 대위가 박편표본으로 제작하였습니다. 이상과 같이 생체해부를 실시하여 팔로군 포로 1명을 살해하고 시체는 지부장이 지난헌병대에 연락하여 트럭으로 수령하러 온 헌병에게 인계하였습니다.

1943년 8월 12일, 나는 세균실 주임 기무라 군의대위로부터 해부 준비를 하라는 명령을 받고 바로 세균실 위생하사관에게 명령하여 해부실로 기기재료를 준비하게 하고 해부실 위생병 3명에게 명령하여 티푸스에 걸린 팔로군 포로 1명을 해부실로 운반하여 해부대 위에 눕히고 양 다리와 양 팔을 해부대에 묶어 고정시킨 뒤 위생하사관에게 전신마취를 하게 하고 위생병 2명에게 기기재료 관련 조수를 하게 하고, 기무라 대위가 집도자가 되어 정중간을 절개하여 복강을 열고 내가 위생하사관 및 위생병에게 복부 내장의 명칭, 위치, 작용 등을 그 자리에서 교육한 뒤 기무라 대위가 비장과 간장의 병변을 검사하고 내가 창자를 복강 밖으로 들어내 기무라 대위와 함께 창자 병변을 검사하였습니다. 나는 기무라 대위의 지시에 따라 창자 병변이 선명한 부분의 일부를 절제 적취하고, 담낭을 찔러 담즙을 채취, 배양하고 창자를 복강 내로 집어넣고 복벽을 3겹으로 봉합하여 닫은 후 기무라 대위가 정맥 내에 모르핀액을 주사하여 살해하였습니다. 채취한 창자 일부는 내가 표본병에 저장하고, 다른 일부는 기무라 대위가 박편표본을 만들었습니다. 이상과 같이 생체해부를 실시하여 팔로군 포로 1명을 살해하고 시체는 지부장이 지난헌병대에 연락하여 트럭으로 수령하러 온 헌병에게 인계하였습니다.

1943년 8월 15일 나는 세균실 주임 기무라 군의대위의 지시에 따라 세균실 위생하사관과 위생병 3명에게 명령하여 해부실에 기기재료를 준비하게 하고 티푸스에 걸린 팔로군 포로 1명을 해부실 해부대 위에 눕히고 위생하사관에게 명령하여 전신마취를 시키고 위생병 2명에게 기기재료에 관계된 조수를 시키고, 내가 조수가 되고 기무라 대위가 집도자가 되어 복부 정중간을 절개하여 복강벽을 열고 내가 수술용 겸자로 절개 부위를 확대해 열고 기무라 대위가 비장과 간장 등 내장의 변화를 검사하고 내가 창자를 복강 밖으로 꺼내고 기무라 대위과 함께 창자 병변 상황을 정밀하게 검사하였습니다. 나는 기무라 대위의 지시에 따라 창자 병변 부위의 일부를 잘라서 적취하고 기무라 대위가 담낭을 찔러 담즙을 배양한 후 창자를 복강 안으로 넣고 복벽을 처리하고 모르핀액을 주사하여 살해하였습니다. 적취한 병변 창자 일부는 내가 표본병에 넣어 저장하고 일부는 기무라 대위가 박편표본으로 만들었습니다. 이상과 같이 생체해부를 실시하여 팔로군 포로 1명을 살해하고 지부장이 지난헌병대에 연락하여 트럭을 가지고 수령하러 온 헌병에게 시체를 인계하였습니다.

1943년 8월 18일, 나는 세균실 주임 기무라 군의대위로부터 해부를 준비하도록 하고 세균실 위생하사관에게 기기재료를 해부실에 준비하도록 명령하고 위생병 3명에게 티푸스에 걸린 팔로군 포로 1명을 해부실로 실어오게 하였습니다. 포로를 해부대 위에 눕히고 위생하사관에게 명령하여 에테르, 클로로에틸 순알콜 혼합 마취제를 써서 전신마취를 시키고 내가 조수가 되고 기무라 대위가 집도자가 되어 2명의 위생병을 조수로 써서 정중간을 절개해서 복강을 열고 기무라 대위와 함께 비장과 간장 등의 변화를 검사하고 이어서 기무라 대위가 복강 밖으로 적출한 창자를 두 사람이 검사한 후 내가 창자에서 병변이 명확하게 보이는 부분의 일부를 떼내어 채취한 뒤 담낭을 찔러 담즙을 배양하도록 맡기고 이어서 내장을 복강 안으로 넣고 복강벽을 봉합한 뒤 기무라 대위가 모르핀액을 주사해 살해하고 채취한 병변 창자 일부는 내가 표본병에 저장하고 일부는 기무라 대위가 박편표본을 제작하였습니다. 이상과 같이 생체해부를 진행하여 팔로군 포로1명을 살해하고 시체는 지부장이 지난헌병대에 연락하여 트럭을 가지고 수령하러 온 헌병에게 인계하였습니다.

1943년 8월 21일, 나는 세균실 주임 기무라 군의대위의 지시에 따라 세균실 위생하사관과 위생병에게 해부실에 기기재료를 준비하게 하고 티푸스에 걸린 팔로군 포로 1명을 해부실로 운반하여 해부대 위에 눕히고 묶은 후 위생하사관에 전신마취를 시키고 위생병 2명에게 조수를 담당하도록 하였고, 기무라 대위가 집자가 되어 복부 정중간을 절개하여 복강을 열고 내가 겸자로 복강을 크게 벌리고 기무라 대위가 비장과 간장의 변화를 검사하고 내가 창자를 복강 밖으로 꺼내 두 사람이 창자 병변을 검사하고 기무라 대위의 지시로 병변이 선명한 부분의 일부를 내가 절개하여 적취하고 창자를 복강 내로 집어넣고 기무라 대위가 담낭을 찔러 담즙을 채취해서 배양을 맡기고 내가 복강벽을 봉합하여 복강을 닫고 모르핀액을 주사하여 살해하였습니다. 채취된 병변 창자의 일부는 내가 표본병에 저장하고 일부는 기무라 대위가 박편표본을 제작하였습니다. 이상과 같이 생체해부를 실시하여 팔로군 포로 1명을 살해하고 그 시체는 지부장이 지난헌병대에 연락하여 트럭을 가지고 수령하러 온 헌병에게 인계하였습니다.

1943년 8월 24일, 내가 세균실 주임 기무라 군의대위로부터 해부 준비를 하라는 지시를 받고 곧바로 세균실 위생하사관에게 명령하여 기기재료를 해부실로 준비하라고 하고 위생병 3명에게 티푸스에 걸린 팔로군 포로 1명을 해부실에 옮겨 해부대 위에 눕히고 묶어 고정한 뒤에 위생하사관에게 전신마취를 시키고 위생병 2명에게 조수를 맡기고, 기무라 대위가 집도자가 되어 정중간을 절개하여 복강을 열었고 나는 기무라 대위와 함께 비장과 간장 등의 변화를 검사하고 기무라 대위가 창자를 복강 밖으로 꺼내 정밀하게 검사하고 지시에 따라 장관 병변 일부를 내가 절제 적출하고 기무라 대위가 창자를 복강 내로 집어넣고 내가 담낭을 찔러 담즙을 채취 배양하고 복강벽 봉합을 해서 복강을 닫은 후 기무라 대위가 모르핀액을 주사하여 살해하였습니다. 잘라낸 병변 창자 일부는 내가 표본병에 저장하고 일부는 기무라 대위가 박편표본을 제작하였습니다. 이상과 같이 생체해부를 실시하여 팔로군 포로 1명을 살해하고 그 시체는 지부장이 지난헌병대에 연락하여 트럭을 가지고 수령하러 온 헌병에게 인계하였습니다.

1943년 8월 27일, 나는 세균실 주임 기무라 군의대위의 지시에 따라 세균실 위생하사관 및 위생병 3명에게 명령하여 해부실에 기기재료를 준비시키고 티푸스에 걸린 팔로군 포로 1명을 해부실로 옮기고 해부대에 눕혀 묶어 고정시키고 위생하사관에게 (중략) 전신마취를 시키고 위생병 2명에게 기기재료 관련 조수를 담당하게 하였고, 기무라 군의대위가 집도자가 되어 복부 정중간을 절개하여 복강을 열고 비장, 간장의 병변을 검사한 다음에 내가 창자를 복강 밖으로 꺼내고 기무라 대위와 함께 병변을 검사하고 기무라 대위가 지시한 대로 창자 중에 병변이 선명한 부분의 일부를 내가 절개 채취하여 창자를 복강 안으로 집어넣고 기무라 대위가 담낭을 찔러 담즙을 채취 배양하고 내가 복강벽을 봉합하여 복강을 닫고 모르핀액을 주사하여 살해하였습니다. 절제 채취한 병변 창자 일부는 내가 표본병에 저장하고 일부는 기무라 대위가 박편표본을 제작하였습니다. 이상과 같이 생체해부를 실시하여 팔로군 포로 1명을 살해하고 그 시체는 지부장이 지난헌병대에 연락하여 트럭을 가지고 수령하러 온 헌병에게 인계하였습니다.

1943년 8월 30일, 나는 세균실 주임 기무라 군의대위로부터 해부 실시에 관한 지시를 받고 바로 세균실 위생하사관에게 해부실에 기기재료를 준비하게 하고 위생병 3명에게 티푸스에 걸린 팔로군 포로 2명을 해부실로 운반해 오게 하였습니다. 먼저 1명을 해부대 위에 고정시킨 후 위생하사관에게 (중략) 전신마취를 시키고 기무라 대위가 집도자가 되어 위생병 2명에게 조수를 담당하여 기기재료를 맡게 하여 복부 정중간을 절개하여 복강을 열고 내가 겸자를 가지고 복강벽을 확대하고 기무라 대위가 비장, 간장 등의 병변 상검사한 뒤 창자를 복강 밖으로 꺼내 두 사람이 자세히 검사하였습니다. 이어 나는 기무라 대위가 지시한 대로 창자 중에서 병변이 가장 선명한 부분의 일부를 절제 채취하고 기무라 대위는 창자를 복강 안으로 집어넣고 나는 담낭을 찔러 담즙을 채취 배양한 뒤 복강벽 봉합을 통해 복강을 닫고 기무라 대위는 모르핀액을 정맥 내에 주사하여 살해하였습니다.

나는 이어서 위생병에게 다른 1명의 팔로군 포로를 해부대 위에 눕혀 묶어 고정시키고 위생하사관에게 전신마취를 하게 한 후, 기무라 대위가 집도자가 되어 위생병 2명을 조수로 해서 기기재료를 맡게 하여 복부 정중간을 절개하여 복강벽을 열고 기무라 대위와 함께 비장과 간장의 병변 상황을 검사하고 내가 창자를 복강 밖으로 꺼내 기무라 대위와 함께 다시 그것을 정밀하게 검사하고 기무라 대위가 지시한 대로 병변이 선명한 창자의 일부를 내가 절제 채취하고 창자를 복강 안으로 집어넣은 뒤 겸자를 절개 자리에 넣어 복강벽을 확대해서 기무라 대위가 담낭을 찔러 담즙을 채취 배양하고 이어서 내가 복강벽을 봉합하여 복강을 닫고 모르핀액을 주사하여 살해하였습니다. 채취한 병변 창자의 일부는 내가 표본병에 저장하고 다른 일부는 기무라 대위가 박편표본을 제작하였습니다. 이상과 같이 생체해부를 실시하여 팔로군 포로 2명을 살해하고 그 시체는 지부장이 지난헌병대에 연락하여 트럭을 가지고 수령하러 온 헌병에게 인계하였습니다.

본인의 살인은 전부 일본군에 복무하던 때(1936년 12월 10일부터 1945년 9월 3일까지) 범한 것으로 총계 10건 12명입니다.

부상 후 사망자 해부 죄행

1937년 9월 15일, 내가 중국 동북 빈장성 탕위안시 관동군 탕위안육군병원 내과병실 소속 군의중위로 근무하고 있을 때, 탕위안경비사령부가 팔로군 부상자 1명을 포로로 잡았는데, 경비사령관이 팔로군의 사정을 조사하기 위해 병원장 가와사키(河崎) 군의대령(大佐)에게 수용 치료해 달라고 하여 외과병실에 수용하였습니다. 외과과장 기타무라(北村) 군의소령(少佐)이 창자 손상이 의심된다면서 개복술을 실시하여 복부 내장 손상을 진단하였는데 병세가 계속 악화되었으므로 병원장이 외과·내과 종합회진을 명령하였습니다. 나는 내과과장 와타나베(渡邊) 군의중령(中佐)를 따라 종합회진에 참가하였는데, 회진 결과 간장 이상이 의심되었고 수술을 감당할 수 없는 중태에 빠져 절명하였습니다. 경비사령관이 병원장에게 사인을 조사하라고 명령, 외과과장 기타무라 소령이 병원장으로부터 집도를 명령받았고, 나는 내과과장 와타나베 중령의 명령을 받고 해부 조수로서 다카무라 소령의 집도하에 해부를 진행해 간장 파열을 발견하고, 사인은 낙마로 인한 간장 파열 발생으로 판명하였습니다. 나는 집도자 다카무라 소령의 지시 하에 부검 기록을 작성하여 병원장에게 제출, 경비사령관에게 보고하였습니다. 본인의 부상 후 사망자 해부는 전부 일본군에 복무하던 때(1936년 12월 10일~1945년 9월 3일) 범한 것으로 총계 1건 1명입니다.

세균 전용 생균 제조 죄행

중국 산동성 지난시 북지나방면군 지난육군병원 내과병실 소속 군의중위로 근무하던 1943년 8월 1일부터 1943년 8월 31일까지 해당 지역 방역급수부 지난지부로 파견 명령을 받고 동지부에서 작전용 악성유행병 생균 제조 업무에 종사하였습니다. 처음에는 세균 제조가 감염 우려가 많아서 약간 혐오감이 들었으나, 일이 위험해도 탁월한 공적을 세워 일찍 승진할 가능성도 있고, 살아있는 사람으로 세균 연구를 하는 것은 일본에서 쉽지 않은 일이어서 본인의 기술을 연마하는 데 좋은 기회라고 여겼습니다. 동시에 일본은 연전연승하고 있지만 적은 중국만 있는 것이 아니라 미국 및 기타 다수 국가를 상대로 전쟁하고 있어서 그 전선은 실로 광대한데 병력은 적기 때문에 세균전은 소수로 다수를 정복하는 가장 알맞은 방법이니 그 세균을 제조하는 일은 우리 군의들이 해야 할 의무이므로 잘해야겠다는 생각에서, 지부장 의학박사 오카다 군의대위의 명령에 따라 다음과 같이 세균 전용 생균 제조에 힘을 다해 매진하였습니다.

나는 세균실 주임 의학박사 기무라 군의대위의 지시에 따라 세균실 위생병 3명에게 명령하여 세균 배양 개시 전에 '샬레', '플라스크[7]', '피펫', 시험관, '슬라이드글라스[8]', 유리막대 등 세균 제조용 재료들을 세척, 건열 멸균된 배양 준비를 하고, 배양 작업이 끝날 때마다 사용하였던 기재를 먼저 증기 소독하여 살균하고 다시 건열 멸균하여 배양업무 준비를 시켰습니다. 세균실 위생하사관에게 명령하여 배양액의 원료 등 필요한 약품자재를 정비하고 위생하사관

7 원문은 コルベン이다.

8 원문은 オベクトグラス이다.

을 교육하여 모두 엔도배양액[9], 증균배양액, 감별배양액 등의 배양액 조제 및 대량 배양 시 세균의 배식(培植)작업을 실시하였습니다. 내가 이 지부에 도착하기 전에 지부장이 지난헌병대로부터 연구재료로서 팔로군 포로 11명을 인수받아 9명에게 티푸스균을 접종하여 감염시켰습니다. 내가 도착한 후 기무라 대위가 2명에게 접종하여 감염시킨 상태에서 나도 함께 진찰하고 해부해서 그 임상 소견 및 부검 소견에 근거하여 그 균종은 감염력이 상당히 크다는 것을 확인하고 포로환자의 정맥에서 혈액을 채취하여 그것을 증균배양액에 주입하고 혈액 한천배양액에 도포표본을 배식해서 18시간에서 20시간 동안 섭씨 37도에서 인큐베이터 내에 정치(靜置)배양하고 그중 우수한 세균군집을 채집하여 엔도배양액에 도포표본을 배식하여 약 20시간 동안 인큐베이터 속에서 배양하고 루프검사로 확인한 우수 세균군집의 일부를 채집하여 예정응집반응검사를 실시하였습니다. 일부를 평판배양액에 이식하여 약 20시간 동안 인큐베이터 안에 둔 채 분리배양하고 다시 루프로 세균군집검사 및 예정응집반응검사를 실시하여 적확한 세균군집을 채취하여 평판배양액에 이식하고 인큐베이터 내에서 약 20시간 가만히 놔두어 순배양(純培養)한 후 다시 루프를 써서 배양액 표면의 모든 세균군집을 정밀하게 검사하고 반복해서 응집반응검사 실시, 현미경으로 도포표본을 검사하여 잡균이 혼재되어 있지 않은 순수한 티푸스균이 된 것을 확인한 후 그것을 생리식염수에 용해하여 루프를 사용하여 대형 평판배양액에 다수의 도포표본을 배식하여 인큐베이터에 넣고 섭씨 37도로 약 20시간 배양한 후 그것을 뽑아내어 생균용기 안에 넣어 저장하는 이런 배양과정을 반복 진행하여 작전용 티푸스생균을 대량 제조하였습니다.

또 티푸스균을 접종, 감염시킨 감염력 실험재료로서 포로환자를 생체해부할 때 담낭을 찔러 담즙을 채취하여 증균배양액에 주입하고 혈액평판배양액에 도포표본 배식한 것들을 인큐베이터 안에 넣어두고 섭씨 37도에서 약 20시간 동안 배양하고 그중 우수한 세균군집을 채취하여 엔도평판배양액에 도포표본을 배식하고 약 20시간 동안 인큐베이터 안에 넣어 배양한 후 루프를 사용하여 평판 표면을 정밀하게 검사하고 우수한 세균군집의 일부를 채취하여 예정응집반응검사를 실시하고 그 세균군집의 일부를 채취하여 신선한 평판배양액에 이식하고 그것을 약 20시간 동안 인큐베이터에 넣어 분리배양하고 다시 그 세균군집을 루프검사

9 엔도(Endo) 배지(培地)와 같은 말로, 원문은 '遠藤氏平板培地'이다.

하고 예정응집반응검사를 실시하여 적확한 세균군집의 일부를 채취하여 신선한 엔도평판배양액에 이식하고 그것을 인큐베이터 내에 넣고 약 20시간 동안 순배양하여 평판 표면 전체를 루프를 써서 정밀하고 자세하게 검사하고 응집반응검사를 하고 현미경으로 도포표본검사를 실시하여 순수한 티푸스균이 된 것을 확인한 때에 그것을 생리적 식염수에 용해하여 대형 엔도평판배양액에 다수의 도포표본을 배식하여 인큐베이터 내에 넣어 섭씨 37도에서 약 20시간 배양한 후 그것을 용기에 채취하여 저장하고, 이렇게 다량으로 배양하는 과정을 반복 실시하여 티푸스생균을 다량으로 저장하여 작전용으로 구비하였습니다.

또 티푸스균을 접종하여 발병시킨 티푸스환자 포로 중 대변 안에 균 배설이 왕성한 자의 대변을 채취하여 그것을 루프를 써서 담즙 배양액에 넣고 저어 용해하고 다른 일부는 신선한 엔도평판배양액에 도포표본을 배식하고 섭씨 37도로 인큐베이터 내에 넣어두고 약 20시간 동안 배양한 후 루프로 세균군집을 검사하여 우수하다고 확인된 세균군집의 일부를 채취하여 예정응집반응검사를 실시하여 일부를 채취하여 신선한 평판배양액에 도포표본을 배식하여 약 20시간 동안 인큐베이터 안에 넣고 배양하여 그 세균군집을 루프를 써서 정밀검사하여 우수한 세균군집을 채취, 예정응집반응검사를 하고 다시 그 세균군집의 일부를 채취, 평판배양액에 이식하고 인큐베이터 내에 넣어 약 20시간 배양해서 잡균과 티푸스균을 분리해서 그 배양액 표면의 세균군집을 루프로 검사하고 응집반응검사를 실시하여 확인된 티푸스균 군집을 채취하고 다시 신선한 평판배양액에 이식하고 인큐베이터 안에 넣어 약 20시간 동안 순배양하여 다시 그 세균군집 전체를 루프를 사용하여 정밀하고 자세하게 검사하여 예정응집반응검사 및 현미경 도포분표검사 등을 실시하여 잡균이 혼재되어 있지 않은 순수한 티푸스균으로 된 것을 확인한 후 그것을 생리적 식염수에 용해하여 대형 엔도평판배양액에 다수의 신선한 도포표본을 배식하여 섭씨 37도로 인큐베이터 안에서 약 20시간 동안 배양한 다음 그것을 용기에 채취하여 저장하고 다시 이런 배양 과정을 반복 실시하여 다량의 티푸스생균을 저장하여 세균전에 쓰도록 구비하였습니다.

이상과 같이 팔로군 포로 11명을 감염력 실험재료로 하여 티푸스균을 배양하여 세균 전용 티푸스생균을 직경 40센티미터, 높이 50센티미터의 용기 16.5개를 제조하였습니다. 제조된 이 티푸스생균은 1943년 8월 상순 말, 중순 말, 하순 말 세 차례 연속해서 오카다 지부장과 기무라 주임이 자동차로 수령하러 온 북지나방면군 참모부 장교에게 교부하였습니다.

내가 지난 육군병원으로 복귀한 후 북지나방면군 군의부 방역보에 "룽하이선(隴海線)[10] 이남 지구, 특히 징한선(京漢線)[11] 연선(沿線) 일대에서 티푸스 환자가 발생하여 만연하고 있는 현상에 주의를 요함"이라고 기재되어 있던 것에서부터 나는 우리가 제조한 티푸스생균이 룽하이선 이남 지구, 특히 징한선 연선 일대에 살포된 일로 추정하고, 따라서 그 티푸스생균 때문에 수많은 중국 사람들이 병사한 것으로 생각합니다.

본인의 세균 전용 악성 유행병 생균 제조는 전부 일본군에 복무하던 때(1936년 12월 10일~1945년 9월 3일)에 범한 것으로 총계 1건으로 직경 40센티미터, 높이 50센티미터짜리 용기에 티푸스생균 16.5개를 제조하였습니다.

중국인 젊은 여자를 납치 유린한 죄행

1936년 12월 25일, 중국 동북 빈장성 탕위엔시 관동군 탕위엔육군병원 내과병실 소속 군의중위로 근무 중, 병원장 가와사키 군의대령을 수행하여 시내 위생상황을 시찰하였는데, 내가 병원장에게 "기녀관(妓館)이 적기 때문에 성병 예방을 위해 경비사령부에 이야기해서 일본군 전용기관을 설치하는 것이 어떻겠느냐?"고 말한 바, 병원장이 "빨리 공문을 작성하라"고 해서 내가 직접 공문 원고를 써서 서무과를 경유하여 전력 감퇴 방지를 위해 중국인 젊은 여자들을 모아 일본군 전용 기녀관을 신설할 필요가 있다는 공문을 탕위안 경비사령관에게 보냈습니다. 경비사령부는 이 의견을 받아들여 현공서를 시켜 중국인 젊은 여자 30명을 일본인 몸값 3분의 1의 적은 돈으로 강제로 데려와 창부를 하도록 강요해서 일본군전용위안소를 설치하였습니다. 당시 일본인 창부는 1시간에 3위안 정도였는데 중국 여성은 겨우 1위안 정도의 적은 돈으로 일본군 장병의 노리개로 유린되었고, 금족령으로 위안소 밖으로 단독 자유 외출이 금지되는 동시에 식사는 잡곡과 장아찌 등 주로 거친 음식을 주었습니다.

1938년 1월 25일, 중국 동북 빈장성 후린시 관동군 후린육군병원 내과병실 소속 군의중

---

10 1904년부터 1954년에 걸쳐 건설된 중국 간수성 란저우(蘭州)시에서 장수성 롄윈강(連雲港)시까지의 철도.

11 1898년부터 1906년에 걸쳐 건설된 베이징에서 한커우(漢口)까지의 철도. 뤄양(洛陽)에서 카이펑(開封) 구간에서 룽하이선과 겹친다.

위로 근무 중, 병원장 혼다(本田) 군의대령을 수행하여 시내 위생상황을 시찰하였는데, 내가 병원장에게 "탕위안에 일본군전용위안소를 만들었습니다만, 이곳도 성병 예방을 위해 일본군전용위안소를 만드는 것을 경비사령부에 말해 보는 것이 어떻겠습니까?"라고 말한 바, 병원장은 "나도 사령관에게 가서 말하겠지만 먼저 조속히 공문을 작성하라"고 해서 내가 곧바로 성병으로 인한 전력 감퇴 방지를 위해 중국인 젊은 여자들을 모아 일본군전용위안소를 신설할 필요가 있다는 의견을 경비사령관에게 공문으로 보냈습니다. 경비사령관은 이 의견을 받아들여 현공서를 시켜 중국인 젊은 여자 25명을 납치하고 창부를 강요하여 일본군전용위안소를 신설하였습니다. 이들은 겨우 1위안 정도의 적은 돈으로 일본군 장병의 노리개로 유린되었고, 금족령으로 위안소 밖으로 단독 자유외출이 금지되었으며 식사는 잡곡과 장아찌 등 주로 거친 음식을 주었습니다.

본인의 중국 여자 납치 유린은 모두 일본군에 복무하던 때(1936년 12월 10일~1945년 9월 3일)에 범한 것으로, 총계 2건 55명입니다.

중국인 가옥 강탈 죄행

1936년 12월 25일, 중국 동북 빈장성 탕위엔시 관동군 탕위엔육군병원 내과병실 소속 군의중위로 근무 중, (중략) 나의 의견을 받아들인 중국 동북 빈장성 탕위안 경비사령부는 위안소를 신설하기 위해 시내 주민 가옥에 무장병력을 파견하여 협박 공갈로 시민을 압박하여 중국인 가옥 30칸을 강탈, 일본군전용위안소에 충당하였습니다. 1938년 1월 25일, 중국 동북 빈장성 후린시 관동군 후린육군병원 내과병실 소속 군의중위로 근무 중, (중략) 나의 의견을 받아들인 관동군 후린경비사령부는 위안소를 신설하기 위해 후린 시내 주민 가옥에 무장병력을 파견하여 협박 공갈로 시민을 압박하여 중국인 가옥 25칸을 강탈, 일본군전용위안소에 충당하였습니다.

1938년 1월 30일, 관동군 경리부 후린파출소에서 병원장교 숙소로 예정된 가옥의 중국인 주인이 완강히 버티며 퇴거하지 않아 숙소를 조속히 준비할 수 없다고 육군병원 경리실에 말하자 경리실 주계(主計) 하사관이 내과병실에 와서 위생병을 빌려 중국인들을 위협하여 내쫓겠다고 하였을 때, 나는 위생병 5명에게 착검한 총을 지니고 주계 하사관 및 경리부 파출소원과 함께 시민 가옥에 도착하여 위생병이 총검으로 위협, 주민을 강박하여 중국인을 쫓아내고 가옥 15칸을 강탈하여 육군병원 장교숙소로 만들었습니다.

내가 중국인 가옥을 강탈한 것은 모두 일본군에 복무하던 때(1936년 12월 10일~1945년 9월 3일)에 범한 것으로 총계 3건, 70칸입니다.

기물 파괴 죄행

1937년 9월 1일, 중국 동북 빈장성 탕위안시 관동군 탕위안육군병원 내과병실 소속 군의중위로 근무 중, 이송 환자 호송을 위해 자무스육군병원에 출장간 당일 밤, 그 병원에 근무하던 시라이(白井) 군의중위와 회식하고 다시 시내 중국요리점에 가서 술을 마셨는데, 나는 취해서 의자 3개, 탁자 1개를 바닥에 내동댕이쳐서 파괴하였습니다.

1937년 11월 29일, 중국 동북 빈장성 탕위안시 관동군 탕위안육군병원 내과병실 소속 군의중위로 근무 중, 근무 병원이 바뀌어 후린에 부임 도중 무단장시에서 친구 오바야시(大林) 대위, 곤도(近藤) 중위와 함께 밤늦게 술을 마시고 취해서 시내 헤이초우(黑抽, 조선인 경영으로 추정)에 갔는데, 이미 소등해서 불러도 문을 열어주지 않자 분개하여 3명이 함께 모의하여 군도의 금속제 칼집으로 문유리 및 외등을 세차게 내리쳐서 파괴하였습니다.

1938년 6월 14일, 중국 동북 하이라얼시 관동군 하이라얼육군병원 내과병실 소속 군의중위로 근무 중, 하이라얼 시내에서 중국인 인력거로 물건을 운반하려고 하였는데, 인력거꾼이 "다른 용건이 있어 갈 수 없다"고 하기에 무리하게 인력거 끌기를 강요하면서 인력거를 차서 끌채를 부러뜨렸습니다.

1943년 9월 17일, 중국 산둥성 지난시 북지나방면군 지난육군병원 내과병실 소속 군의중위로 근무 중, 이송 환자 호송을 위해 톈진(天津)에 출장 갔다가 다시 베이징시를 개인적으로 여행하였는데, 베이징 역전 광장에서 인력거를 타려고 하였는데, 인력거꾼이 "다른 손님을 기다리는 중이라 갈 수 없다"고 하였으므로 나는 그 인력거꾼에게 무리하게 인력거를 끌게 하는 과정에 인력거를 발로 차서 끌채를 부러뜨렸습니다.

1944년 7월 12일, 중국 산동성 지난시 북지나방면군 지난육군병원 내과병실 소속 군의중위로 근무 중, 이송 환자 호송을 위해 톈진에 출장 갔다가 다시 베이징시까지 개인적으로 여행하였는데, 인력거를 타고 징산(景山)에 구경을 가서 내가 하산할 때까지 경산 기슭에서 기다리고 있으라고 하였으나 인력거꾼이 대답하지 않자 무리하게 요구하다가 인력거를 옆으로 밀어 넘어뜨리고 끌채를 부러뜨렸습니다.

1944년 7월 13일, 중국 산동성 지난시 북지나방면군 지난육군병원 내과병실 소속 군의중위로 근무 중, 환자 호송을 위해 톈진에 출장갔다가 다시 베이징시까지 개인적으로 여행하였는데, 베이징시 북지나 방역급수본부에 근무하는 친구 기노시타(木下) 군의중위와 베이징 시내의 중국인이 경영하는 야쉬위안(雅敍園)에서 회식하고 술이 취해 무대 밖에서 춤추는 것이 금지되어 있음에도 불구하고, "일본 군인이다, 관계없다"고 하면서 난폭하게 홀을 뛰어다니며 탁자에 충돌하여 포도주 잔 2개, 맥주잔 2개, 술잔 2개, 숟가락 2개, 접시 4개 정도를 바닥에 내동댕이쳐서 깨뜨렸습니다.

내가 파괴한 죄행은 모두 일본군에 복무하던 때(1936년 12월 10일~1945년 9월 3일)에 범한 것으로, 총계 6건, 의자 3개, 탁자 1개, 창 유리 3장, 문유리 1장, 외등 1개, 인력거 끌채 3개, 포도주잔 2개, 맥주잔 2개, 술잔 2개, 숟가락 2개, 접시 4개입니다.

구타 죄행

1936년 12월 8일, 중국 동북 빈장성 탕위안시 관동군 탕위안육군병원으로 부임하는 길에 동북 선양(瀋陽)시 선양역에서 중국인 노동자에게 본인의 짐을 들렸는데, 하얼빈행 기차가 입차할 때까지 무리하게 기다리게 하면서 그 노동자의 빰을 손바닥으로 구타하였습니다.[12]

1937년 1월 20일, 중국 동북 빈장성 탕위안시 관동군 탕위안육군병원 내과병실 소속 군의중위로 근무 중, 난로에 불 지피는 방법이 나쁘다고 하면서 병원의 조선인 용인(傭人) 1명의 빰을 손바닥으로 구타하였습니다.

1937년 11월 30일, 중국 동북 빈장성 탕위안시 관동군 탕위안육군병원 내과병실 소속 군의중위로 근무 중, 근무 병원이 바뀌어 후린에 부임할 때 후린역에서 밤늦게 강제적으로 전근용 자재를 병원까지 운반하도록 하면서 중국인 노동자 1명의 빰을 손바닥으로 구타하였습니다.

1938년 3월 20일, 중국 동북 하이라얼시 관동군 하이라얼육군병원 내과병실 소속 군의

12 중국어 판본에는 중국인 노동자에게 하얼빈행 기차 안까지 짐을 운반하게 하였으나 말을 듣지 않아 빰을 때렸다고 번역되어 있다.

중위로 근무 중, 시내 카페에서 친구와 회식하고 취해서 밤늦게 돌아오면서 인력거를 불렀으나 거절당하자 사사로운 원한을 풀기 위해 빰을 손바닥으로 구타하였습니다.

1938년 4월 20일, 중국 동북 하이라얼시 관동군 하이라얼육군병원 내과병실 소속 군의 중위로 근무 중, 시내에 외출하여 인력거를 타려고 지나가던 인력거를 불러 세워 그 인력거가 본인 쪽으로 다가올 때 바퀴로부터 눈 녹은 물이 튀자 그 중국 인력거꾼을 욕하며 손바닥으로 빰을 구타하였습니다.

1938년 5월 20일, 중국 동북 하이라얼시 관동군 하이라얼육군병원 내과병실 소속 군의 중위로 근무 중, 시내에 외출하였다 돌아오는 길에 인력거를 불렀으나 비가 온다는 이유로 거절하자 인력거꾼의 빰을 손바닥으로 구타하였습니다.

1938년 6월 14일, 중국 동북 하이라얼시 관동군 하이라얼육군병원 내과병실 소속 군의 중위로 근무 중, 숙소에서 하이라얼역까지 인력거로 본인의 전근 갈 짐을 운반하였는데, 하이라얼역에서 짐을 부주의하게 취급하자 험하게 다룬다고 욕을 하며 중국인 인력거꾼의 빰을 손바닥으로 구타하였습니다.

1943년 6월 15일, 중국 산동성 지난시 북지나방면군 지난육군병원 내과병실 소속 군의 중위로 근무 중, 병원장의 명령에 따라 육군병원에서 편성한 임시주사반의 반장이 되어 지난시 본역(本驛)에서 콜레라 예방접종 업무를 지원하고 있을 때, 주사를 맞은 뒤 곧바로 주사 맞은 부위를 눌러 주사액을 짜내고 있던 중국인 1명을 다른 중국인들에게 본보기로서 질책하고 손바닥으로 빰을 구타하였습니다.

1943년 9월 17일, 중국 산동성 지난시 북지나방면군 지난육군병원 내과병실 소속 군의 중위로 근무 중, 톈진까지 환자를 호송하기 위해 출장하였다가 베이징시까지 개인적으로 여행하였는데, 베이징역 역전 광장에서 인력거를 불렀다가 거절당하자 무리하게 타기 위해 인력거꾼을 위협하며 손바닥으로 빰을 구타하였습니다.

1944년 6월 15일, 중국 산동성 지난시 북지나방면군 지난육군병원 내과병실 소속 군의 중위로 근무 중, 병원장의 명령에 따라 육군병원에서 편성한 임시주사반의 반장이 되어 지난시 본역에서 콜레라 예방접종 업무를 지원하고 있을 때, 부하 위생병에게 명령하여 예방 접종을 싫어하여 도피하는 중국인을 잡아 위협하며 예방접종을 시키게 하고 동시에 다른 중국인들에게 본보기 삼아 그 사람의 빰을 손바닥으로 때렸습니다.

1944년 7월 12일, 나는 중국 산동성 지난시 북지나방면군 지난육군병원 내과병실 소속 군의중위로 근무 중, 환자 호송을 위해 톈진까지 출장하였다가 베이징시에 개인적으로 여행하였을 때, 인력거를 타고 징산(景山)에 구경을 가서 내가 하산할 때까지 경산 기슭에서 기다리고 있으라고 무리하게 협박하는 과정에 손바닥으로 빰을 구타하였습니다.

1944년 7월 13일, 나는 중국 산동성 지난시 북지나방면군 지난육군병원 내과병실 소속 군의중위로 근무 중, 이송 환자 호송을 위해 톈진까지 출장하였다가 베이징시에 개인적으로 여행하였을 때, 베이징시 북지나방역급수부 본부에 근무하는 친구 기노시타 군의중위와 중산(中山)공원 내 식당에서 점심을 먹고 술을 마실 때 급사(給仕)인 중국 청년이 불손한 것에 대해 화를 내며 손바닥으로 그의 빰을 구타하였습니다.

1944년 8월 15일, 중국 산동성 지난시 북지나방면군 지난육군병원 내과병실 소속 군의중위로 근무 중, 지난 시내 중국요리점에서 같은 병원에 근무하던 친구 다카노(高野) 군의대위와 회식하고 취해서 요리를 담은 그릇이 더럽다는 이유로 급사였던 중국인 청년의 빰을 손바닥으로 구타하였습니다.

내가 구타한 것은 모두 일본군에 복무하던 때(1936년 12월 10일~1945년 9월 3일)에 범한 것으로 총계 14건, 14명입니다.

교육 실시

1937년 1월 1일부터 11월 30일까지, 중국 동북 빈장성 탕위엔시 관동군 탕위엔육군병원 내과병실 소속 군의중위로서 근무 중, 본인의 공적을 높이고 일본군의 전력을 증강할 목적으로 교관을 겸임하여 그 병원의 위생하사관, 위생병 약 40명에게 군진(軍陣) 방역요령(세균전 때 방역근무 포함) 및 가스방호법, 독가스 개요, 가스를 마셨을 때의 응급처치법, 간호학, 중요 위생 임무 등의 보충교육을 실시하였습니다.

1937년 12월 1일부터 1938년 3월 10일까지 중국 동북 빈장성 후린시 관동군 후린육군병원 내과병실 소속 군의중위로 근무 중, 본인의 공적을 높이고 일본군의 전력을 증강할 목적으로 교관을 겸임하여 그 병원의 위생하사관, 위생병 약 40명에게 군진(軍陣) 방역요령(세균전 때 방역근무 포함) 및 가스방호법, 독가스 개요, 가스를 마셨을 때의 응급처치법, 간호학, 중요 위생 임무 등의 보충교육을 실시하였습니다.

1938년 3월 16일부터 6월 14일까지 중국 동북 하이라얼시 관동군 하이라얼육군병원 내과병실 소속 군의중위로 근무 중, 본인의 공적을 높이고 일본군의 전력을 증강할 목적으로 교관을 겸임하여 그 병원의 위생하사관, 간호부장, 위생병, 간호부 약 90명에게 군진(軍陣) 방역요령(세균전 때 방역근무 포함) 및 가스방호법, 독가스 개요, 가스를 마셨을 때의 응급처치법, 간호학 등의 보충교육을 실시하였습니다.

1938년 3월 16일부터 6월 14일까지 중국 동북 하이라얼시 관동군 하이라얼육군병원 내과병실 소속 군의중위로 근무 중, 본인의 공적을 높이고 일본군의 전력을 증강할 목적으로 교관을 겸임하여 신입 위생병과 병원 요원대 요원[13]을 합해 약 70명에게 군진방역 입문 및 독가스 입문, 가스 방호법 입문, 가스를 마셨을 때의 응급처치법 입문 및 초급 간호학 등에 대해 교육을 실시하였습니다.

1943년 1월 1일부터 12월 말까지 중국 산동성 지난시 북지나방면군 지난육군병원 내과병실 소속 군의중위로 근무 중, 병원장의 명령에 따라 판임관(判任官) 및 위생병, 간호부의 보충준비교육 교관을 겸임하여 본인의 공적을 높이고 일본군의 전력을 증강할 목적으로 위생하사관, 간호부장, 위생병, 간호부 약 80명에게 군진방역 요령(세균전 때의 방역업무 포함) 및 독가스 개요, 가스 방호법, 가스를 마셨을 때의 응급처치법, 간호학 등의 보충교육을 실시하였습니다.

1943년 2월 1일부터 7월 말일까지 중국 산동성 지난시 북지나방면군 지난육군병원 내과병실 소속 군의중위로 근무 중, 병원장의 명령에 따라 신입위생병교육 교관을 겸임하여 1943년 초에 들어온 위생병과 병원요원대 요원 약 70명에게 초급 군진방역 요령 및 독가스 입문, 가스 방호법 입문, 가스를 마셨을 때의 응급처치법 초급 및 초급 간호학 등의 교육을 실시하였습니다.

1944년 1월 1일부터 12월 말일까지 중국 산동성 지난시 북지나방면군 지난육군병원 내과병실 소속 군의중위로 근무 중, 병원장의 명령에 따라 판임관 및 위생병, 간호부의 1944년도 보충준비교육 교관을 겸임하여 위생하사관, 간호부장, 위생병, 간호부 약 80명에게 군진방역 요령(세균전 때의 방역업무 포함) 및 독가스 개요, 가스 방호법, 가스를 마셨을 때의 응급

13 중국어 번역은 병원보충대원으로 되어 있으나, 일본어 원문은 '病院要員隊要員'이다.

처치법, 간호학 등에 대해 1944년도 보충교육을 실시하였습니다.

1944년 2월 1일부터 7월 말일까지 중국 산동성 지난시 북지나방면군 지난육군병원 내과병실 소속 군의중위로 근무 중, 병원장의 명령을 받아 신입위생병교육 교관을 겸임하여 1944년도 신입 위생병, 병원요원대 요원을 합해 약 50명에게 군진방역 입문 및 독가스 입문, 가스 방호법 입문, 가스를 마셨을 때의 응급처치법 입문 및 초급 간호학 등에 대해 교육을 실시하였습니다.

1945년 1월 1일부터 8월 15일까지 중국 산동성 지난시 북지나방면군 지난육군병원 내과병실 소속 군의중위로 근무 중, 병원장의 명령을 받아 1945년도 하사관, 위생병, 간호부의 보충준비교육 교관을 겸임하여 위생하사관, 간호부장, 위생병, 간호부 약 80명에게 군진방역 요령(세균전 때의 방역업무 포함) 및 독가스 개요, 가스 방호법, 가스를 마셨을 때의 응급처치법, 간호학 등 1945년도 보충교육을 실시하였습니다.

1945년 2월 1일부터 7월 말일까지 중국 산동성 지난시 북지나방면군 지난육군병원 내과병실 소속 군의중위로 근무 중, 병원장의 명령을 받아 1945년도 신입위생병교육 교관을 겸임하여 이 해의 신입 위생병과 병원 요원대 요원을 합해 약 70명에게 군진방역 입문 및 독가스 입문, 가스 방호법 입문, 가스를 마셨을 때의 응급처치법 입문 및 초급 간호학 등의 교육을 실시하였습니다.

임시교육

1938년 5월 5일, 중국 동북 하이라얼시 관동군 하이라얼육군병원 내과병실 소속 군의중위로 근무 중, 대소련 전쟁 개전 시의 세균전에 대비하기 위해 위생하사관, 간호부장, 위생병, 간호부, 군속 등 약 100명에게 1일 동안 이시이(石井)[14]식 정수기 사용법을 교육하였습니다. 내가 정례교육을 실시한 것은 모두 일본군에 복무하던 때(1936년 12월 10일부터 1945년 9월 3일까지)에 범한 것으로, 총계 10건, 10기(期), 700명에게 실시하였고, 임시교육은 1건 100명입니다.

14 이시이 시로(石井四郎, 1892~1959), 관동군방역급수부(731부대)의 창설자이다.

산시군(山西軍)에 대한 교육

1946년 4월 20일부터 8월 15일까지 중국 화북 산시(山西)성 타이위안(太原)시 제2전구 포병집훈단 군의과장 대령 군의교관으로 근무 중, 본인의 지위를 향상하고 돈벌이를 위해, 또 산시군의 전력을 증강하여 산시 지역의 해방을 저지하기 위해 중국인 위생하사관 및 위생병 약 30명에게 인체구조 및 그 작용, 외상 질병 및 그 처치법, 약제학, 붕대학, 군진방역학, 독가스 요강, 가스 방호법, 가스를 마셨을 때의 응급처치법, 간호학, 최전선 구호법 등에 대해 각각의 학설을 교육하고, 일부 실습교육을 실시하였습니다.

1946년 8월 20일부터 10월 19일까지 중국 화북 산시성 타이위안시 타이위안수정공서 친훈포병단 위생대장 대령 군의교관으로 근무 중, 본인의 지위를 향상하고 돈벌이를 위해, 또 산시군의 전력을 증강하여 산시 지역의 해방을 저지하기 위해 중국인 위생하사관 및 위생병 약 30명에게 최전선 구호법, 인체구조 및 그 작용, 외상 질병 및 그 처치법, 약제학, 붕대학, 군진방역학, 독가스 요강, 가스 방호법, 가스를 마셨을 때의 응급처치법, 간호학 등에 대해 각각의 학설을 교육하고, 일부 실습교육을 실시하였습니다.

1947년 1월 1일부터 12월 말일까지 중국 산시성 타이위안시 수정공서 특무단 군의처(軍醫處) 대령 군의교관으로 근무 중, 본인의 지위를 향상하고 돈벌이를 하기 위해, 또 산시군의 전력을 증강하여 산시 지역의 해방을 저지하기 위해 중국인 위생하사관 및 위생병 약 30명에게 학습 기간을 6개월로 하여 전기(1월-6월)와 후기(7월-12월) 2기에 걸쳐 인체구조 및 그 작용, 외상 질병 및 그 처치법, 약제학, 붕대학, 군진방역학, 독가스 요강, 가스 방호법, 가스를 마셨을 때의 응급처치법, 간호학, 최전선 구호법 등에 대해 각각의 학설과 일부 실습교육을 실시하였습니다.

1948년 1월 1일부터 12월 말일까지 중국 산시성 타이위안시 수정공서 특무단 군의처 대령 군의교관으로 근무 중, 본인의 지위 향상과 돈벌이를 위해, 또 산시군의 전력을 증강하여 산시 지역의 해방을 저지하기 위해 중국인 위생하사관 및 위생병 약 30명에게 학습기간을 6개월로 하여 전기(1월-6월)와 후기(7월-12월) 2기에 걸쳐 인체구조 및 그 작용, 외상 질병 및 그 처치법, 약제학, 붕대학, 군진방역학, 독가스 요강, 가스 방호법, 가스를 마셨을 때의 응급처치법, 간호학, 최전선 구호법 등에 대해 각각의 학설을 교육하고, 일부 실습교육을 실시하였습니다.

1948년 7월 1일부터 1949년 3월 말일까지 중국 산시성 타이위안시 수정공서 특무단 군의처 대령 군의교관으로 근무 중, 식량 배급을 받을 목적으로 비공식적으로 수정공서 기관 총대대 병과 하사관과 사병 및 위생하사관과 위생병에 대해 가스 방호법, 방독면, 방독의, 방독장갑, 방독화 장착법 및 독가스 살포 지대의 소독법과 위생법, 구호법 등의 교육을 매주 1~2회 실시하였습니다.

내가 일본군 투항 후(1946년 4월 1일~1949년 4월 19일), 산시군에 실시한 교육은 위생하사관 및 위생병 교육 합계 6기 180명, 병과 하사관 및 사병 임시교육 합계 1건입니다.

노역

1937년 11월 30일, 중국 동북 빈장성 탕위안시 관동군 탕위안 육군병원 내과병실 소속 군의중위로 근무 중, 근무 병원이 바뀌어 후린에 부임하기 위해 후린역에 도착하였을 때 후린 경비사령부에서 "맞은 편이 소련 영토라서 기재 운반은 야간에 해야 한다"고 하였고, 병원장도 "야간에 운반 임무를 완수하라"고 명령하였으므로 오바야시 대위와 하시모토(橋本) 중위와 함께 중국인 노동자 30명을 위협해서 일몰 후부터 심야 3시가 넘을 때까지 밥도 안 주고 역에서 병원까지 대량의 기재를 강제적으로 운반하도록 혹사시켰습니다.

특무활동

1943년 4월 상순경, 중국 산동성 지난시 북지나방면군 지난 육군병원 내과병실 소속 군의중위로 근무 중, 가이코샤(偕行社)[15] 요리부에서 개최된 환영연회장에서 일본군 부상 장병 위문을 위해 중국 대표로 지난을 방문한 화북 정무위원회 독판 쑤티런(蘇體仁)[16]을 알게 되었는데, 제대 후 중국에서 의원을 개원할 때 쑤티런을 이용할 목적으로, 1943년 9월 16일 베이징시에 갔을 때 쑤티런을 방문하고 베이징시 첸먼(前門) 밖 펑저위안(豊澤園)에서 환대를 받으며 친교를 도모하였습니다. 이어서 1944년 7월 12일 베이징시에 갔을 때에는 장래 소집이 해

15 구(舊) 일본 육군 장교의 친목 및 상호부조단체. 2차 대전 후 일시 중단되었다가 후에 친목단체로 부활되었다.

16 중국인 친일파. 1943년 11월 공무총서(工務總署) 독판(督辦) 겸 화북 정무위원회상무위원(政務委員會常務委員)이 되었다. 1945년 일본 투항 당시 베이핑(北平, 지금의 베이징) 시장으로 있다가 일본으로 피신하였다.

제되면 중국 기관으로 취업 알선을 의뢰하기 위해 친목을 도모하려고 베이징 가이코샤에서 위스키 3병을 사서 쑤티런을 방문하여 증정하였고, 쑤티런이 베이징 시내 동싱러우(東興樓)에서 베푼 환대를 받았습니다.

1947년 3월 상순경, 중국 산시성 타이위안시 타이위안수정공서 특무단 대령 군의교관으로 근무 중, 타이위안 시내 산요우강(山右港) 7호 쑤티런의 집을 방문하였는데, 쑤티런의 신임을 얻어 본인의 지위를 향상시키고 장래 개업해서 돈벌이를 할 때 금전 지원을 받을 목적과, 일본인이 많이 잔류하면 팔로군에게 타이위안이 함락되지 않을 수 있어 내가 타이위안에서 개업하고 돈벌이를 하는 데에도 좋다고 여기고 수티런에게 "일본인 사이에는 물가가 점점 오르고 생활은 날마다 곤란해지는 데다 재산이 점점 줄고 있는 것으로 봐서 타이위안에 잔류하면 안 되기 때문에 다음 번 귀환기에는 반드시 귀국하겠다고 말하는 강성 귀국론자들이 늘어나고 있다"고 보고하고, 일본인의 잔류 인도 대책을 강화시킬 자료를 준비해 수정 공서에 제공하였습니다.

1947년 6월 상순, 중국 산시성 타이위안시 타이위안 수정공서 특무단 대령 군의교관으로 근무 중, 타이위안 시내 산요우강 7호 쑤티런의 집을 방문하였는데, 쑤티런의 신임을 얻어 본인의 지위를 향상시키고 장래 개업해서 돈벌이를 할 때 금전 지원을 받을 목적과 군의학교 건설비를 가로채어 돈벌이를 할 목적에서, 나는 쑤티런 및 장교 저우지(周吉), 양츠수(楊滋樹) 등에게 팔로군에 대한 세균전 복안으로서 다음과 같은 의견을 상신하였습니다. 그 개요는 (1) 촨즈(川至)의학전문학교[17]를 산시성 군의학교로 하고, 이 학교의 세균병리실을 확충하는 일, (2) 기계는 북지나 방역급수부의 징발품을 이용하고 시설을 확충하는 일, (3) 교장으로는 장교 저우지를 모시고, 일본인 의사를 모아 교관으로 하여 촨즈 의학전문학교 졸업생을 조교로, 학생들을 조수로 써서 세균 전용 악성 유행병 생균을 대량으로 생산하는 일, (4) 중앙에 비행기를 요청해서 세균전에 이용하는 일 등입니다. 그 뒤 어떤 지시도 없었으므로 본 복안은 실시되지 않고 미수에 그쳤습니다.

1947년 8월 상순경, 중국 산시성 타이위안시 타이위안 수정공서 특무단 대령 군의교관으로 근무 중, 타이위안 시내 산요우강 7호 쑤티런의 집을 방문하였는데, 쑤티런의 신임을 얻어

17 옌시산(閻錫山)이 1932년에 세운 의학전문학교.

본인의 지위를 향상시키고 장래 개업해서 돈벌이를 할 때 금전 지원을 받을 목적에서 일본인이 조금이라도 더 많이 잔류하면 팔로군에게 타이위안이 함락되지 않을 수 있어 내가 타이위안에서 개업하고 돈벌이를 하는 데에도 좋겠다는 생각으로, 쑤티런에게 "일본인 사이에 귀국 희망자가 급증하여 올 가을 귀환기에 어떻게 해서라도 귀국하겠다는 희망자가 아주 많다"고 보고하고, 수정공서에 일본인의 귀국 만류책을 더욱더 강화하는 대책을 세우게 하였습니다.

1948년 1월 초순경, 중국 산시성 타이위안시 타이위안 수정공서 특무단 대령 군의교관으로 근무 중, 타이위안 시내 산요우강 7호 쑤티런의 집을 방문하였는데, 쑤티런의 신임을 얻어 본인의 지위를 향상시키고 장래 개업해서 돈벌이를 할 때 금전 지원을 받을 목적 및 부대에 근무하는 일본인이 많이 귀국하는 일은 장래 본인의 개업도 곤란하게 될지 모른다고 생각하여, 쑤티런에게 "기갑대 사령 아카호시 히사유키(赤星久行)가 (1) 모든 일본인 교관의 일본 거주 가족에게 생활비를 지급하는 일, (2) 부상 교관의 생애 생활비를 일시에 지급하는 일, (3) 전사한 교관과 부상한 교관의 가족의 생애 생활비를 일시에 지급하는 일, (4) 현 교관의 숙소 모든 욕탕에 수도 파이프를 설치하고, 모든 다다미의 겉 돗자리를 새것으로 교환하는 일 등 실행이 불가능한 요구를 제출하고 그것이 받아들여지지 않으면 기갑대 모든 교관을 인솔하여 귀국하겠다는 계략을 가지고 있다"고 보고하고, 귀국 만류책을 강구하게 하여 사령 아카호시 이사유키 및 기갑대 교관의 귀국을 지연시켰습니다.

1948년 3월 상순경, 중국 산시성 타이위안시 타이위안 수정공서 특무단 대령 군의교관으로 근무 중, 타이위안 시내 산요우강 7호 쑤티런의 집을 방문하였는데, 쑤티런의 신임을 얻어 본인의 지위를 향상시키고 장래 개업해서 돈벌이를 할 때 금전 지원을 받을 목적을 갖고, 일본인이 감소하면 장래 타이위안에서 개업하는 일이 곤란하게 될 것으로 생각하고 쑤티런에게 "타이위안 거주 일본인 사이에는 물가가 치솟고 생활난은 더 심해져 타이위안에 남아도 희망이 없으므로 4월에서 5월 사이에 귀환 기회가 있으면 어떻게 해서라도 귀국하겠다고 말하는 강성 귀국 희망자가 청장년 중에 급증하고 있다"고 수정공서에서 보고하면서 만류 대책을 강화하도록 하였습니다.

1948년 6월 초순경, 중국 산시성 타이위안시 타이위안 수정공서 특무단 대령 군의교관으로 근무 중, 타이위안 시내 산요우강 7호 쑤티런의 집을 방문하여 "교관 중에 5월 귀환기에 돌아가지 못하였으니 가을 귀환기에는 단연코 돌아가겠다고 말하는 자가 대부분을 차지하고 있다"고 보고하고 수정공서에서 신체가 강건한 청장년을 만류할 대책을 강화하도록 하였습니다.

본인의 특무활동은 합계 6건으로 일제 투항 후에 하였습니다.

잔류 권유 활동

1946년 6월 초순, 중국 화북 산시성 타이위안시 제2전구 포병집훈단 군의과장 대령 군의교관으로 근무 중, 특무단 주석교관 대령 요시모토(吉本), 대령 후지이(藤井)로부터 일본인 교관의 부대 전출 및 귀국 방지에 협조하는 일을 의뢰받아 다카세키(高關), 미야자키(宮崎) 외 1명의 귀국 희망자에게 일본인 잔류의 이념을 설명하고 계속해서 특무단에 근무하게 하여 귀국을 연기하게 하였습니다.

1948년 1월 2일, 중국 산시성 타이위안시 타이위안 수정공서 특무단 대령 군의교관으로 근무 중, 특무단의 일본인 교관 중에 다른 부대로 전출 및 귀국을 희망하는 자가 점증하는 것에 대해 보병과 기타카와(北川) 주석 교관과 상의하여 교관 9명을 본인의 집에 초대하여 술과 안주를 향응하고 부대 전출을 막고 귀국을 지연시켰습니다.

본인의 잔류 권유 활동은 모두 일제 투항 후부터 해방 때까지(1946년 4월 1일~1949년 4월 19일)로 합계 2건, 12명에게 권유하였습니다.

직권남용

1937년 6월 상순 , 나는 중국 동북 빈장성 탕위안시 관동군 탕위안육군병원 내과병실 소속 군의중위로 근무 중, 경비사령관의 명령에 따라 헌병 및 경비사령부 장교와 함께 시내 위생순찰을 나갔을 때, 부하를 시켜 가두 노천에서 장사하는 소상인을 방충 장비를 갖추지 못하였다는 이유로 착검한 총으로 위협하여 쫓아버려 영업을 하지 못하게 하였습니다.

1937년 6월 30일, 나는 중국 동북 빈장성 탕위안시 관동군 탕위안육군병원 내과병실 소속 군의중위로 근무 중, 시내의 조선인 경영 음식점이 밤에 본인에게 우동을 팔지 않은 것에 대해 사사로운 원한을 풀기 위해 '위생시설 불량으로 불결하다'는 취지로 보고하고 육군 병원 및 헌병대, 경비사령부 3자 합동으로 갑자기 현장검사를 실시하여 반 달 동안 영업정지 처분을 내렸습니다.

1937년 7월 중순, 중국 동북 빈장성 탕위안시 관동군 탕위안육군병원 내과병실 소속 군의중위로 근무 중, 경비사령관의 명령에 따라 헌병 및 경비사령부 장교와 함께 시내 위생순찰을 실시하러 갔을 때, 부하를 시켜 가두 노천에서 장사하는 소상인을 방충 장비를 갖추지 못하였다는 이유로 착검한 총으로 위협하여 쫓아버려 영업을 하지 못하게 하였습니다.

1937년 8월 하순, 중국 동북 빈장성 탕위안시 관동군 탕위안육군병원 내과병실 소속 군의중위로 근무 중, 경비사령관의 명령에 따라 헌병 및 경비사령부 장교와 함께 시내 위생순찰을 실시하러 갔을 때, 부하를 시켜 가두 노천에서 장사하는 소상인을 방충 장비를 갖추지 못하였다는 이유로 착검한 총으로 위협하여 쫓아버려 영업을 하지 못하게 하였습니다.

1944년 9월 5일, 중국 산동성 지난시 북지나방면군 지난육군병원 내과병실 소속 군의중위로 근무 중, 병원장의 명령에 따라 병원에서 편성한 임시 콜레라 예방주사반장이 되어 지난역에서 방역공작을 실시하였을 때 부하병을 시켜 이 역 부근 노변에서 묵을 팔던 행상을 걷어차 영업을 하지 못하게 만들었습니다.

나의 직권 남용은 모두 일본군에 복무하던 때(1936년 12월 10일~1945년 9월 3일)에 범한 것으로, 총계 5건입니다.

탈세

1945년 9월 27일부터 1946년 3월 27일까지 중국 베이징시 동단에 거주하던 친구 테라이 요시노부 집에서 기숙하며 신고하지 않고 무허가로 진료해서 탈세하였습니다. 1949년 5월부터 6월까지 2개월 동안 중국 산시성 타이위안시 신난먼와이 빙저우시(幷州西)로에서 내가 진료소를 개업하고 돈벌이를 위해 세무국 및 위생국에는 7월부터 개업한 것으로 고의로 허위 신고하여 탈세하였습니다. 내가 탈세한 것은 모두 일본군 투항 후의 일로 총계 2건입니다.

일본군에 복무할 때의 약탈 횡령

1937년 12월 25일경, 중국 동북 빈장성 후린시 관동군후린육군병원 내과병실 소속 군의중위로 근무 중, 후린시 우수리강 강변에서 중국인이 잡은 대형 물고기 2마리를 약탈하였습니다.

1937년 9월 2일, 중국 동북 빈장성 탕위안시 관동군탕위안육군병원 내과병실 소속 군의

중위로 근무 중, 자무스육군병원으로 이송할 환자를 호송하기 위해 자무스에 출장갔을 때 자무스 시내 중국인이 경영하는 양복점에서 겨울 외투를 42위안에 제작하게 하였는데, 30위안을 지불하면서 잔금은 후일에 지급하겠다고 말해놓고 그냥 그대로 후린육군병원으로 전근가서 12위안을 횡령하였습니다.

내가 일본군에 복무하면서 약탈 횡령한 것은 이상 합계 2건입니다.

일본군 투항 후 해방 때까지의 약탈 횡령

1945년 9월 24일경, 중국 산동성 지난시 북지나방면군 지난육군병원에서 중국측에 이관할 환자 위안비 및 위생용품 매각 대금 합계 연은권(聯銀券)[18] 40만 위안을 횡령하였습니다.

1946년 5월 초순경, 중국 산시성 타이위안시 제2전구 포병집훈단 군의과장 대령 군의교관으로 근무중, 타이위안 신난먼와이 빙저우시로 구 군속숙소 창고에 보존되어 있던 제3단(오바대大場隊) 군량 및 말 사료용 좁쌀 1섬과 물독 2개를 횡령하였습니다.

1946년 5월 중순경, 중국 산시성 타이위안시 제2전구 포병집훈단 군의과장 대령 군의교관으로 근무중, 이 집훈단의 왕(王) 군수과장과 공모하여 가시가 달린 철조 2.5다발을 횡령하여 본인의 숙소 채소밭에 울타리를 치는 데 사용하였습니다.

1946년 7월 초부터 같은 달 말에 걸쳐 중국 산시성 타이위안시 제2전구 포병집훈단 군의과장 대령 군의교관으로 근무 중, 등장(等張)[19] 포도당주사액(250cc), 링거액(500cc) 합계 10개를 강탈하여 당시 중증환자였던 집훈단 미야자키(宮崎) 교관의 애인에게 사적으로 사용하였습니다.

1946년 8월 15일경, 중국 산시성 타이위안시 제2전구 포병집훈단 군의과장 대령 군의교관으로 근무 중, 이 집훈단의 군용물자였던 함석을 댄 스토브 받침 1개를 횡령하였습니다.

1947년 1월 상순, 중국 산시성 타이위안시 타이위안 수정공서 특무단 대령 군의교관으로 근무 중, 본인의 숙소에서 장화를 도둑맞았다고 거짓 보고를 하고 새로 장화를 지급받아 그

18 일본 점령하의 중국 화북임시정부에서 1938년부터 발행한 '중국연합준비은행태환권'의 약칭. 일본 점령구역에서 사용하던 화폐로 당시 일본 화폐 및 만주국 화폐와 교환할 수 있었다. 일본 패망 후 국민당정부에서 연은권 5위안을 법폐 1위안으로 태환해 주었다.

19 두 용액의 삼투압이 서로 같음. 생리적 식염수나 혈청과 같은 등장(等張)인 용액을 말한다.

것을 횡령하였습니다.

1947년 12월 말경, 중국 산시성 타이위안시 타이위안 수정공서 특무단 대령 군의교관으로 근무 중, 타이위안 신난면와이 빙저우로 숙소의 4첩 반 다다미방 및 3첩 방의 바닥 널판지 절반 정도를 횡령해서 장작 대용으로 썼습니다.

1948년 5월 상순, 중국 산시성 타이위안시 타이위안 수정공서 특무단 대령 군의교관으로 근무 중, 수정공서에서 대여한 예전 교관용 고급 자전거를 횡령하고 본인의 낡은 자전거를 대신 반납하였습니다.

1948년 10월 말경, 중국 산시성 타이위안시 타이위안 수정공서 특무단 대령 군의교관으로 근무 중, 그 전해에 대여한 방한점퍼를 반납하였다고 허위로 신고하고 새로 방한점퍼를 지급받아 횡령하였습니다.

내가 일본군 투항 후 해방 때까지 범한 약탈 횡령은 합계 9건, 연은권 40만 위안, 좁쌀 1섬(약 100근), 물독 2개, 가시철이 달린 철조 2.5다발, 포도당주사액 및 링거액 약 10개, 스토브 받침 1개, 장화 1켤레, 다다미 방바닥 널판지 1평 7합 5작, 자전거 1대, 방한점퍼 1벌입니다.

해방 後 약탈 횡령

1949년 7월 상순, 중국 산시성 타이위안시 신난면와이 4군속 숙소로부터 방산숙소로 옮길 때 숙소에 비치되어 있던 공용물품인 욕실 건널판 1개, 욕조 발판 1개, 욕조 덮개 1개를 내가 개인 돈을 들여 구입한 물건이라고 숙소 관리인에게 거짓말을 하여 횡령하였습니다.

1949년 7월 상순, 중국 산시성 타이위안시 신난면와이 빙저우시로 구 군속숙소에서 거주할 때 10총대 생산단 농장장 기시다 신파치로(岸田新八郎)에게 농장의 철망 약 20매를 빌린 뒤, 방산 숙소로 이주할 때 농장에 반납하지 않고 숙소 관리인에게 본인 돈으로 구입한 개인 물건이라고 거짓 신고하여 횡령하였습니다.

1949년 9월 상순경, 중국 산시성 타이위안시 신난면와이 빙저우시로 방산숙소에서 진료소를 개업하고 있을 때, 방산숙소 북측 빈 방에 있던 화선지 7매와 구식 미닫이문 2장 정도를 횡령하였습니다.

내가 해방 후 범한 약탈 횡령은 합계 3건, 욕실 건널판 1개, 욕조 발판 1개, 욕조 덮개 1개, 철망 20매, 화선지 7매, 구식 미닫이문 2장입니다.

강요

1937년 7월 중순, 중국 동북 빈장성 탕위안시 관동군탕위안육군병원 내과병실 소속 군의중위로 근무 중, 경비사령관의 명령에 따라 본인과 경비사령부 장교 및 헌병이 함께 탕위안시 시내의 위생순찰을 돌 때, 중국요리점에 들러 식사와 술을 강요하여 공짜로 먹었습니다.

1938년 1월 2일, 중국 동북 빈장성 후린시 관동군 후린육군병원 내과병실 소속 군의중위로 근무 중, 후린시 시내의 중국인 경영 공중목욕탕에 가서 위생검사를 실시하는 것처럼 가장한 채 협박하여 무상으로 입욕하고 차를 마시게 해달라고 강요하였습니다.

본인의 강요는 모두 일본군에 복무할 때 범한 것으로 합계 2건입니다.

수뢰

1937년 1월 말경, 중국 동북 빈장성 탕위안시 관동군 탕위안육군병원 내과병실 소속 군의중위로 근무 중, 현장(縣長)의 가족인 폐렴환자를 진료할 때 양복지 한 감과 시계 1개를 사례로 수뢰하였고 이어 시내 중국요리점에서 술을 1회 향응 받고, 집에서도 술과 안주를 3회 향응 받았습니다.

1943년 12월 말경, 중국 산동성 지난시 북지나방면군 지난육군병원 내과병실 소속 군의중위로 근무 중, 알고 지내던 중국인 일본 유학생 자오(趙) 아무개의 가족인 급성 폐렴환자를 진료하며 사례로 양복지 한 감과 시계 1개를 수뢰하고 중국요리를 1회 향응 받았습니다.

1944년 6월 하순경, 중국 산동성 지난시 북지나방면군 지난육군병원 내과병실 소속 군의중위로 근무 중, 알고 지내던 중국인 일본 유학생 양(楊) 아무개의 가족인 늑막염 환자를 진료하고 사례로 양복지 한 감과 중국요리 1회를 향응 받았습니다.

본인의 수뢰는 모두 일본군에 복무할 때 범한 것으로, 합계 3건, 양복지 세 벌, 시계 2개, 술과 안주 향응 6회입니다.

나는 다음 기술과 같이 인식하고 있습니다.

일본은 천황을 중심으로 한 대가족주의 국가로 천황은 가장이라서 천황에게 충성을 다하는 일은 국가를 창성하게 하고 집안을 번영하게 하며 본인도 행복해집니다. 일본은 국토가 협소하고 자원이 모자라기 때문에 반드시 해외로 크게 발전해야 한다고 생각하고, 동북사변

발발 후 조국 발전의 기회가 왔다고 기뻐하며 장교로 복무하는 것은 본인에게 명예로울 뿐 아니라 가문의 영광이라고 생각하여 학교를 졸업하고 군의를 지원해서 군에 입대하여 군인정신을 함양하고 군국주의를 강화하였습니다. 아시아는 아시아의 손으로 통치하고, 아시아에서 백색인종을 쫓아내고 일본이 아시아의 맹주가 되어 아시아가 천황의 통치하에 들어가는 것이 야마토(大和)민족의 사명이라고 생각하게 되었는데, 1936년 12월 1일 중국 동북 파견 명령을 받고 조국의 발전과 본인의 행복을 증진하는 성전(聖戰)으로 믿고 천황을 맹신하며 중국으로 건너와 같은 해 12월 10일부터 1938년 6월 15일까지 동북 탕위안, 후린, 하이라얼 등지의 육군병원 내과병실 소속 군의로서 중국 침략전쟁에 종사하며 중국 인민을 야만인으로 모욕하며 성전 완수를 위하여서는 중국인을 희생해서라도 승리를 획득해야 하고, 그것이 또 본인의 공적이 되고 지위를 향상하는 일이 된다고 생각하였습니다.

탕위안 및 후린에서는 성병으로 인한 일본군의 인적 전력 감퇴 방지를 목적으로 하여 중국인 젊은 여자를 모아 일본군전용위안소를 신설하는 일을 경비사령관에게 요청하여 55명의 중국인 젊은 여자를 납치하여 창부 노릇을 강요하여 일본군 장병의 노리개로 유린하면서도 거친 음식을 주고 외출의 자유까지 구속하며 생지옥의 비극적 지경에 빠뜨렸습니다. 12월 엄동설한 한 달 동안 무장병을 시민 가옥에 파견하여 착검한 총으로 위협하면서 주민을 강제적으로 쫓아내어 가옥 70칸을 강탈하여 일본군전용위안소 및 장교숙소로 충당하여 중국인 다수를 추위와 기아의 고통에 빠뜨렸고, 후린에서는 팔로군 포로 1명을 살아있는 상태에서 해부하였는데, 헌병대에서 참수되어 죽는 것보다 일본의 군진(軍陣)의학에 공헌하며 죽는 쪽이 좋다고 생각함과 동시에 일본에서는 얻기 어려운 좋은 연구재료니 이 기회를 본인의 수술 기능을 향상한다고 생각하여, 창자봉합술, 위장봉합술 등의 수술 연습재료로 삼아 생체해부를 진행한 뒤 참살하였습니다.

1942년 12월 1일 다시 소집되어 북지나 파견 명령에 따라 중국에 건너와서 같은 해 12월 10일부터 일본군 투항 때까지 지난육군병원 내과병실 소속 군의로서 다시 중국 침략전쟁에 종사하기 시작하여 1943년 8월 북지나방역급수부 지난지부에 파견되어 근무할 때, 세균제조 작업은 위험하기 때문에 본인의 공적도 높아져 진급이 빨리 이루어질 것이고, 살아있는 사람의 몸을 사용하여 세균 연구를 하는 일은 일본에서는 쉽게 할 수 없는 일이니 그 기회에 본인의 기능을 연마하여 향상하리라 생각하였습니다. 또 일본이 연전연승하고 있지만 중국만이 아니라 미국과 기타 여러 국가를 상대로 전쟁하고 있어 전선이 확대되어 있는데 병력이 적은 일본군이 대동아공영권을 확립하는 성전을 수행하면서 세균전에 기대어 적의 인적 전력을 크게 감소시키는 일은 좋은 계책이니 세균을 제조하는 일을 군의의 임무로 생각하였습니다. 세균의 효력을 최대한 발휘하게 할 목적으로 팔로군 11명을 모르모트 대용으로 티푸스균을 접종, 감염시켜 감염력 실험재료로 살아있는 몸을 그대로 연구 해부를 진행하고 참살하였고, 그 균종을 써서 일본군의 세균 전용 티푸스생균을 다량(직경 약 40센티미터, 높이 약 50센티미터 용기 16.5개) 제조하였으며, 중국의 독립과 민족 해방을 위해 결연한 투쟁을 벌인 혁명전사를 비롯하여 다수의 중국 인민을 악성 유행병으로 신음하고 고통받게 하다가 살해하였습니다.

또 병원에 있을 때에는 반동교육과 반동의술을 일본군 최전선의 인적 전력을 유지하고 증강하는 데 썼고, 삼광(三光)정책[20]에 따라 살인, 방화, 약탈 등 참혹한 학대를 한층 강화 확대하여 다수의 중국 인민을 도탄의 괴로움에 빠지게 하면서 침략전쟁을 계속하여 천황에게 충성을 다하는 죄악을 범하였습니다.

일본제국주의의 투항 후에도 고도의 군국주의를 견지하면서 중국 인민들의 머리 위에 앉아 착취하며 돈벌이를 하였고, 천황을 중심으로 하는 천황제 일본의 부흥을 기대하고 일본군이 다시 오기를 기대하였고 시기가 오면 안팎이 호응하여 일어서야 한다고 생각하고 잔류하여 옌시산(閻錫山) 무리에 협력하여 산시 해방 방해전에 참가하는 엄청난 죄악을 다시 범하였습니다.

이상과 같이 천황에 충성을 다하여 얻은 결과물은 국가의 번창도 집안의 번성도 아니고, 본인의 행복도 명예도 아니며, 현재도 감옥에 있고, 일본에 계시는 고령의 부모님은 노후를 돌봐드릴 사람도 없이 일가가 흩어져 있게 되었고, 조국 일본은 미국제국주의의 노예가 되었고, 일본 민족은 미국제국주의의 노예가 되어 있으니 모두 비참한 상태에 빠져 있을 뿐입니다.

중국 인민들은 상술한 바와 같이 귀신도 울고 갈 만큼 잔혹하고 비인도적인 중대 범죄를 범한 본인에게 국제주의 계급애 차원에서 관대한 처분을 베풀어 생명을 구해 주었으니, 따뜻한 옷을 주고 좋은 음식을 배부르게 먹여 주고 있으며 영화까지 관람시켜 주고 학습기회를 주

---

20 일본어 명칭은 진멸(盡滅)작전이며, '남는 것이 없이 완전히 멸한다'는 뜻이다.

고 있습니다. 나는 이번 4년 동안의 학습을 통해 비로소 천황 맹신의 미몽에서 깨어나 장래 나아가야 할 올바른 행복의 길을 인식하게 되어 중국 인민들에게 충심으로 감사하고 있습니다. 천황은 가장이 아니라 경지 150만 헥타르, 좋은 술과 어로 구역 3백만 헥타르 및 다수 회사의 주식, 거액의 유가증권을 소유한 대자산가 겸 대지주로서 독점자본가, 기생(寄生)지주, 구반동 군벌, 특권 관료 등 통치계급의 수괴이고 육해공군의 통수이며 국민 대중에게는 절대적 전제, 독재 권력자입니다. 천황과 그 일파들은 국민 대중을 착취 압박하고 역사를 왜곡하였는데, 천황 스스로 현인신(現人神)이라고 칭하며 충효일치사상과 무사도사상을 날조하여 그것을 교육칙어와 군인칙유에 넣어 일본 전국 산간벽지에 이르기까지 보급 침투시켰고, 유심론에 근거하여 국민 대중을 맹종시키는 동시에 그릇되고 협애한 야마토민족관과 일본은 인구가 많고 토지가 좁아 다른 나라의 영토를 약탈해야 한다는 이론을 심고 보급하였으며, 민족 간의 차별을 일으켜 천황 일파의 통치계급에 대한 계급투쟁을 피하고 그 칼끝을 중국 인민을 비롯해 조선과 월남 등의 다른 나라 인민을 향해 대동아공영권이나 팔굉일우(八紘一宇) 등 엉터리 선전으로 국민 대중을 우롱하고, 중국 침략전쟁을 발동하여 태평양전쟁으로 확대하였습니다. 치안유지법과 군기(軍機)보호법 등 국회에서 통과시킨 반동 법률 및 헌병과 경찰을 써서 일본 공산당원과 진보인사를 진압하고 국민을 탄압해서 육탄으로 싸우게 끌어내고 무거운 세금을 매기고 솥까지 공출하게 하여 일본 국민을 극단의 빈궁 상태에 빠지게 하였습니다. 국민의 피와 생명을 희생시켜 1천만 명 이상 같은 계급의 중국 인민을 도살하였고, 500억 달러에 상당하는 중국 인민의 재산을 약탈, 파괴하게 하였습니다. 이 침략전쟁으로 히로히토(裕仁)는 300억 위안에 이르는 큰 돈을 벌어 미국의 모건 재벌도 미치지 못하는 세계 제일의 대재벌이 된 세계 제일의 특급 전범입니다. 히로히토가 발동한 이 전쟁은, 내가 중국에서 혁명전사 및 무고한 주민을 살해한 죄악을 저지른 것으로 볼 때 정의롭지 않은 침략전쟁입니다.

이럴진대 중국 인민에게 패배한 천황은 투항 후에는 미국제국주의와 결탁하고 그 주구가 되어 세계 인민이 독립, 민주, 자유, 평화의 새로운 일본으로서 새롭게 탄생할 기회를 일본 인민에게 준 포츠담선언을 유린하고, 국토와 인민의 주권과 이익을 미국제국주의에 팔아 그의 요시다(吉田)반동정부를 떠밀어 미국제국주의 식민정책과 전쟁정책의 지주 역할을 하여 전국에 군사기지를 구축하여 평화산업을 말살하고 군사공업을 확대하였습니다. 경찰예비대를 확충하여 중국과 소련이 침략한다고 역선전하면서 세금은 무겁게 부과하고 쌀값은 내리고 저임금으로 노동을 강화할 것을 강요하고, 매춘경제와 파친코문화를 수입해서 노동대중을 극도의 빈궁에 빠뜨리고 민족문화를 파괴하였습니다. 파괴활동방지법과 스트라이크금지법 등의 반동법을 만들어 일본 인민의 계급투쟁을 진압하면서, 대중을 새로운 전쟁에 몰아넣어 국토를 잿더미로 만들고, 인민을 육탄으로 하여 그 피와 생명의 희생 위에서 과거보다 더 많은 돈을 벌기 위해 민족의 멸망을 초래하는 사람으로 지내고 있습니다.

그러나 일본 인민은 제2차 세계대전 후 탄생한 동유럽 민주국가 및 신중국에서 인민이 국가의 정권을 장악하여 크게 번창하였고, 인민의 행복은 나날이 증대되고 있으며 결코 민족의 우열을 나누지 않고 있는 것과, 인민의 자유와 행복, 평화는 인민이 국가 권력을 장악해야 가능한 일이라는 것은 잘 알고 있으며, 민족민주통일전선을 발전 확대하여 독립, 민주, 자유, 평화의 승리 쟁취를 위해 투쟁하여 그 역량은 나날이 강대해지고 있습니다.

이 투쟁은 절대다수의 자유와 이익과 평화를 쟁취하기 위한 정의의 투쟁입니다. 따라서 반드시 승리할 것을 믿고 있습니다. 그래서 나는 아래와 같이 결의합니다.

미국제국주의의 버팀목인 요시다반동정권을 타도하고 천황 히로히토를 인간 사회로부터 말살하여 새로운 연립정부를 수립하고 미국제국주의를 쫓아내고 인민이 국가 정권을 장악하여 국가의 주인공이 되어 통치계급에 대해 독재를 행하여야 합니다. 중소동맹을 비롯하여 평화를 애호하는 여러 국가와 정상적인 국교관계를 맺는 것이 진정한 독립, 민주, 자유, 평화를 획득하는 일이고, 전쟁 없는 행복하고 즐거운 사회에서 사는 일이 가능한 것입니다. 학습에 전념하여 아직 잔존하여 왕왕 출몰하는 군국주의의 잔재인 토지에 집착하는 사리사욕을 극복하고 자신을 개조하여 전쟁에 반대하고 노동 인민과 함께 대중의 이익을 위해 역할을 할 것입니다. 장래 귀국을 허락받는 때 혁명의 대열에 들어가 요시다반동정부를 타도하고 미국제국주의를 쫓아내고, 민주, 자유, 독립, 평화의 일본을 쟁취하기 위해 올바른 근무원이 되어 착실하고 열심히 인민을 위해 활약하고자 합니다. 중국 인민에게 사죄하며 크게 되갚고, 일본 인민이 기대하는 즐겁고 광명이 비치는 신사회에서 살아가겠습니다.

피고 다케우치 유타카(오른쪽 식지 지문)

1954년 11월

다카자와 겐지 자필진술서

제80권 수록 전범

1954년 7월 10일 다카자와 겐지(高澤健兒)의 중요 죄행 진술

- 1932년 11월, 닝안(寧安)성 부근에서 부대가 고지 정상의 가옥 6호를 방화하였는데, 그때 노인 여성 1명이 가옥과 함께 사망함(울부짖는 소리를 들음).
- 1933년 2월 둥닝(東寧) 부근 지구에서 촌민이 무력탄압대를 피해서 도망갔을 때 탄압하던 부대가 바로 총으로 사격해서 1명을 총살함.
- 1939년 1월부터 3월까지 한닝(咸寧)지구에서 병참지부가 경영하는 위안소에서 조선 여성 2명을 강간함. 다수 부하도 위안소에서 강간함.
- 1939년 1월부터 3월까지 1개 중대를 파견하여 내가 경비하던 구역에서 다른 구역으로 물자를 운반하던 한 무리를 습격한 결과, 인민 5, 6명을 학살함.
- 1939년 봄, 위에양(岳陽)성 부근에서 가스중대가 질식성 가스연막을 방사하였고, 포병도 진지의 주요 지점을 향해 가스탄을 사용함. 나는 이 가스중대가 전투대형으로 전개되어 질식성 가스연막을 방사할 때 엄호하였고, 이어서 이 부대가 거둔 성과를 이용하여 도하함.
- 1939년 7~8월에 충양(崇陽)성 남쪽에서 조선 여성을 강간하기 위해 경비대가 주둔 중이던 구역의 가옥 2호를 자치회로 하여금 빼앗아 내놓게 하여 위안소로 사용함. 그 후 본부 구내로 위안소를 이전시킴. 여성의 수는 5, 6명이었음.
- 1939년 가을, 충양성 남쪽에서 조선 여성들을 강간하였는데, 그 숙소는 위안소라는 명목으로 자치회로 하여금 빼앗아 내놓게 한 집이었고, 나와 부하 다수가 모두 그 조선 여성

들을 강간함.

- 1939년부터 1940년 3월까지 푸치(蒲圻)성에서 조선 여성을 강간하기 위해 경비대 주둔 구역에 위안소 명목으로 자치회로 하여금 민가를 빼앗아 내놓게 하여, 나와 부하가 그 여성들을 강간함. 이(李)가 경영하는 위안소로 5, 6명의 여성이 있었음.
- 1940년 8월부터 9월까지 위시허(淯溪河)에서 1명의 부하가 군도(軍刀)로 인민 1명을 베어 죽였다는 보고를 받았는데, 이는 내가 명령한 것임.
- 1940년 10월부터 1941년 3월까지 동북 자무스(佳木斯)에서 조선 여성 1명을 약 16회 강간함.

다카자와 겐지의 죄행 폭로

가정상황(1948년 소련에 있을 때 집과 통신한 것에 기초한 내용)

처: 다카자와 치요(高澤千代), 올해 50세, 무직.

장남: 高澤孝哉, 올해 31세, 공업대학 교수[가나자와(金澤)시].

장녀: 高澤令子, 올해 28세, 1948년 10월 결혼.

차녀: 高澤紀子, 올해 24세, 1948년 당시 고등학교에 재학 중이었음.

삼녀: 高澤閑代, 올해 19세, 1948년 당시 소학교에 재학 중이었음.

재산: 홋카이(北海)도 삿포로(札幌)시에 택지 300평.

경력

- 1902년 4월 1일, 이시카와(石川)현 다이쇼지(大聖寺)정 긴죠(錦城)심상고등소학교 입학.
- 1910년 3월 하순, 위 소학교 졸업.
- 1910년 4월, 이시가와현 고마쓰(小松)정 중학교 입학, 7월 퇴학.
- 1910년 9월 1일, 나고야(名古屋) 육군지방유년학교 입학.
- 1913년 7월, 위 학교 졸업.
- 1913년 9월 10일, 도쿄(東京) 육군중앙유년학교 본과 입학.

- 1915년 5월, 위 학교를 졸업하고 홋카이도 삿포로시 제7사단 보병 제13여단 보병 제12연대 소속 사관후보생에 임명됨.
- 1915년 12월 1일, 도쿄 육군사관학교 학생으로 파견됨.
- 1917년 5월, 위 학교를 졸업하고 귀대 즉시 견습사관으로 임명되고 제9중대에 배속되어 중국 동북 티에링(鐵嶺)에 주둔.
- 1917년 12월 1일, 소위(少尉)로 임관되고 제9중대에 소속되어 남만주 수비.
- 1918년 8월, 유하라(柚原)지대[보병 제13여단장 유하라 소장(少將) 지휘]에 속한 보병 제25연대 제9중대 제1소대장으로 티에링을 출발하여 만저우리(滿洲里)에 도착. 약 2주일 후 제 3대대장의 지휘하에 제9중대 제1소대장으로서 소련령 치타[1]시에 도착, 약 1개월 동안 경비를 담당한 후 만저우리로 돌아와서 해당 지역을 경비(소련에 포로로 잡혀 있던 체코슬로바키아 레기온의 반란[2]에 대해 재소련 일본 교포를 구한다는 명목이었음).
- 1919년 봄, (연대와 함께) 만저우리를 출발하여 수이펀허(綏芬河), 푸옌(浦鹽)[3]을 경과하여 삿포로시로 귀환.
- 1920년 5월, 쓰노(津野)지대(쓰노 소장 지휘)에 속한 보병 제25연대 제3대대 제9중대 제2소대장으로서 삿포로를 출발하여 소련령 데카스트리항[4]에서 다가(多賀) 중령(中佐)의 지휘를 받으며 제2소대장으로 헤이룽강(黑龍江) 입구에 상륙하였고 이어 대대장의 지휘하에 니콜라예프스크항[5]에 침입하여 해당 지역을 경비함.[6]

---

1 치타(Чита)는 지금의 러시아 남동부 자바이칼스키주의 행정중심지.

2 1918년 5월 소련 첼랴빈스크 기차역에서 발생한 체코슬로바키아 레기온 반란.

3 지금의 블라디보스토크로 푸옌스더(浦鹽斯德), 또는 하이선웨이(海參崴)로 불린다.

4 지금의 하바로프스크주 데카스트리. 사할린에서 생산되는 원유와 천연가스를 러시아로 옮기는 파이프라인이 연결되어 있다.

5 일본어는 니항(尼港). 지금의 니콜라예프스크-아무르(Николаевск-на-Амýре)로서 아무르강(헤이룽강)이 오크츠해로 들어가는 곳에 위치한다.

6 진술인 다카자와가 니콜라예프스크사건이 일본 측에 불리하게 전개될 때 구원부대로 참전한 것을 기술한 것이다. 제1차 세계대전 말, 일본이 시베리아를 점령하기 위해 육군수비대(제14사단 보병 2연대 3대대)가 니콜라예프스크에 주둔하자 1920년 2월 소련 빨치산부대가 포위 공격하여 일본이 항복하였다. 일본군은 3월 12일, 항복협정을 위반하고 기습하였으나 볼셰비키 야코부 트리아피친(Yakov Triapitsyn)이 이끄는 러시아 빨치산부대와 박일리아가 이끄는 약 380명의 한인(韓人)부대에 의해 격파되었다. 당시 일본영사관, 경비대장 이하 병사, 거류민 700여 명이 살해되고, 122명이 투옥되었다. 5월 25일 일본 구원부대가 니콜라예프스크를 공격하여 러시아 빨치산과 한인부대가 후퇴하면서

- 1920년 9월 하순, 니콜라예프스크항을 출발하여 삿포로로 귀환하여 보병 제25연대 유수대(留守隊) 대장의 지휘를 받아 초년병 교육에 종사함. 12월경 중위로 임관됨.
- 1921년 봄, 가라후토(樺太)[7] 보병 제25연대의 귀국과 동시에 유수대가 해산되어 제9중대에 소속되었다가 이어서 기관총대에 소속됨.
- 1922년 4월, 지바현(千葉縣) 지바시 육군보병학교에 을종 학생으로 파견되어 주로 기관총에 관한 교육을 받음. 9월 하순, 학업을 끝내고 귀대함.
- 1925년 8월, 보병 제25연대 소속으로 홋카이도 이와미 자와마치(岩見澤町) 소라치(空知) 농업학교 복무를 명 받고 이 학교에서 군사훈련에 종사함.
- 1926년 8월, 대위로 임관됨. 위 학교에서 계속 임무를 수행함.
- 1928년 8월, 보병 제25연대 제2대대 부관으로 임명되고, 병기위원을 겸직함.
- 1929년 8월, 보병 제25연대 제1중대장에 임명됨.
- 1930년 3월, 효고(兵庫)현 히메지(姬路)시 제10사단 보병 제9연대 복무를 명 받음.
- 1930년 8월, 보병 제39연대 제5중대장에 임명됨.
- 1931년 4월, 지바현 지바시 육군보병학교에 갑종 학생으로 파견되어 보병에 관한 각종 교육을 받음.
- 1932년 3월, 위 학교의 학업을 마치고 보병 제39연대 유수대로 귀대하여 제1중대장에 임명됨.
- 1932년 8월, 보병 제39연대 제1기관총 중대장에 임명되어 중국 동북 하얼빈(哈爾濱)에 도착, 임무를 수행함. 8월 우지미하(烏吉密河)[8]와 하이린(海林)을 경과하여 9월23일 닝안(寧安)성에 들어감. 1932년 12월 31일 아침까지 제1대대장 지휘하에 닝안지구를 경비하고, 이어서 그날 저녁에 무단장(牡丹江)성에 도착함.
- 1934년 1월, 수이펀허를 경과하여 둥닝(東寧)성에 들어가 1934년 3월 말까지 제1대대장 지휘하에 둥닝지구를 경비함. 이 기간에 상급자의 명령에 따라 미산(密山) 방면으로 토벌

시가에 불을 지른 뒤 일본인 포로와 반혁명파 러시아인 전원을 살해하였다. 이에 일본이 사할린 북부를 점령하였으므로, 볼셰비키 공산당은 일본이 요구하는 한인부대의 무장을 해제하였다. 이는 자유시참변의 계기가 되었다.

7 지금의 사할린.

8 지금의 우즈헤이수(烏只黑水).

을 나갔고, 또 하얼빈, 베이안(北安), 치치하얼(齊齊哈爾), 만저우리, 신징(新京)을 시찰함.

- 1934년 4월, 히메지시에 귀환함과 동시에 보병 제39연대 기관총대 대장에 임명되고 승마 위원을 겸직.
- 1935년 8월 1일, 소령(少佐)에 임관되어 오카야마(岡山)현 오카야마시 보병 제10연대 소속이 되어 시즈타니(閑谷)중학교에서 복무할 것을 명 받고 이 학교에서 군사훈련에 종사함.
- 1937년 7월 15일 이후 화북으로 출발하는 보병 제10연대에 동원됨과 동시에 보충대에 소속되어 위 학교에 복무하는 것 외에 야카게(矢掛)중학교 및 제일상업학교도 겸하여 군사훈련에 종사함.
- 1937년 10월 10일경, 보충대에서 독립기관총 제8대대에 편성됨과 동시에 제8대대장에 임명되어 10월 27일경, 오사카(大阪)항에서 승선함과 동시에 유수사단장의 지휘 체계를 벗어남[본래 야나가와군(柳川軍) 소속이었음]. 규슈(九州) 고토(五島)열도에서 제6사단에 배속, 11월 27일경, 상하이(上海)에 상륙, 12월 15일경, 광더(廣德)에서 제18사단에 배속, 후저우(湖州)에서 제101사단에 배속되어 항저우(杭州)성에 도착.
- 1938년 1월 3일경부터 2월 상순까지 쟈싱(嘉興)에서 후비(後備)여단에 배속됨. 2월 상순부터 항저우에서 제18사단에 배속. 3월(또는 4월, 5월, 6월?)경 후저우 북부지구 작전[9] 기간에 구와나(桑名) 여단에 배속. 7월 하순경부터 8월 하순경까지 제116사단에 배속되어 항저우성을 출발.
- 1938년 9월 10일경, 루이창(瑞昌)에서 제9사단 보병 제36연대에 배속됨(본래 제11군에 속함). 9월 21일경부터 젠산(尖山)전투에 앞서 보병 19연대에 배속. 9월 23일과 24일경부터 루이창 푸수(富水) 동부지구 작전기간에 마루야마(丸山?)여단에 배속. 9월 하순 또는 10월 상순부터 푸수 서부 고지 전선 전투가 있었는데 그보다 먼저 보병 제36연대에 배속되었다가, 위에한선(粵漢線)[10]에 연해 있는 위에양(岳陽)을 향해 추격 중 위 사단에 배속됨. 11월 12일, 위에양에 입성하였고, 12월 하순부터 여단으로 배속됨.

---

9 1938년 3월 26일, 후저우시 롱시(龍溪)항에서 일본군에 의해 1천 400여 개 마을이 불타고 1천 300명이 죽거나 부상당하였다.

10 광저우(廣州)에서 우창(武昌)까지의 철로. 1059.6킬로미터. 1900년에 기공해서 1936년에 전 구간이 개통되었다. 지금의 징광(京廣)철로의 남단을 이루고 있다.

- 1939년 1월 하순까지 푸치(蒲圻)성에서 사단에 배속되어 경비함. 1월 하순부터 3월 중순까지는 한닝(咸寧)성에서 사단에 배속되어 경비함.
- 1939년 3월 하순부터 창사(長沙) 북부지구 제1차 침략전 개시 때까지 위에양에서 마루야마(丸山?)여단에 배속. 제1차 침략전 기간에 주로 보병 제19연대에 배속되었고, 제1차 침략전 종료 후 위에양에서 마루야마여단에 배속. 7월 하순경부터 충양(崇陽) 남부 스청즈(石城子)의 남쪽 작은 마을에서 제6사단의 여단에 배속. 9월 하순경부터 창사 북부지구 제2차 침략전 기간에 주로 보병 제72연대에 배속되었고, 제2차 침략전 종료 후 약 1개월 동안 양러우즈(羊樓子)에서 상기 연대에 배속되어 푸치 서쪽 시가지에서 1940년 3월 중순까지 경비. 3월 중순부터 제11군 본부에 배속되어 우창을 경비하였고, 4월 중순부터 신양(信陽)에서 제3사단에 배속, 5월 자오양(棗陽) 부근에서 보병 제6연대에 배속됨.
- 1940년 10월 상순부터 1941년 10월 중순경까지 동북의 자무스에서 제10사단 보병 제10연대 보병포대대장.
- 1941년 10월 하순부터 1943년 봄까지 홋카이도 아사히카와(旭川)시에서 제7사단 보병 제27연대에 소속됨.
- 1943년 봄부터 가을까지 북지시마(北千島)[11]수비대 제3지구대장으로서 북지시마 호로무시로도(幌筵島)[12]의 서단을 수비함(북지시마 수비대장의 지휘를 받음).
- 1943년 가을부터 1944년 봄까지 지시마 제2수비대장으로서 중지시마 마쓰아도(松輪島)[13]를 수비함.
- 1944년 봄부터[처음에는 북부군사령부에, 그 후에 제 백 몇(?) 군사령부에 속함] 1945년 3월까지 지시마 제1수비대 제91사단 사령부에 소속되어 북지시마 호로무시로도에서 근무. 3월에 대령(大佐)으로 진급.
- 1945년 4월 상순부터 소련의 포로가 될 때까지 가라후토의 도요하라(豊原)시에서 제88사단 보병 제306연대장으로 근무.

---

11 쿠릴열도의 일본식 표기.

12 쿠릴열도에서 가장 큰 섬으로 북부 캄차카반도 쪽에 있다. 지금의 러시아령 파라무시르(Парамушир)섬이다.

13 쿠릴열도의 중부에 있는 작은 섬으로, 지금의 러시아령 마투아(Матуа)섬이다.

• 1943년 가을까지 지금의 쿠릴열도인 북지시마(지시마 제1수비대)를 수비하였고, 이어서 중지시마(지시마 제2수비대), 남지시마(지시마 제3수비대)를 수비.

중국 동북지구에서 범한 죄행 진술

일제의 동북 지역 침략의 목적은 이 지역을 식민지화하여 착취 약탈하고 주민을 노예화하는 것이었습니다. 그것을 위해 일본 군대는 항일군[14]의 소멸이 목적이었지 주민을 소멸하려는 의도는 없었습니다. 그러나 주민이 항일군에 협력, 지원하는 일을 못하게 하기 위해 집단부락에 이주시킬 목적으로 산재해 있던 부락에 방화하였습니다. 더구나 경비대가 주둔한 시가지로부터 32~40킬로미터 이상 떨어져 있는 부락, 또는 이보다 더 가까운 거리에 있더라도 지형상 불의의 습격에 토벌이 어려운 곳이거나 항일군의 근거지가 되기 쉬운 지점에 있는 부락에도 방화하였습니다. 그렇지만 이때 조선인 부락을 방화하는 것은 애써 피하고, 그 조선인 부락을 요소로 만들어 그를 통해 중국 인민을 지배하는 구역을 확대할 방침이었습니다. 이상의 방침에 따라 주민을 기만, 위협하기 위해 '오족협화', '왕도낙토(王道樂土)', '일만(日滿)공동방어' 등의 구호를 선전하고, 이에 반항하는 애국자들을 경비대의 버팀목이 되는 일제 또는 만주국의 헌병과 경찰 등을 이용하여 강압하며 반인민행위인 학살, 방화, 강간, 고문, 파괴, 약탈하였습니다. 구체적 죄행은 다음과 같습니다.

1. 1933년 9월의 어느 날, 이시다(石田) 대대장이 소총 2개 중대와 기관총 1개 소대(소대장은 나)로 우지미하 부근에서 항일군을 무력탄압하였습니다. 항일군의 퇴각으로 전투는 없었지만, 대대장은 나의 기관총 엄호하에 소총중대로 부근 마을(집이 네댓 채 있었음)을 검색하게 하여, 홍창(紅槍)을 은닉한 것을 이유로 소총중대를 시켜 인민 2명을 학살하였습니다.

2. 1933년 10월 상순 어느 날 밤, 닝안지구 경비대 대장 이시다 소령의 계획하에 닝안성 부근 만주국 군대 단장(團長) 4명을 간친회(懇親會) 명목으로 속여 본부로 초대하였습니다. 이때 나는 각 중대장과 함께 초대되어 본부 장교들과 술을 마시며 환담을 나누었습니다. 함께 취하게 되었을 무렵, 경비대장이 "간담상조(肝膽相照)하는 자리에 이런 권총은 필요없다, 모두

---

14 1931년 9월 18일 일본군의 중국 동북 침략이 시작된 뒤, 동북 각지에서 의용군이 조직되었다가 '동북민중항일구국군'으로 편성되었다.

들 맹렬하게 마시며 밤새도록 떠들자"고 발언하였으므로, 일본과 만주국 측 참석자 전원이 권총을 풀고, 부관은 그 권총들을 모아 "돌아갈 때까지 다른 방에 두겠다"고 하며 별실로 가져갔습니다. 다들 더 유쾌하게 계속 마시며 시간이 얼마간 지나자 이시다 소령이 돌연 통역을 통해 단장들에게 "당신들이 최근 항일군과 편지를 교환한 것은 무슨 목적에서인가"라고 힐문하면서 동시에 사방 입구에서 본부 하사관과 병사들이 난입해서 4명의 단장을 포박하여 실외로 납치하였습니다. 이때 이시다 소령이 "이후의 행동에 대해서는 연회 중에 각 중대에 명령하였으니 제군은 바로 귀대해서 그 명령대로 행동하도록!"이라고 해서, 나는 각 중대장과 함께 바로 귀대하여 소총 1개 소대, 기관총 1개 소대를 지휘하여 명령대로 지정된 역외 병영(단장의 부하 병영)에 가서 입구를 향해 진격 준비를 하였는데, 조금 지나서 동이 트자 병영에서 백기를 게양한 것이 보였습니다. 곧바로 통역을 통해 보병 약 300명[15]의 무장을 해제하고, 병기를 수거한 후 그 부대의 대장이 되어 지휘하였습니다. 우리 부대 호위하에 성내 본부 앞에 이르러 정보계에게 인계하고 병영으로 돌아갔습니다(그 후 부관으로부터 단장은 본부 구내에서 참수되어 구내에 매장되었다고 함. 무장해제 전에 어느 병영에서는 정황을 알아차리고 항일군으로 투항하였으며, 무장해제한 병영은 약 4개소였음).

3. 1932년 10월 27일 오전 2시 항일군[사령관 류완쿠이(劉萬魁)[16]] 약 1만 명이 닝안성의 해방을 위해 공격하였는데, 약 1천 명이 닝안성 동부 시가지로 진공하였습니다. 경비대[소총 3개 중대, 기관총 1개 중대, 산포(山砲) 1개 소대, 총 약 680명]가 동이 튼 후 공세를 펼쳤으므로 항일군 주력이 멀리 후퇴하였습니다. 그러나 닝안성 동부 시가지로 진공한 일부는 오후가 되도록 후퇴하지 않아 경비대장이 소총중대로 동부 시가지 내부를 소탕하였습니다. 나는 시가지 외부에 기관총을 탑재하고 탈출하는 항일군을 사격하라는 경비대장의 명령을 받았는데, 시가지 주변 높은 담 안에서 항일군의 목소리가 들려왔으므로 약 3회 맹렬히 사격하였습니다. 저녁이 되어 기관총 중대는 시가지 동북방 높은 지대에 집합하라는 명령을 받았는데, 그 높은 지대 부근에서 야음을 틈타 탈출하는 항일군을 사격하였습니다. 이 소탕전에서 닝안성 동부

---

15 일어 원문에는 300명, 중국어 번역문에는 309명으로 되어 있다.

16 류완쿠이(劉萬奎)로 알려져 있기도 하다. 1932년 3월 1일 만주국 건국 후, 닝안경위대 대장으로 임명되었다가 부하 1천 명과 함께 곧바로 의거를 일으켜 '동북민중항일구국군'에 들어갔다.

시가지 및 그 동쪽 부근에서 항일군 시체 약 200구가 발견되었습니다. 주민 사상자와 가옥 파괴가 상당하였습니다.(경비대 보고)

4. 1932년 11월 하순 어느 날 오전 2시, 항일군 약 6천 명이 닝안성 해방을 위해 닝안성 동부를 중점 공격하자, 경비대(10월의 조직과 같음)는 정오경 공세로 전환하였습니다. 시가지 동부 방면의 항일군 약 1천 명은 동쪽 무단장 방면으로 후퇴하였습니다. 경비대는 강기슭까지 추격하여 약 50명을 사살하였고 나머지는 강 동쪽 산속으로 도망하였습니다. 본 전투에서 기관총 중대가 특히 도하 지점 부근에서 집중사격을 가해 상당한 타격을 입혔습니다.

5. 1932년 11월 닝안지구 경비대장의 계획에 기초하여 현(縣)의 구노(久野) 지도관에게 모집하게 한 주민 약 2천 명을 3일 동안 부려 닝안성 주변에 호(濠)를 구축하게 하였습니다(호의 길이는 약 3킬로미터, 폭 1.5미터, 깊이 2미터). "빨리, 빨리"를 남발하며 주민들을 무임금으로 부렸고 기구도 각자 휴대하게 하였습니다. 호를 구축한 목적은 항일군이 닝안성 성내로 진공하는 것을 저지하기 위한 것이었습니다. 주민이 성밖의 밭에 가기 위해서는 성문을 통과하지 않으면 안 되었으므로 큰 불편을 초래하였습니다.

6. 1932년 11월, 나는 무력탄압대(소총 1개 중대와 1개 소대, 기관총 3개 분대, 산포 1개 소대)의 탄압대장이 되어 동이 틀 무렵 닝안성 동북 방면 고지의 서쪽 약 3킬로미터 지점에 있는 작은 마을(약 20호)에 숙영 중이던 항일군 약 100명을 급습하였습니다. 항일군 약 80명이 후퇴한 가운데 약 20명을 학살하였습니다. 이때 기관총대로 마을 양쪽 끝에서 사격하여 항일군의 탈출을 어렵게 만들었습니다. 이어서 나는 이 작은 마을 동쪽 고지로 전진하여 고지를 점거하고 있던 약 200명의 항일군과 약 1시간 전투 끝에 고지 정상을 점령하였습니다. 정상의 혈흔으로 약 20명 이상이 살상되었음을 파악하였습니다. 고지 정상의 가옥 6호를 방화하였습니다. 그때 여성 노인 1명이 집안에서 울부짖는 소리를 들었지만 그대로 방치해 죽였습니다. 나머지 약 1킬로미터 이내에 있던 가옥 약 6호를 (항일군의 근거지 소탕을 이유로) 방화하였습니다.

7. 1932년 12월, 경비대장이 지휘한 무력탄압대(소총 3개 중대, 기관총 1개 중대, 산포 소대)는 닝안성 남쪽 얼다오허즈(二道河子) 부근의 항일군 약 1천 명을 무력진압하였습니다. 혈흔으로 파악한 항일군의 사상자는 약 100명이었습니다. 위 공격 전 항일군연락서를 휴대한 농민 1명을 통역이 포획하여 경비대장의 명에 따라 통역이 사살하였습니다. 공격 후 경비대장의 명에 따라 소총중대에서 항일군 진지 남쪽 평지의 가옥 약 20호를 항일군의 근거지라는 이

유로 방화하였습니다. 무력탄압대는 같은 날 밤 이 평지의 가옥 약 20호의 작은 마을에 숙영하였습니다. 다음 날 아침 출발 시, 경비대장은 이 작은 마을을 항일근거지라는 이유로 방화하였고 나는 약 3호에 방화하였습니다. 이 작은 마을에 무력탄압대가 도착하였을 때 주민이 존재하고 있었는지는 기억할 수 없습니다.

8. 1932년 11월, 경비대장 지휘하에 닝안성 서북지구를 무력탄압하였습니다(소총 2개 소대, 기관총 1개 부대). 대장은 항일군의 근거지라는 이유로 가옥 5, 6호에 방화할 것을 명령하였습니다. 나는 1호에 방화하였습니다.

9. 1932년 12월 상순, 경비대장의 협박과 감언이설에 넘어간 항일군의 샹위안잉(項元英)[17]이 부하 약 300명(보병대, 기병대)을 지휘하여 닝안현성 서북 모퉁이에 도착하였습니다. 당일 현장에는 미리 명령을 받은 각 중대장(나를 포함)이 약 1개 소대로 대비하고 있었습니다. 샹위안잉부대 도착과 동시에 총기와 말을 접수하고 샹위안잉 이하 300명은 성내로 유도되어 들어갔습니다. 그들을 둥닝현 경찰대원으로 역이용하였고, 일부는 닝안현 경찰대원이 되거나 농사에 복귀하였습니다.

10. 1932년 9월 23일부터 12월 31일까지 제1대대(산포 소대 배속)는 이시다 소령의 지휘하에 닝안지구를 경비하였습니다. 본 기간 중 경비대의 무력탄압 일수는 약 40일(나는 30일), 무력탄압 회수는 약 9회(나는 약 6회)였고, 전투 회수는 약 9회(나는 약 6회)였습니다. 이 회수는 11월과 12월의 항일군 닝안성 공격과 얼다오허즈, 닝안성 동북 고지, 닝안 서북지구의 무력탄압을 제외한 것입니다. 각 전투 시의 항일군 병력은 약 200~500명까지였습니다. 전투 전체에 걸쳐 항일군의 전사자와 부상자 수는 버려진 시체와 혈흔, 주민의 증언 등으로 보아 약 500명에 달하였다고 봅니다. 주민의 사망자와 부상자는 ① 무력탄압대의 행군 중 주민이 도망하는 것을 발견하였을 때 무력탄압대가 포획을 위해 사격이 발생한 경우, ② 항일군이 부락에 주둔하여 저항하였을 때 우리 총포탄에 맞은 경우, ③ 부락 소탕 시 발생한 경우에 발행하였으며, 그중에서 ①의 경우가 가장 많았습니다. 이렇게 총살된 수는 8, 9명(부상자는 도망하였으므로 숫자를 알 수 없음)으로, 소총과 기관총으로 죽였습니다. 가옥 전체를 방화한 수는

---

17 국민혁명군동북변방군[國民革命軍東北邊防軍, 전신은 장쭤린(張作霖)의 봉군(奉軍)]의 21여(旅) 보병 제1영 3연(連) 연장으로 1932년 2월 28일에 500명을 이끌고 의거를 일으켜 항일군에 합세하였다.

약 9건이며, 이들 가옥은 산중턱에 있는 2, 3호짜리와 1칸짜리 작은 집도 있었는데 항일군 연락소로 사용되었습니다. 나는 무력탄압 행군에 참가하지 않았지만 부하 1개 분대 내지 1개 소대가 참가하였습니다.

11. 닝안성과 둥닝성에서 여성을 강간하였습니다. 중국 여성 3명, 조선 여성 6명이며, 경비대장 이하 많은 장병과 같은 죄행을 범하였습니다.

12. 1933년 3월 10일 오전 2시, 항일군 약 5천 명이 둥닝성 해방을 위해 공격해 왔고, 약 1천 명이 주로 남쪽에서 성내로 진공하였습니다. 경비대(소총 2개 중대, 기관총 1개 중대, 산포 소대) 대장은 경비대를 산상수비대, 예비대, 남북소탕대로 구분하여 성내를 소탕하였습니다. 나는 북부소탕대(소총 2개 소대, 기관총 소대)의 대장으로 임명되어 남부소탕대와 밀접히 협력하여 정오경 행동을 개시하여 저녁까지 시가지 중앙, 남문, 북문에 이르는 연도에서 소탕하였고, 11일 동이 트기 전 항일군이 성밖으로 후퇴함과 동시에 남북소탕대는 산상수비대 부근에 집결할 것을 명령 받았습니다. 경비대는 이상 소탕에 협력한 뒤 11일 동이 튼 후에 성내 수색을 맡았습니다. 성내 항일군 시체는 약 50구(경찰대 보고)였습니다. 방화 호수는 남부소탕대 구역에 약 5호[18]가 방화되는 것을 목격하였습니다. 가옥 파괴 호수는 우리 북부구역에 약 6호였고, 남부구역 파괴 호수는 잘 알 수 없습니다.

12일 오전 2시부터 항일군이 10일 전투와 같은 방법으로 공격해 왔으므로 경비대장이 10일 전투 때와 똑같은 작전을 지시하였습니다. 나는 북부소탕대장이 되어 오전 9시경 행동을 개시하여 저녁 때까지 대부분 소탕하였습니다. 13일 동이 트기 전 항일군이 성밖 남쪽으로 후퇴함과 동시에 경비대장은 나에게 일부 병력으로 둥닝을 수비하게 하고 경찰대는 성내를 수색하게 하였습니다. 주력은 동녕 서남쪽으로 추격해 갔습니다. 성내 항일군 시체는 약 150구(경찰대 보고)였습니다. 방화 호수는 북부소탕구역에서 내 명령에 의하여 1호가 방화되었습니다. 남부소탕구역 약 2호가 방화되는 것을 목격하였습니다. 가옥 파괴 호수는 나의 북부구역에 약 10호의 대문, 창, 벽 외에 문, 기단부가 파괴되는 것을 목격하였고, 남부구역 가옥 파괴 현황은 알 수 없습니다. 전투 후 2, 3일 동안 시내에서 장례 올리는 악기 소리가 들렸습니다. 주민들도 약간의 사상자가 있었던 것을 확인할 수 있었습니다.

---

18 중국어 번역에 남북소탕구역에 약 50호 방화한 것으로 되어 있으나 일본어 원문은 5호이다.

13. 1933년 11월의 어느 날 오전 2시, 항일군 약 3천 명이 둥닝성의 해방을 위해 공격해 왔다가 동이 틀 무렵, 각 방면에서 모두 조금씩 후퇴하였습니다. 단 둥닝성 서부 고지를 점거하고 있던 참호 속의 약 100명은 후퇴하지 않았습니다. 경비대장 다카키(高樹) 소령은 부대의 주력을 본 고지에 투입하여 공격을 개시하였습니다. 나는 기관총 중대 전력을 다해 소총중대의 돌격이 유효하도록 협력하였습니다. 특히 1개 분대로 돌격부대에 앞서 항일군 참호 측면으로 들어가 맹사격을 가하여 순식간에 5명의 항일군 사병을 살상함으로써 소총부대의 돌격에 동기를 부여하였습니다. 항일군 시체는 약 20구(참호 내)였습니다. 퇴로 방향에 다수의 혈흔이 있어 부상자도 많았으리라는 것을 알 수 있었습니다.

14. 1933년 5월 또는 6월, 나는 둥닝과 수이펀허의 연락대(소총 2개 소대, 기관총 소대)의 대장으로서 둥닝과 수이펀허 사이의 대협곡 완루거우(萬鹿溝)에서 작전 행동 중, 약 2백 명의 항일군의 습격을 받았으나 곧바로 반격하여 격퇴하였습니다. 산 위에서 발견된 항일군 시체는 2, 3구였습니다. 퇴로에 약간의 혈흔이 있었으므로 부상자도 어느 정도 있었던 것으로 파악할 수 있었습니다.

15. 1933년 8월 중순의 어느 날, 나는 원래의 대대장 이시다 소령의 명령에 따라 1개 부대(소총 2개 소대, 기관총 소대, 산포 분대)를 인솔하여 새로 부임한 대대장 다카키 소령과 연대장 다케모토(竹本) 대령을 엄호하러 갔습니다. 수이펀허에 가까운 곳에서부터 두 상관을 엄호하여 둥닝을 향해 전진하던 중 항일군 약 300명의 습격을 받았으나 곧바로 반격하여 격퇴하였습니다. 산 위에서 발견된 항일군 시체는 약 10구였습니다. 퇴로에 다수의 혈흔이 있어 부상자가 상당히 많았던 것을 알 수 있었습니다.

16. 1933년 3월 이후부터 8월 이전까지 무력탄압대(일본군 소총 1개 중대, 기관총 소대, 산포 분대 및 경찰대의 보병과 기병 각 1개 중대)의 대장이 되어 둥닝성 남남서지구에서 작전 행동 중, 첫째 날 둥닝성 남쪽의 작은 고개에서 항일군의 기병대 약 150명과 맞닥뜨려 약 15분 동안 전투하였습니다. 항일군의 시체는 약 10구가 버려져 있었고 나머지 항일군은 각 방면으로 분산 퇴각하였습니다. 기병 중대(약 50명)가 추격하여 멀지 않은 곳에서 4, 5명을 사살하였습니다(중대장 보고). 부상자 수는 알 수 없습니다. 숙영하는 곳에서는 정보를 수집하기 위해 통상적으로 통역을 통해 주민에게 다음과 같은 것을 질문하였습니다. 항일군이 왔는지의 여부, 어느 날에 왔고 어느 날에 갔는지, 어디서부터 와서 어느 쪽으로 갔는지, 항일군의 규모, 대장

성명, 소재지를 질문하여 정보를 수집한 결과를 보고 들었습니다. 숙영 기간에는 숙영지의 중국 인민을 부락에서 나가지 못하게 하였고, 밤에는 심지어 집에서 나가지 못하게 하였습니다.

17. 1933년 2월, 무력탄압대(일본군 소총 1개 중대, 기관총 소대, 경찰대의 기병 중대와 보병 중대의 2개 중대)의 대장으로서 둥닝성에서 서북쪽 수이펀허까지 연해 있는 지구에서 작전을 펼쳤는데, 항일군과 조우하지 않았습니다. 숙영지에서 정보를 수집한 활동은 바로 위 둥닝성 남남서지구에서 펼쳤던 것과 동일합니다. 부락에 침입해 들어갈 때, 무력탄압대를 피해서 도망가는 부락민을 포획하게 하였는데, 포획하지 못한 경우에는 사격하였습니다(정보수집을 목적으로 활동하는 사람 또는 항일군의 정찰자 등으로 판단해서 사격함). 총살당한 사람은 1명이었고, 나머지는 도망을 갔으므로 부상자 수는 파악하지 못하였습니다.

18. 1933년 2월경, 둥닝성 남쪽의 라오헤이(老黑)산 부근에서 항일군 약 400명을 맞닥뜨려, 경비대장의 지휘하에 수이펀허에서 증원된 소총 2개 중대, 기관총 중대, 산포 분대와 무력탄압하였습니다. 라오헤이산 북측 작은 마을 약 20호에서 숙영하던 항일군 약 200명을 습격하여 약 10명을 사살하였습니다. 항일군 나머지는 라오헤이산 동남쪽 방면에 있던 약 200명과 합체하기 위해 골짜기 방향으로 후퇴하였습니다. 우리 부대는 곧바로 추격하여 라오헤이산 동측에 있던 조선인 부락에서 휴식하고 숙영하였습니다. 다음 날 둥닝성으로 귀환할 때, 경비대장이 소총부대를 파견하여 위에 언급한 라오헤이산 북쪽 부락을 방화하게 하였습니다.

19. 1933년 3월 이후, 상관이 파견한 무력탄압대가 둥닝성 남방 약 20~24킬로미터 지점의 마을에서 민가 5, 6호에 방화하였습니다.

20. 1933년 1월 중순부터 1934년 3월 하순까지, 제1대대(소총 2개 중대, 기관총 중대, 산포 소대)는 이시다 소령(1933년 8월 중순 후 다카키 소령)의 지휘하에 둥닝지구를 경비하였습니다. 이 기간 중에 동녕, 수이펀허의 연락 횟수는 약 30회로, 일수는 약 150일(나는 약 7회, 약 35일)이었습니다. 이 기간 중에 무력탄압 행군의 횟수는 약 15회, 일수는 약 90일이었습니다. 전투 횟수는 약 9회(나는 약 53일, 행군 횟수는 약 8회, 전투 횟수는 3회)였습니다. 매 전투 때의 항일군 병력은 가장 많을 때가 약 400명이었고, 다른 때에는 200~300명이었습니다. 모든 전투를 통틀어 항일군의 전사자와 부상자 수는 약 400명이었습니다. 이는 시체, 혈흔, 주민에게 물어본 내용, 밀정의 탐문 등으로 파악하였습니다.

주민 중 사망자와 부상자 수는 내가 참가하였던 약 8회의 무력탄압 행군기간에 경비대장

이 경기관총 또는 소총으로 사격하게 하여 발생하였습니다. 행군 중 주민이 도로 밖으로 도피하는 경우 포획하게 하였는데, 포획하지 못한 경우에는 사격해서 2명을 사살하였습니다. 부락에 부대가 접근하였을 때, 도피한 주민을 포획하게 하였는데, 포획하지 못하면 사격해서 4, 5명이 사살되었습니다. 사살한 이유는 정보수집을 위해 활동한 사람 또는 행동이 비밀스러워 수상하다는 것, 항일군의 정찰자로 판단하였기 때문입니다. 부상자 수는 알 수 없습니다.

경비대장의 방화 호수는 약 5, 6호이며, 산허리 또는 도로가 굴절되는 지점에 있는 가옥이라 항일군의 연락소로 이용되기 쉬운 가옥이었습니다.

이상은 현성 및 완루거우, 라오헤이산지구 탄압을 제외한 무력탄압으로 나는 4회의 무력탄압에 나갔습니다. 이 밖에도 내가 참가하지 않은 무력탄압작전에 기관총 1개 분대 내지 1개 소대는 참가하였습니다. 또 1933년 1월부터 2월 사이에 내가 지휘한 기관총 소대가 열하에서 무력탄압작전에 참가하였습니다.

중국 화중지구에서 경비기간에 범한 죄행 진술

일본제국주의는 전 중국 침략을 완수하기 위해 전 중국의 무장부대 및 지배권력을 소멸시키는 것을 제1의 목표로 삼았습니다. 그리하여 점령지구를 확보하여 전 중국의 무장부대의 반격을 방어하고 겸해서 차기 작전을 준비하는 것을 당시의 임무로 삼았습니다. 따라서 아래와 같은 방침하에 경비 행동을 실행하였습니다.

- 선무계(宣撫係), 즉 기만계(欺瞞係)에서 일본제국주의의 중국 침략을 미화하고 항일 중인 지배권력을 소멸하기 위해 '괴뢰정권(자치회 포함)'을 세우고 지지하는 것을 골간으로 하는 선전을 실시하였습니다.
- 자치회와 밀정을 이용하여 점령지구를 확보하기 위해 정보수집에 힘썼습니다.
- 항일군의 정탐을 방지하기 위해 자대의 병력을 배치하고, 행동불량자를 검문검색하였습니다(양민증 소지 여부 검색).
- 주민과 항일군을 격리하는 공작으로서 항일군 방면으로 물자, 양식, 건초(사료)가 유출되는 것을 방지하였습니다.
- 항일군의 책동을 방지하기 위해 주민에게 협력을 요구, 철로보호단의 결성을 요구하였습

니다.

- 차기 침략전의 준비 차원에서 교육과 훈련을 실시하였는데, 특히 보충병에 대한 교육, 훈련을 실시하였습니다.

경비기간에 범한 구체적 죄행은 아래와 같습니다.

1. 1937년 12월 25일부터 1938년 9월 상순까지[쟈싱(嘉興) 경비 1개월 동안은 제외함] 제18사단에 배속되어 항주를 경비하였습니다.

1) 1937년 12월 26일경, 제18사단에 배속된 약탈구역 내에서 약 3일 동안 부하를 시켜 창고의 양식을 철저히 약탈하게 하였는데, 그 운반에 인민 약 50명을 강제로 동원하여 무임금으로 부렸습니다.

2) 1938년 어느 날, 비전투병[19] 2명이 중국 여성 1명의 집에 침입해서 윤간하였습니다.

3) 1938년 어느 날, 외출해서 술에 취한 본인을 비전투병이 업고 중국인 인력거를 잡아 무상으로 승차하였습니다.

4) 1938년 약 6개월 동안, 중국 여성 1명(19세)을 매달 30엔과 기타 얼마간의 물자를 주는 것으로 능욕하여 강간하였습니다(통역의 알선을 받음).

5) 다수의 부하가 사단이 경영하던 위안소에서 중국 여성을 강간하게 하였습니다.

2. 1938년 1월 5일 또는 6일경부터 약 1개월 동안, 후비(後備)여단에 배속되어, 쟈싱을 경비하던 때에 부대의 선무계, 즉 기만계 아사다(淺田) 준위(准尉)의 알선으로 중국 여성 1명을 소량의 물자를 주고 1회 강간하였습니다.

3. 1938년 12월 하순부터 1939년 1월 하순까지 제9사단에 배속되어 푸치(蒲圻)성을 경비하던 기간에 내가 있던 작은 경비구역에서 위력적인 탄압용 행군을 약 3회 실시하였습니다. 또 자치회에서 요구하여 2, 3회 밀정을 파견하였습니다.

4. 1939년 1월 하순부터 3월 하순까지, 제9사단에 배속되어 한닝(咸寧)지구를 경비할 때,

---

19 원문은 '大行李兵'으로 중일전쟁 당시 일본군에는 여단 규모에만 병참(兵站)이 있었고 규모가 작은 부대에는 '大行李隊'가 병참 구실을 하였다.

1) '잊어 버리고 양민증을 집에 둔 채 나왔다는 자', '경계병 또는 순찰 등의 심문에 대해 대답이 불명확한 자' 등 10명을 정보계에서 취조한 후 모두 헌병대에 일임하였지만, 항일군에 관련한 정보가 있는 때에는 보고하라고 헌병대에 요구하였습니다.

2) 항일군 밀정 2명을 헌병대로부터 인계받아 부하에게 참살을 명령하였습니다.

3) 경비지구 내에서 중대 병력으로 탄압용 행군을 2회 실시하였습니다.

4) 기만공작으로서 자치회로 하여금 민중대회를 1회 개최하게 해서 '일중우호친선'과 '경비대장 만세' 등을 외치게 하였습니다. 또 인민의 환심을 사기 위해 한닝 서북쪽 4킬로미터 지점의 한 촌락에 도착하여 음식을 제공하였습니다. 그것은 항일군과 주민을 격리시키고 경비대 쪽으로 인민을 접근시켜 정보, 물자의 획득을 용이하게 하여 침략 목적을 달성하려는 것이었습니다. 자치회 간부를 연회에 초대하거나 의무요원의 치료 제공도 그런 수단이었습니다.

5) 자치회에 요구하여 밀정을 자치회에 5, 6회 파견하였습니다.

6) 기만계(欺瞞係) 아사다 준위에게 자치회와 연락하여 중국 여성 1명을 약간의 물자를 주고 1회 강간하였습니다. 병참지부가 경영하는 위안소에서 조선 여성 2명을 강간하였습니다. 다수 부하가 위안소에서 강간하였습니다.

7) 밀정의 보고에 따라 야음을 틈타 내가 경비하던 구역에서 다른 구역으로 비밀리에 물자를 운반하던 한 무리가 있는 것을 알고 그들을 포획하기 위해 1개 중대를 곧바로 파견하였습니다. 이 부대는 동이 틀 무렵 모 지점의 산 위에서부터 골짜기 아래로 내려와 도로에 짐을 운반 중인 말을 끄는 한 무리가 있는 것을 발견하고 급습하여 대오를 무너뜨리게 하였는데, 그 결과 인민 5, 6명을 학살하고, 말 5, 6필을 죽였으며, 짐 끄는 말 2필을 포획하여 귀환하였습니다. 노획한 물자는 소금, 쌀, 용지(종이) 등이었습니다.

5. 1939년 7, 8월경, 제6사단 모 여단에 배속되어 충양(崇陽)성 남쪽 스청즈(石城子) 남부 부락을 경비하던 중 조선 여성을 강간하기 위해 경비대가 주둔 중이던 구역의 가옥 2호를 자치회로 하여금 빼앗아 내놓게 하여 위안소로 사용하였습니다. 그 후 본부 구내로 위안소를 이전시켰습니다. 여성의 수는 5, 6명으로 이 사람들은 우리 부대의 통역이었던 조선인 이(李) 아무개로부터 우한(武漢)지구에서 강제로 연행해 왔던 것입니다. 다수의 부하에게도 이 여성들을 강간하게 하였습니다.

6. 1939년 가을 약 1개월 동안, 제6사단 사노(佐野)연대에 배속되어 양러우즈(羊樓子)를 경비하던 기간에,

1) 양러우즈 서쪽 약 3킬로미터 지점의 철로가 항일군에게 처음으로 파괴되었을 때, 나는 정보계로서 제3중대와 협력하여 중대 소재지에 있던 약 30호의 작은 마을에 살던 주민 5, 6명을 체포하여 4, 5일 동안 이 마을에 감금하고 심문하면서 고문을 가하였습니다. 그러나 이들이 파괴한 사실이 없었으므로 석방하였습니다. 두 번째로 파괴되었을 때에도 정보계를 파견해서 중대와 협력하여 이 작은 마을을 검문하게 하였지만 주민에게서 철로 파괴 사실을 확인할 수 없었습니다. 이 마을에 철로보호단을 조직할 것을 강요하여 철로를 보호하고, 철로가 파괴되면 엄벌에 처하겠다고 협박하였습니다.

2) 양러우즈 거리를 경비하기 시작하였을 때 인민증 기재 내용이 명료하지 않거나 잊어버리고 양민증을 집에 두고 왔다는 경우, 순찰 중에 체포하여 정보계에서 취조를 받게 하였는데, 질문을 한 뒤 자치회의 석방신청서가 있으면 자치회로 인계하였습니다. 이런 조치를 통해 자치회에 권위를 부여하여 인민들로 하여금 자치회에 의존하게 하는 방식을 만들어 주민들이 결국 경비대에 의존하고 협력하도록 하였습니다.

3) 자치회에 요구하여 자치회에 밀정을 5, 6회 파견하였습니다.

4) 충양현[20] 남쪽 작은 마을을 경비하고 있었을 때, 조선 여성들을 강간하였는데, 그 숙소는 위안소라는 명목으로 자치회로 하여금 빼앗아 내놓게 한 집이었습니다. 나와 부하 다수도 그 조선 여성들을 강간하였습니다.

7. 1939년 양러우즈 경비 종료 후부터 1940년 3월 하순까지 제6사단 사노연대에 배속되어 푸치(蒲圻)성 서쪽 거리[장강(長江)에 가까운 곳. 인구 약 2천 명 이상]를 경비하던 기간에,

1) 소금을 다량으로 경계선 밖에 있는 자택으로 반출하려고 하는 농민 2, 3명을 경계병이 순찰 중 체포하여 정보계에서 취조한 결과 그 소금은 정당한 방법으로 자치회를 통해 입수한 것이라는 사실이 판명되어서 석방하였습니다. 그 뒤 자치회에서 소금을 판매할 때에 경리관으로 하여금 감독하게 하여 푸치성 서쪽 거리에서 멀리 떨어진 지방으로 소금이 유출되는 것을 방지하여 항일군과 주민을 이간시켰습니다.

---

20 충양현은 후베이(湖北)성에 있는 지역으로, 후베이성과 후난(湖南)성, 장시(江西)성의 경계에 있다.

2) 푸치성 서쪽 거리는 일본군이 침략하지 않은 땅이었는데, 내가 침입한 후 자치회로 하여금 양민증을 발행하게 하였습니다. 발행 초기에는 인민 가운데 양민증을 소지하지 않은 자가 있었으므로 경계병과 순찰에게 체포되어 취조를 받은 자가 많았습니다. 그러나 1주일 남짓하여 확실하게 소지하고 다니게 되었습니다. 체포된 자는 그때마다 자치회와 연락하고 그 결과 자치회 보증하에 석방하였습니다.

3) 그 후 '잊어 버리고 양민증을 집에 두고 나왔다는 자', '경비병 또는 순찰의 심문에 대해 대답이 불명확한 자', '밀정의 보고에 따라 취조가 필요한 자' 등 15명가량을 체포, 감금, 심문, 고문하였는데, 항일한 사실이 없는 자는 석방하였습니다.

4) 통역과 소대장이 공작원이 되어 자치회로 하여금 빼앗아 내놓게 한 가옥 내에서 청소년 20~30명에게 일본어를 학습하도록 강요하였습니다. 이런 기만적 수단은 항일군과 주민을 차츰 이간시키고, 인민들이 경비대에 접근하도록 하여 정보와 물자를 내놓게 함으로써 침략 목적을 달성하도록 노력하였습니다.

5) 조선 여성을 강간하기 위해 경비대 주둔 구역에 위안소라는 명목으로 자치회로 하여금 민가를 빼앗아 내놓게 하여, 나와 부하가 강간하였습니다. 이(李)가 경영하는 위안소로 5, 6명의 여성이 있었습니다. 후지와라 카즈에(藤原主計) 중위로 하여금 자치회와 연락하게 하여 중국 여성 1명을 다소의 물자로서 정해진 장소에서 3회 강간하였습니다.

6) 중대장으로서 경비지구 내에서 위력적인 탄압용 행군을 2회 실시하였습니다.

7) 자치회에 요구하여 자치회에 밀정을 약 10회 파견하였습니다.

8. 1940년 6월 하순부터 7월 하순까지 제3사단 보병 제68연대에 배속되어 당양(當陽) 서쪽 저수(沮水) 남쪽 기슭의 라오창(老場) 부근에서 경비하던 기간에 양식 한 톨 남기지 않고, 심지어 호박줄기까지 싹 다 먹어치웠습니다.

9. 1940년 8월 하순부터 9월 하순까지, 후비여단에 배속되어 위시허(淯溪河)촌에 주둔해 있는 동안 위시허의 오른쪽 기슭에 있는 작은 부락에서 숙영하였는데,

1) 부대 일직 장교(?)로 근무하고 있던 야마자키(山崎) 소위가 경계선을 순찰 중 경계선을 출입하는 인민 1명의 거동이 의심스럽다고 판단하고 군도(軍刀)로 참살한 일을 소위의 보고로 알았습니다.

2) 인민의 어망을 약탈하여 부대에서 사용하였습니다. 그것은 인민의 생산용구를 약탈한

것이었습니다.

10. 민가에 숙영할 때 철저하게 개조해서 사용하였습니다. 심지어는 외양간(약 40호)과 변소(약 24칸)로 개조하였습니다.

1954년 7월 10일

다카자와 겐지(오른쪽 식지 인)

중국 화중지구에서 전투토벌기간에 범한 죄행 진술

1. 1937년[21] 11월 어느 날, 오사카항에서 다른 수송선에 승선하였던 제3중대는 화중의 항저우만 만안(灣岸) 진산웨이(金山衛) 부근에서 야나가와병단 주력과 함께 상륙하여 독단적으로 자싱, 후저우를 지나 난징(南京)성을 향해 전진하다가 제6사단의 보병 제45연대(?)에 배속되어 난징성 침략에 참가하였습니다. 이후 배속에서 풀려 12월 중순(항저우성 침략전투 개시 전)에 광더에 도착하여 대대장이던 나의 지휘하로 복귀하였습니다. 상하이의 항일군이 저항을 단념하고 후퇴한 주원인은 야나가와병단의 상륙에 따라 그 측면과 배면이 위협을 받게 되었기 때문이었습니다. 당시의 제3중대의 독단적 행동은 때마침 상하이의 항일군에게 위협으로 작용하여, 1개 중대였더라도 상하이 항일군 퇴각의 주원인 중 한 가지 요소가 되었습니다.

2. 1937년 12월 중순, 광더에서 제18사단 배속명령을 받고 항저우성 침략전에 참가하였습니다.

1) 대대 주력(제2중대 및 비전투병 일부 빠짐)은 사단의 좌종대(左縱隊)에 속하여 쓰안(泗安), 창싱(長興), 후저우, 위항(餘杭)을 지나 내려갔고, 제2중대(비전투병 일부 속함) 안지(安吉)[22], 위항을 지나 항저우성을 향해 전진하여 12월 24일 성내로 침입하였습니다. 본 작전에서 첸탕강(錢塘江) 우안으로 후퇴하던 항일군을 추격한 우종대(右縱隊)의 일부는 상당한 전과를 올렸고, 기타 부대는 약간의 작은 저항을 받았을 뿐인데, 나의 부대는 위항 북측 부근 및 안지 부근에서 소규모로 교전하였습니다. 본 작전기간 중에 나의 부대는 탄약상자와 양식 운반을 위해

---

21 일본어 원문은 1937년이나, 중국어 번역에는 1938년으로 되어 있다.

22 일본어 원문은 延吉이나 진술인이 있던 광더에서 항저우로 가는 길에 있는 안지(安吉)의 오기로 보인다.

연인원 약 60명의 주민을 강제로 무상 혹사시켰습니다.

2) 입성 당일 밤, 사단 공병연대장의 지휘를 받아 항저우성 남쪽의 쳰탕강 좌안에 있던 집단 부락(철도교 동측)에서 휴식하면서 땔감 대용으로 탁자, 의자 등을 다수 소각하였습니다.

3) 짐을 나를 말 대용으로 밭갈이 소 2, 3마리를 약탈하였는데, 생산도구로서의 소를 약탈하는 큰 죄를 지었습니다. 돼지 4, 5마리를 식용으로 약탈하였습니다.

3. 1938년 봄, 제18사단의 명령으로 항저우성을 출발하여 후저우성에 도착하여 이 지구 경비대에 배속되어 있던 제1중대를 합병하였습니다. 이 지구 경비사령관 구와나(桑名) 소장(少將)의 지휘하에 들어가 후저우와 창싱 사이의 고지대에 진지를 구축한 약 3천 명의 항일군에 대해 실시한 약 2일간에 걸친 공격에 참가하였습니다. 구와나 소장이 지휘한 병력은 보병 4개 대대, 포병 약 2개 대대, 경전차 중대와 나의 대대로서 나의 대대는 정면 전투에 참가하였습니다. 전투 결과, 항일군 주력은 주로 타이호(太湖) 북방으로 퇴각하였습니다. 그 전사자와 부상자 수는 약 500명이었습니다.

4. 1938년 쉬저우(徐州) 침략전투 개시 초기, 제18사단은 쳰탕강 방면에서 항일군을 견제하다가 쉬저우 침략전투의 목적을 수행하는 일을 용이하게 하기 위해 사단 주력을 쳰탕강 방면에 투입, 책동하여 도하 진격하는 모양새를 보여주었습니다. 당시 나의 부대는 쳰탕강 좌안 언덕 위 철도교의 좌우에 진지를 차리고 약 2일 동안에 걸쳐 때마다 필요에 응하여 우안 엄개(掩蓋) 진지의 총안(銃眼))을 사격하였습니다. 항일군 전사자와 부상자 수는 불명이고, 항일군은 쉬저우 방면에 대해 전력을 경주할 수 없게 되었습니다.

5. 1938년 9월 중순, 나의 부대는 쥬장(九江)에 상륙하여 제11군 명령으로 제9사단에 배속되어 루이창(瑞昌) 방면에서 우한(武漢) 침략전투에 참가하였습니다. 9월 하순, 보병 제19연대장의 지휘를 받아 루이창 방면의 뾰족한 산허리 고지에 진지를 구축하고 있던 항일군 약 1천 명을 공격하였는데, 나는 부대 전 병력을 이끌고 제19연대와 함께 이 전투에 참가하였습니다. 연대의 주공격 정면인 제일선 대대 정면에 있던 항일군의 최대 요점 진지에 주화력을 집중하여 그 대대가 용이하게 제일선의 진지를 탈취하게 도왔습니다. 특히, 소총부대의 돌격을 따라 전 병력을 투입하여 그 제일선 진지로 급속히 진격하여 항일군으로 하여금 제이선 고지에 있지 못하고 진지 전체를 버리고 후퇴하게 하였습니다. 포병의 협력사항은 잘 알지 못하나, 항일군이 입은 전사자와 부상자 수는 약 300명이었습니다.

6. 1938년 10월(우한침략전 기간 중), 나의 부대는 푸수(富水) 동방지구에 제9사단의 주 공격 방면을 담당한 마루야마여단에 배속되어, 특히 여단의 명령에 따라 우리 대대의 제2중대를 오른쪽 제일선 보병 제36연대에 배속하고, 제1중대와 제3중대는 여단이 주로 공격할 정면 왼쪽 제일선의 보병 제19연대에 배속되어 전투하게 하였습니다. 제1중대가 배속되었던 보병 제19연대의 왼쪽 제일선 대대의 고지 방면, 특히 절이 있던 고지는 푸수 동방(우안)지구의 최대 요점이었으므로 약 3일 동안에 걸쳐 고지쟁탈전이 이루어졌는데, 제3일째에는 제1중대가 소총부대와 함께 돌격하였습니다. 소총부대 아사다(淺田) 소대장은 항일군의 소대장과 격투까지 해서 그 고지를 확실하게 점령하였습니다. 여단에 협력한 포병은 사단 포병의 주력과 독립산포 연대였습니다. 마루야마여단 정면의 항일군 병력은 약 3천 명으로 그 전사자와 부상자는 약 1천 명이었습니다.

7. 1938년 10월 우한침략전 중, 푸수 동방지구의 항일군을 격퇴한 제9사단은 마루야마여단에 명령하여 야음을 이용해 푸수를 도하하여 그 서쪽 고지의 약 2천 명 되는 항일군의 진지를 탈취하고, 위에한선철로 쪽으로 통하는 퇴로를 차단하게 하였습니다. 나는 푸수 서방고지에 진출한 뒤, 여단의 명령에 따라 제3중대를 보병 제19연대에 속하게 하고, 제1중대, 제2중대와 병합 지휘하여 여단의 주공격 정면의 보병 제36연대에 이르렀습니다. 그 주공격 정면의 오른쪽 제일선 대대에 협력하여 종심(縱深)진지에 진을 치고 있던 항일군(대대 정면에 약 1천 명이 있었음)에 대해 주야 연속으로 약 3일 남짓에 걸쳐 공격 전투 후 위에한선으로 통하는 길에 진출하여 사단의 왼쪽 종대 정면 항일군의 퇴로를 완전히 차단하였습니다. 이때 나는 항일군이 서쪽으로 탈출하는 것을 저지하기 위해 도로 서쪽에 기관총 진지를 구축하게 하는 것과 동시에 독단으로 1개 중대를 소총부대와 함께 노상에서 동쪽 골짜기, 즉 왼쪽 종대 정면의 항일군 배후로 돌진시켜 맹렬한 사격을 가하여 해당 항일군에 대한 섬멸전(항일군 전사자와 부상자 약 3천 명)에 협력하였습니다. 그 후 위에한선철로 쪽으로 추격하였습니다. 푸수 서쪽 고지에서 협력하여 대대 정면의 항일군 약 500명을 죽거나 부상당하게 하였습니다.

8. 1938년 11월 상순 우한침략전 참가 중, 나는 제9사단에 속하여 위에한선철로를 따라 위에양 방향으로 남하하였습니다. 푸치성 부근에서 약 4천~5천 명의 항일군이 푸치천(蒲圻川) 북안의 높은 지대에서 아래를 내려다 볼 수 있게 구축한 감제(瞰制)고지를 전방 거점으로 하여 푸치성 동서에 걸쳐 진지를 구축하고, 우리 측이 공세로 옮겨갈 때까지 심하게 저항하였

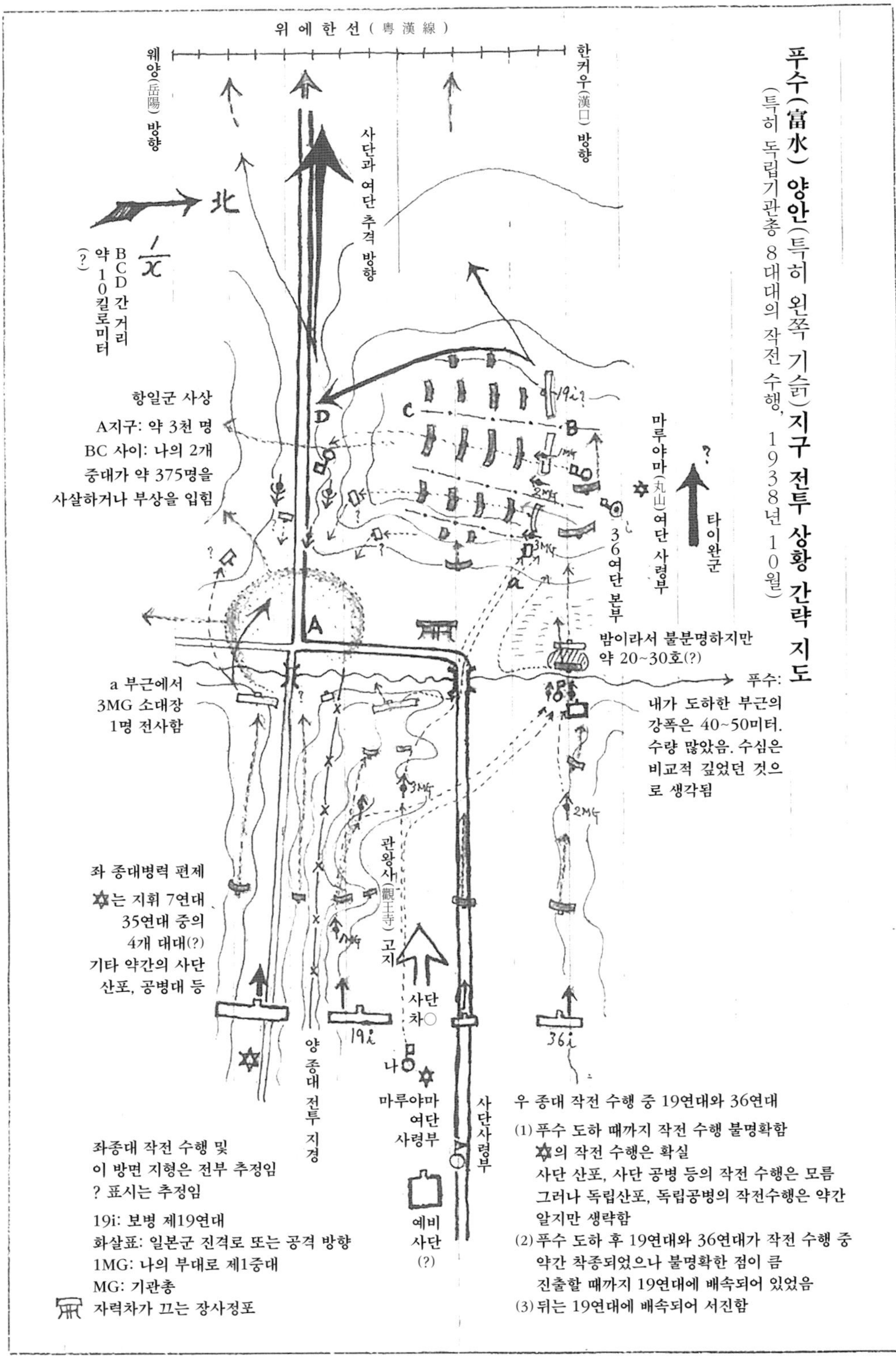
위 에 한 선(粵漢線)
웨양(岳陽) 방향
한커우(漢口) 방향
푸수(富水) 양안(특히 왼쪽 기슭)지구 전투 상황 간략 지도
(특히 독립기관총 8대대의 작전 수행, 1938년 10월)
사단과 여단 추격 방향
北
약 BCD 간 거리 10킬로미터(?)
항일군 사상
A지구: 약 3천 명
BC 사이: 나의 2개 중대가 약 375명을 사살하거나 부상을 입힘
마루야마(丸山) 여단 사령부
타이완군
36여단 본부
밤이라서 불분명하지만 약 20~30호(?)
푸수:
내가 도하한 부근의 강폭은 40~50미터. 수량 많았음. 수심은 비교적 깊었던 것으로 생각됨
a 부근에서 3MG 소대장 1명 전사함
좌 종대병력 편제
✡는 지휘 7연대 35연대 중의 4개 대대(?)
기타 약간의 사단 산포, 공병대 등
관왕사(觀王寺) 고지
사단 차○
19i
36i
나
양 종대 전투 지경
마루야마 여단 사령부
사단 사령부
예비 사단 (?)
좌종대 작전 수행 및
이 방면 지형은 전부 추정임
? 표시는 추정임
19i: 보병 제19연대
화살표: 일본군 진격로 또는 공격 방향
1MG: 나의 부대로 제1중대
MG: 기관총
자력차가 끄는 장사정포
우 종대 작전 수행 중 19연대와 36연대
(1) 푸수 도하 때까지 작전 수행 불명확함
✡의 작전 수행은 확실
사단 산포, 사단 공병 등의 작전 수행은 모름
그러나 독립산포, 독립공병의 작전수행은 약간 알지만 생략함
(2) 푸수 도하 후 19연대와 36연대가 작전 수행 중 약간 착종되었으나 불명확한 점이 큼
진출할 때까지 19연대에 배속되어 있었음
(3) 뒤는 19연대에 배속되어 서진함

第 24 頁

습니다. 나의 부대는 그 감제고지를 맹렬히 사격하여 고지를 탈취하는 데 용이하게 만들었습니다. 항일군은 이 고지를 상실함으로써 저항을 단념하고 퇴각하였습니다. 항일군의 전사자와 부상자는 약 500명이었습니다.

9. 1939년 봄에 실시한 창사(長沙) 북방지구 제1차 작전의 초기에 제9사단 보병 제19연대(?)에 배속되었는데, 어느 날 동이 틀 무렵 나는 위에양성의 남방 신창하(新牆河) 기슭에서 항일군의 진지를 점령하는 도하작업을 엄호하였습니다. 곧 사단에 배속되어 있던 야전 가스 제13중대의 방사 준비를 엄호하였습니다. 이 중대는 동이 튼 후에 약 1킬로미터[23] 정면에서 질식성 가스연막을 방사하였습니다. 포병도 진지의 주요 부분을 향해 가스탄을 사용하였습니다. 이것은 국제법을 위반한 것입니다. 나는 이 가스중대가 전투대형으로 전개되어 질식성 가스연막을 방사할 때 엄호하였고, 이어서 이 부대가 거둔 성과를 이용하여 도하하였습니다. 가스에 질식하여 전사한 항일군을 2, 3명 보았습니다. 대부분 가스연막이 퍼져나간 것과 동시에 퇴각한 것으로 판단됩니다.

10. 1939년 가을에 실시한 창사 북방지구 제2차 작전 초기에 제6사단 사노연대에 배속되어, 어느 날 동이 틀 무렵 위에양성의 남방 신창하 기슭에서 약 1킬로미터 정면에서 전투대형으로 들어간 항일군 부대 전체 엄개진지(약 10개)의 모든 총구(24개)에 대해 정밀 조준하여 전투 개시와 동시에 맹렬한 사격을 가하여 삽시간에 섬멸하는 타격을 입혀 제일선 소총부대의 도하작전을 용이하게 하였습니다. 각 엄개진지마다 항일군 약 10명이 있었습니다. 나는 이 도하전투에서 70~80명을 사살하거나 부상을 입혔습니다.

11. 1939년 봄 신창하 기슭의 항일군 진지 탈취 후 창사 북방지구 제1차 작전기간 중, 제9사단의 주력이었던 보병 제19연대(?)에 속한 채, '신창하 이남, 창사 북방 고지, 위에한선철로 동서로 얼마간의 거리 이내를 포함하는' 지구에서 약 반 달에 걸쳐 작전을 펼친 뒤 위에양으로 귀환하였습니다. 이 기간 나의 부대는 미루어강(汨羅江?)[24] 부근 및 기타 지점에서 1~2회 가벼운 전투를 하였습니다. 10분에서 15분가량 교전하였는데 양측의 사상자는 없었습니다. 짐을 나를 말 대용으로 쓸 밭갈이 소 약 3마리와 식용으로 쓸 돼지 10마리를 약탈하였습

23 중국어 번역본에는 100미터로 되어 있다.

24 굴원(屈原)이 투신 자결한 멱라강이다.

니다. 밭갈이 소는 생산도구이므로 그것을 약탈하는 큰 죄를 지었습니다.

12. 1939년 가을 신창하 기슭의 항일군 진지 탈취 후, 창사 북방지구 제2차 작전기간 중에 제6사단 사노연대에서 '신창하 이남, 창사 북방지구 이북, 위에한선철로 동서로 얼마간의 거리 이내를 포함하는' 지구에서 약 반 달에 걸쳐 작전을 펼친 뒤 위에양으로 귀환하였습니다. 이 기간 나의 부대는 미루어강 이남에서 1회 가벼운 전투(15분가량의 교전, 사상자 없음)를 하였고, 사단의 사노연대를 후방에서 호위하여 신창하 이남 지구로 후퇴할 때 우리를 추격하여 온 항일군 약 1천 500명을 신창하 남안지구에서 사노연대가 반격하였습니다. 항일군의 전사자와 부상자는 약 300명이었습니다. 당시 나의 대대(제2중대 제외)는 반격을 위한 최전 축에 위치하고 있었는데, 동쪽과 북쪽 양면에 있던 항일군과 전투하여 그 반격이 용이하도록 만들었습니다. 짐을 나를 말 대용으로 쓸 밭갈이 소 약 3마리와 식용으로 쓸 돼지 4, 5마리를 약탈하였습니다. 밭갈이 소는 생산도구이므로 그것을 약탈하는 큰 죄를 지었습니다.

13. 1940년 5월, 이창(宜昌)작전기간에 제3사단의 보병 제6연대에 주로 배속되어 후베이(湖北)성 자오양(棗陽) 부근을 중심으로 하고 있던 약 3천 명의 항일군과 전투하였고, 항일군을 격퇴하여 한수(漢水) 도하전의 기초가 되게 하였습니다.

14. 1940년 5월 어느 날, 이창작전기간 중 제3사단은 심야부터 한수와 바이하(白河)의 합류지점 남방 약 10킬로미터 부근의 고지 서쪽에 있는 한수 좌안지구에서 은밀히 한수를 도하하여 계속 북진해서 상양을 침략함으로써 화북과 화중의 항일군이 연락하는 것을 차단하고, 이창지구를 방위하던 좌익거점을 탈취하여 이후의 이창침략의 기초가 되게 하였습니다. 나의 부대는 제3사단에 속하여 이상의 지구에서 도하하여 사단과 함께 상양으로 침략하였습니다. 사단이 도하할 때는 전투가 전혀 없었습니다. 사단은 상양에서 주력으로 난장(南漳) 부근으로부터 위안안(遠安) 방면으로, 오기도(大城戶) 소장 지휘하의 병력으로서 한수 우안지구로 남진하였습니다. 사단에서 상양, 난장 등지에 방화하였습니다. 나는 제1중대(비전투병 주력과 동행)를 오기도부대에 배속시키고 나머지는 사단 주력과 행동을 같이하였습니다.

15. 1940년 6월 어느 날, 이창작전기간 중 제3사단에 배속되어 위안안성을 침략한 후, 이성 부근의 민가 약 10호에 숙영하고 이튿날 아침 출발할 때 숙영한 민가 모두를 방화 소각하였습니다.

16. 1940년 6월 중순 이창작전기간 중 보병 제68연대장 마토노(的野) 대령의 지휘하에

부하 2개 중대와 후베이성 위안안성 주자하(朱家河) 당양(當陽) 서쪽 3개 골짜기가 만나는 지점의 좁은 길에서 전투하였습니다. 주자하 부근에서 특히 완강한 저항을 받았습니다. 보병 제68연대 정면의 항일군 병력은 약 2천 명이었는데, 이 부대의 전사자와 부상자는 약 500명이었습니다. 나는 두 군데 제일선에 각각 1개 중대를 배속시켜 전투에 협력하였습니다.

17. 화중지구의 행군과 전투기간 중 가축 약탈 주요상황(항저우성 침략전 및 창사 북방지구 제1차, 제2차 작전 중의 약탈은 해당 진술에 기재하였음)

1) 상하이–후저우–광덕 행군: 짐을 나를 말 대용으로 쓸 밭갈이 소(물소) 5, 6마리

2) 작전 방향

우한침략전기간: 짐을 나를 말 대용으로 쓸 밭갈이 소 5, 6마리

식용으로 쓸 돼지 4, 5마리(주로 위에한선철로에서)

이창침략전기간: 짐을 나를 말 대용으로 쓸 밭갈이 소 3, 4마리(한수 우안에서)

식용으로 쓸 돼지 약 10마리(주로 한수 우안에서)

밭갈이 소(물소)는 생산도구이므로 그것을 약탈하는 큰 죄를 지었습니다.

18. 1939년 공(功) 4급을 받았습니다.

1954년 7월 10일

다카자와 겐지(오른쪽 식지 인)

중국 동북지구 자무스 근무기간에 범한 죄행 진술

1. 1940년 9월 중순부터 10월 경까지 자무스시에 주둔하던 제10사단 보병 제10연대 보병포대대 대대장으로 있으면서 제10사단 경비구역을 경비하였습니다.

2. 1940년 10월부터 1941년 3월 하순까지 금성루(金城樓?)에서 조선 여성 1명을 약 16회에 걸쳐 강간하였습니다.

중국 동북지구 경비기간에 범한 죄행 진술

1932년 말기 닝안성에서 인민으로부터 은방패 1개를 뇌물로 받았습니다. 만주국에서 징윈장(景雲章) 4등을 받았습니다.

시베리아 침략 행동 중의 죄행 진술

1. 1918년 8월 제7사단의 유하라지대(보병 제13여단장 유하라 소장이 지휘하는 보병 제25연대가 주를 이룸) 내의 소대장으로서 만저우리를 향해 전진하고 이어 제3대대장 구로사키 사다히코(黑崎貞彦) 소령이 지휘하는 제9중대, 제10중대의 제9중대장으로 중소 국경을 넘어 치타시로 전진하였습니다. 치타시에 체재 중 독일-오스트리아[25] 포로수용소 부근에 제9중대장 마쓰쿠라(松倉) 대위의 지휘하에 탄압용 행군을 1회 실행하였습니다. 치타시 중앙의 큰 호텔에 일본의 특무기관이 있었는데, 기관장은 무토 노부요시(武藤信義) 소장이었습니다.

우리 대대가 치타시로 진출한 목적은 이 지역 부근에 거주하는 일본인 구조[26]에 있었습니다. 구조할 일본인들은 특히 이 특무기관의 기관원이었던 것으로 알고 있습니다.

치타시에 체재 약 1개월 후 제3사단이 도착함에 따라 나는 만저우리로 귀환하여 직접 경비하였고, 다른 사병이나 하사관들은 열차에 탑승하여 경비하였습니다. 1919년 봄 수이편하를 거쳐 푸옌항에서 일본으로 돌아갔습니다.

2. 1920년 봄, 5월경(?)

1) 쓰노지대(쓰노 소장이 지휘하는 보병 제25연대가 주력임) 내의 소대장으로서 오타루(小樽)항을 출발하여 소련령 연해주의 데카스트리항에 도착하였습니다.

2) 이 지대로부터 먼저 파견되어 있던 다가지대(다가 중령이 지휘하는 보병 제25연대의 제3중대가 주력임)의 소대장으로 옮겨 헤이룽강 입구 남방 프론게곶[27]으로 상륙하였습니다.

3) 이어 어뢰를 장착한 소규모 예선(曳船)에 승선한 대대(구로사키 대대장이 지휘하는 제9중대와 제10중대) 내의 소대장으로서 헤이룽강을 거슬러 올라가 니콜라예프스크항으로 침입하였습니다. 헤이룽강 상류로부터 내려와 이미 도착해 있던 다몬(多門)지대와 합세하여 이튿날 니콜라예프스크항 시가지 중심으로 들어가 불타고 남은 민가에서 숙영하였습니다.

4) 연대장 하루다 구니타로(治田國太郎) 대령의 도착과 동시에 그 지휘하에 들어가 니콜라예프스크항 시가지를 직접 경비하였습니다.

---

25 일본어 원문과 중국어 번역본에 오스트레일리아를 의미하는 '澳'로 되어 있으나, 치타시에 있던 포로수용소는 독일군과 오스트리아군 포로를 수용하고 있었다.

26 소련에 포로로 잡혀 있던 체코슬로바키아 레기온의 반란으로 인해 치타시도 영향을 받았다.

27 니콜라예프스크항에서 타타르해협으로 뻗어있는 곶으로, 러시아 이름은 Нижнее Пронге(Nizhneye Pronge)이다.

9월경, 일본군의 사할린 후퇴가 결정되었는데, 그에 앞서 시내 감옥에 수용되어 있던 소련인 20명(여성 1명 포함)을 보병 제25연대에서 엄중하게 처분하라는 명령을 받았는데, 연대장이 제3대대에 그 처분을 집행하게 하였습니다. 대대장은 부관에게 명령하여 시가지 동측에서 비밀리에 큰 구덩이를 파고 각 중대에 사형 집행에 필요한 지시를 내렸습니다.

제9중대장 세키 쓰토무(關勉) 대위는 중대의 장교 전원[사이토 겐로(齋藤嚴郎) 중위, 핫토리 쇼지로(服部庄次郎) 견습사관, 다카자와(高澤) 소위] 및 하사관, 사병 몇 명을 인솔하고 심야 지정된 시각에 감옥에 도착하였습니다. 각 중대장도 장교 이하 하사관, 사병을 인솔하고 속속 감옥에 도착하였습니다. 헌병대와 연대 본부로부터도 장교 이하 하사관, 사병 몇 명이 도착하였습니다. 그 뒤 옥중의 소련인을 2명씩 포승에 묶고 그 2명의 후방에 2명 하사관 및 사병을 배치하였습니다.

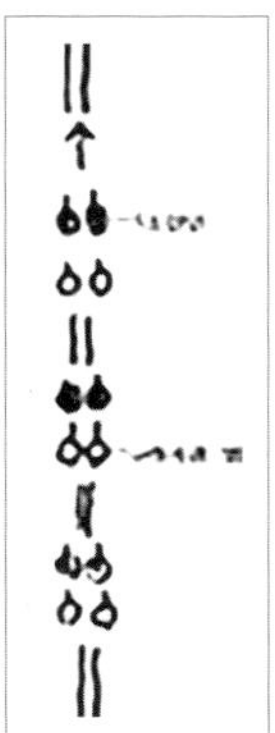

그림의 대형으로 전후 좌후에도 경계병을 배치하고 행진하였습니다. 구덩이에 도착하였을 때 동이 트기 시작하였습니다. 소련인들에게 명령하여 신을 벗고 앉게 하였습니다. 사방에 경계병을 배치하고 2명씩 구덩이의 가에 앉게 한 뒤 군도와 총검으로 처리하였습니다. 처리 후 매몰하였습니다. 참가자는 제10중대장 다카하시 료키치(高橋亮吉) 대위 이하 약 40명이었고, 대대장은 참가하지 않았습니다. 오쓰카(大塚) 부관은 참가하였습니다. 그 뒤 일본군은 사할린으로 철수하였습니다. 연대의 제1대대는 남사할린으로 갔고, 그 나머지는 북사할린으로 갔습니다. 나는 신병교육 담당자로서 다른 중대의 신병 담당자와 함께 필요한 하사관과 사병 인력을 인솔하고 일본으로 돌아가서 유수대장의 지휘하에 들어갔습니다.

3. 니콜라예프스크항을 경비하던 기간에 중대에서 소 2마리, 양 1마리, 짐수레 1대를 약탈하였습니다. 나는 어망 하나를 약탈하였습니다.

4. 단광욱일장(單光旭日章) 6등을 받았습니다.

5. 1945년 8월까지 욱일(旭日) 3등, 서보(瑞寶) 3등 훈장을 받았습니다.

1954년 7월 10일

다카자와 겐지(오른쪽 식지 인)

자신의 죄행에 대한 인식

1. 임무에 대한 인식

일본제국주의 군대는 일본 천황제 제국주의의 중요한 도구로서 국내에서는 일본제국주의에 대한 인민의 노예화와 육탄화에 반대하는 일본 인민을 무력탄압하고(예를 들면 1918년 7월의 쌀소동과 징병기피에 대한 탄압), 일본 인민에게 육탄화교육을 실시하는 임무를 띠고 있으며, 국외에 대해서는 타국의 영토를 약탈 침략하기 위해 타국의 무장해방군 및 그 해방군에 협력하는 인민을 무력으로 소멸하고, 타국의 토지와 재물을 무력으로 파괴하는 임무를 띠고 있습니다.

따라서 일본 군대에 있던 30년 동안 간부로서 한 나의 행동은 모두 임무 수행을 위해 하였던 것으로, 일거수일투족과 1장의 문서를 쓴 일까지 모두 인민에 대해 범한 죄행이었습니다.

중국에 침입한 후의 행동은 중국 침략을 수행하기 위해 항일군 및 항일군에 협력하는 인민을 무력 소멸하기 위해 하였던 것이고, 그에 수반하였던 방화, 파괴, 약탈도 일본제국주의 침략 목적을 수행하기 위해 하였던 것으로 그 모두가 죄행인 것을 인식하고 있습니다.

2. 책임상의 인식

1) 상관의 명령에 근거하여 일본제국주의의 침략 목적을 수행한 실행자로서의 책임이 있습니다.

2) 중견간부로서 부하를 지휘한 일에서 그 일을 계획하고 지휘한 명령자로서의 책임이 있습니다.

3) 부하의 행위는 상관의 교육 및 명령에 따라 이루어지니 그 본질상 상관의 명령행위가 일으킨 것이므로 부하의 행위는 내 스스로 한 행위와 완전히 같으므로 동일한 책임을 가집니다.

4) 기타 조력행위에 관해서는 동일 목적을 완수해야 하는 군의 본질상 자기가 직접 죄행을 범하지 않았더라도 참가한 책임이 있습니다.

5) 준비, 음모, 계획의 결과로 죄행이 생성됩니다. 따라서 임무 수행을 위해 준비, 음모, 계획하였으면 똑같이 책임이 있습니다(예를 들어 정보수집 임무를 위한 밀정의 사용, 정보 제공, 교육 등).

한 장의 문서, 일거수일투족이 인민에 대해 학살, 방화, 재산 파괴, 약탈을 일으켰거나 또는 이를 일으킬 목적이 있었던 모든 행위를 죄행으로 인정합니다.

3. 죄행의 엄중성에 대해

예를 들어 한 사람을 도살하는 일은 그 가족, 즉 부모, 형제자매, 처자식의 생활을 곤란에 빠뜨리게 하거나 가족을 흩어지게 하고 심지어 사망에 이르기까지 합니다. 이런 점을 생각할 때 그 죄행의 엄중성을 알게 되었습니다.

한 집을 소각하는 일은 인민의 주거지를 빼앗고 그 사람들이 비와 이슬, 추위에 내팽겨져 일찍 죽게 만들므로 생명을 빼앗는 일입니다.

재물 한 가지를 약탈하는 일은 인민의 생활재료를 빼앗는 것으로 인민을 죽음과 빈곤의 지경에 빠지게 만듭니다.

토지를 황폐화하는 일은 인민의 생활을 빈곤에 빠지게 하여 죽음에 이르게 할 수 있습니다.

어망, 밭갈이 소의 약탈은 생산도구를 빼앗는 것으로 그 결과는 앞의 예에서 말한 것과 같습니다.

이상 직접 도살하지 않았다고 하더라도 이런 몇 가지 범행은 사람을 사경에 몰아넣는 큰 죄행입니다.

이에 죄행을 인민의 도살, 가옥의 소각, 약탈, 강간 등으로 구별할 수 있는데, 그 결과 직간접으로 인민의 생명을 빼앗는 큰 죄행을 범하게 되었습니다. 이런 점을 생각할 때 자신의 죄행에 하늘에 차고 넘칠 만큼의 큰 엄중성이 존재하는 사실을 잘 인식하게 되었습니다.

4. 결론

나는 과거에는 일본제국주의를 제대로 인식하지 못하여 자신의 죄행을 인식하지 못하였습니다. 나의 죄행 인식 공작이 시작된 후 차츰 일본제국주의를 이해하게 되고 그 본질의 흉악함을 알게 되었습니다. 위에서 진술한 것과 같이 과거에 있었던 자신의 일거수일투족이 모두 죄행이라는 것을 이미 보고하였지만, 주요 죄행만 보고한 것입니다. 흉악한 죄행을 세세하게 구구절절을 보고하자면 단기간 내에 또는 용지 1천 매나 2천 매의 문자로 도저히 다 보고하기가 불가능합니다. 그 죄행이 극도로 야만적이고 잔혹한 행위였던 사실을 알게 되어, 자신의 추태에 전율하였습니다. 동시에 이런 큰 죄를 저지른 죄인인 나를 중국 인민은 큰 죄를 저지른 범인으로 취급하지 않았고, 나의 죄행의 근원인 제국주의를 증오하되, 이 육신을 증오하지 않았습니다. 위대한 중국 인민을 대표하는 정부의 정책에 따라 나로 하여금 사상을 전환하게 하고 나를 개조하기 위해 그렇게 한 것을 알고 중국 정부를 절대 신뢰하는 동시에 마음 속 깊이 머리를 조아리며 중국 인민에게 사죄하면서 어떤 판결에도 복종할 것을 결의하는 바입니다.

또, 나로 하여금 이렇게 중대한 죄행을 범하게 만든 천황제를 무한 증오하며 천황제에 대해 철저하게 투쟁할 것을 결의하는 바입니다.

1954년 8월 1일

다카자와 겐지(오른쪽 식지 인)

후루카와 유이치 자필진술서

제95권 수록 전범

후루카와 유이치(古川勇一)는 1911년 일본 구마모토(熊本)현에서 출생하여, 1939년 중국 침략전쟁에 참가하고 1945년 9월 포로가 되었다. 위안소 관련 중요 죄행은 1938년 12월, 일본 헌병대가 퍼산(佛山)시 시내에 거주하던 생활이 곤궁한 중국 여자 약 50여 명을 납치하여 '일본군 병사 위안소에 감금하고 강간, 윤간 행위의 죄행을 저질렀을 때 퍼산시에 주둔하면서 강간 당하던 피해자를 계속 목격하였음 등이다. (중략)

성명: 후루카와 유이치(번호 제379호), 별명 없음.

성별: 남.

연령: 1911년 12월 11일생, 44세.

원적: 일본국 구마모토(熊本)현 아마쿠사(天草)군 우시부카(牛深)정 1713번지.

현주소: 일본국 구마모토현 아마쿠사군 우시부카정 1713번지.

가정출신: 어업, 기관 장착 돛선 1척을 소유하고 자가 경영.

개인성분: 만주국 보안국 속관(屬官).[1]

학력: 18년 수학, 일본: 고등학교 졸업, 중국: 중화민국 국립베이징대학(연구생) 졸업.

직무계급: 만주국 산장성(三江省) 지방 보안국 속관 역임.

1 제2차 세계대전 전의 판임관(判任官)인 문관(文官)으로 사무관에 상당한다.

정당 · 단체 가입:

–일본 재향군인회: 국민개병하 군에서는 충용한 병이 되고 고향에서는 충량한 신민이 되는 것을 강조하는 것이 강령 요지인 일본군국주의의 기초단체.

–만주국 협화회: '오족[2]협화'와 '일만일덕일심(日滿一德一心)'이라는 강령 요지를 기만적으로 제창한, 일본제국주의의 동북 침략 식민지화정책의 우민화 선전 기초조직단체.

포로로 잡힐 때의 신분: 관동군 제853부대 이등병. 히라마쓰대(平松隊) 배속.

포로로 잡힌 시점과 지점: 1945년 9월 2일, 산장성 팡정(方正)현 요우산툰(有山屯).

경력

- 1918년 4월 구마모토현 아마쿠사군 우시부카정 정립(町立)심상소학교 입학.
- 1924년 3월 27일 동교 졸업.
- 1924년 4월 구마모토현 현립(縣立)아마쿠사중학교 입학, 1929년 3월 동교 졸업.
- 1929년 3월부터 1930년 3월까지 병으로 자택에서 정양(가사를 도움).
- 1930년 4월 관립 제5고등학교 문과 입학, 1933년 3월 동교 졸업.
- 1933년 4월 일본 외무성 동방문화사업위원회 중화민국 파견 유학생으로 선발.
- 1933년 4월 10일 일본 규슈(九州)의 모지(門司)항 출발, 4월 13일 화북 탕구(塘沽)항에 상륙하여 베이징 도착.
- 1933년 4월 13일 베이징 내1구(內一區) 왕푸대가(王府大街) 동창호동(東廠胡同) 1호 동방문화사업위원회 내에 기숙.
- 1933년 9월 베이징 주재 일본대사관의 추천에 뽑혀 중화민국 국립베이징대학 법학원 경제과에 연구생으로 입학.
- 1936년 7월 남만주철도주식회사 톈진(天津)사무국 조사과 임시통역으로 채용되어, 허베이(河北)성 기동(冀東)지구 수리경제조사에 종사. 8월 하순 면직.
- 1937년 6월 중화민국 국립베이징대학 법학원 경제과 연구생 졸업, 유학기간 만료.
- 1937년 7월 베이징 주재 일본대사관 조선과(朝鮮課) 통역으로 채용되어 조선총독부 외무

2 한족, 만주족, 몽골족, 조선족, 일본족.

부로 연락 및 재화북 조선족 행정지도의 번역과 통상 업무 연락에 종사.

- 1939년 3월 위 통역 퇴직, 중국 화남 지역을 침략하여 광저우(廣州)에 주둔한 일본 육군 특무단에 취직
- 1939년 4월 5일 탕구항 출발, 일본 모지항을 경유하여 원적지 집으로 귀성.
- 1939년 4월 22일 모지항 출발, 타이완(臺灣) 지룽(基隆)항을 경유하여 광둥(廣東)성 광저우에 도착.
- 1939년 5월 1일 일본군사령부 촉탁 광둥 육군특무기관 소속 중화민국유신정부[3] 광둥성 난하이(南海)현 현정부 행정고문으로 취임하여, 광둥성 난하이현 퍼산(佛山)시에서 활동.
- 1940년 2월 1일 광둥성 순더(順德)현 현정부 행정고문 겸임.
- 1940년 5월 31일 일신상, '문관령 시행에 반대한 원인'으로 퇴직.
- 1940년 6월 10일 광저우시를 출발하여 타이완을 경유하여 6월 20일경 일본 모지항에 상륙한 뒤 원적지에 도착, 무직 상태로 있으면서 가사를 도움.
- 1940년 11월 17일 원적지를 출발하여 시모노세키(下關), 조선, 부산을 거쳐 11월 25일 동북 무단장(牡丹江)시에 도착.
- 1940년 12월 1일 만주국 무단장성 지방보안국 속관으로 채용되어, 제1고(股) 서무고(庶務股)에서 근무.
- 1941년 3월 1일 위 보안국 무단장시 정첩(偵諜) 공작반장으로 옮겨 무단장시 동창안대가(東長安大街) 푸신가(福新街)에서 활동.
- 1941년 8월 15일 산장(三江)성 지방보안국으로 전근하여 자무스시 중앙대가(中央大街) 푸싱(福星)여관에서 활동. 8월 20일 위 보안국 자무스시 정첩 공작반장으로 옮김.
- 1942년 2월 1일 위 보안국 자무스시 특첩(特諜)반장으로 옮김(이때 만주국 보안국에서 특첩반을 신설함).
- 1943년 11월 1일부터 12월 하순까지 일본 출장.
- 1944년 4월 1일 위 보안국 허강(鶴岡)지구 특첩반장으로 전근하여, 산장성 허강가 신카

---

3 일본군 화중방면군의 지원을 받아 1938년 3월 28일에 성립되었다.

이지(新開基)[4]에서 활동.

- 1944년 4월 1일 만주국 토목건축 공회(公會) 자무스시 지부 허강출장소 소장, 부참사로 채용되어 '위장잠입'함.
- 1944년 11월 5일 만주국 허강토건보국대 대대장 겸임[허리현(鶴立縣) 공서 동원과장의 명령].
- 1945년 3월 31일 상기 보국대 해산에 따라 대대장에서 면직됨.
- 1945년 8월 11일 동만주지구 일본 재향군인 전원소집령에 의해 허강가를 출발하여 자무스시에 도착, 관동군 제853부대에 입대하여 이등병이 됨. 자무스시에 주둔 중이던 일본 육군특무기관에서 편성한 히라마쓰대(平松隊)에 배속되어 자무스시 시내에서 활동함. 8월 16일 자무스시를 출발하여 화촨현(樺川縣) 타이라이강(泰來崗), 이란현(依蘭縣) 투안산즈(團山子)와 투청즈(土城子), 팡정현(方正縣) 라오예령(老爺嶺)을 거쳐 9월 2일에 요우산툰(有山屯)에 도착. 팡정현 요우산툰에서 소련동맹군에 투항하고 무장해제를 당함. 팡정현 현성에서 팡정싱농(興農)합작사 앞마당에서 수용소에 입소, 수용됨.

죄행 진술

1. 베이징에서 활동한 시기

1) 일본 외무성 동방문화사업위원회에서의 죄행

동방문화사업위원회는 1900년 일본제국주의 태동기부터 국제무대에 등장하였습니다. '의화단(義和團)사건'을 핑계로 8국 연합침략군의 일원으로서 청 정부를 습격하고, 중국 인민의 반제투쟁을 무력 간섭하여 강탈한 '배상금'의 일부를 다시 중국에 대한 문화침략을 도모하기 위한 기관으로 설립하였다고 알려져 있습니다. 본부는 베이징 시내 1구(區) 왕푸대가 동창호동에 설치되었고, 일본 외무성 외곽단체로서 일본제국주의의 대중국 침략정책 의도하에 중일 문화교류라는 간판을 걸고 중일 인민의 눈을 기만해 왔습니다. 이 회는 일본제국주의의 항복

---

4 新街基의 오기로 보인다.

일까지 중국의 귀중한 고대문헌을 약탈하였고, 중국 인민 일부를 유인하여 일본에 유학하게 하여 한간(漢奸)으로 양성하는 음모를 실행하여 일본의 무력 침략에 유리한 조건을 만들었습니다. 나는 이 회에서 추천 선발된 유학생으로 교육 도시 베이징에서 활동하며 중국 침략의 집행자 중 한 사람으로서 일본제국주의의 주구가 되기 위해 노력하였습니다.

2) 동방문화사업위원회에서 중국에 파견한 일본인 유학생의 성질 및 사명과 나의 죄행

중국 인민이 위대한 반제국주의투쟁에서 흘린 귀한 선혈에 힘입어 만들어진 이 위원회는 일본제국주의가 최대한의 이윤을 추구하기 위해 설립한 기구 중 하나로 이 위원회에서 중국에 파견한 일본인 유학생의 성질은 두말할 것도 없이 일본제국주의의 앞잡이로서 그 장래는 물론 유학기간 중에도 임무를 부여받았습니다. 이 위원회에서 파견한 유학생의 종류는 갑종, 을종, 병종의 세 종류가 있었습니다.

• 갑종 학생: 자격은 일본의 고등학교, 전문학교, 대학을 졸업한 자로서 학교장 및 부(府)와 현(縣)의 지사(知事)가 추천, 선발하여 유학비는 매달 100엔을 지급하였고, 유학지는 베이징과 톈진이었습니다. 기찰(冀察)정무위원회[5]와 맺은 밀약에 따라 유학생은 베이징대학교, 칭화(清華)대학교, 베이핑(北平)대학교에 청강생과 연구생으로 입학하였습니다. 갑종 학생의 대부분은 일본의 전문학교와 대학의 강사, 조교수 후보자, 외무성 관계 채용 후보자였습니다.

나는 갑종 학생의 일원이었습니다. 추천 선발되었을 때에는 연구목표를 '자유 선택'할 수 있다고 허용되었으므로 나는 '중국 농촌경제의 연구'를 선택하여 보고하였습니다. 유학기간에 베이징 주재 일본대사관 교무과의 감독을 받아 연구 진전 상황을 보고할 의무가 있고 논문과 논설은 일체 검열과 허가를 받은 뒤 발표하게 되어 있었습니다. 표면상 일체의 정치 활동이 금지되어 있었지만, 실질적으로 일본제국주의 앞잡이의 일원으로서 중국의 사회문제를 연구하고 중국 애국학생운동의 상황을 보고하였습니다. 나는 회의에서의 발표나 보고서(주로 신문·잡지에서 취재한 내용, 베이징대학교 내부의 학생운동을 목격한 상황) 내용에 대해 반성해 보았는데, 내 자신이 저지른 죄행의 엄중함과 중국 학생의 반항 정보를 보고함으로써 국경을

5 기(冀)는 허베이(河北)성, 찰(察)은 차하얼(察哈爾)성의 약칭이다. 기찰정무위원회는 일본 측이 요구하고 국민정부의 양해 아래 설치되어 허베이성 일대를 관할하던 친일행정기구(1935~1937)이다.

넘어 배신행위를 한 사실에 대해 죄를 인정합니다.

- 을종 학생: 중등학교 졸업자로 대부분 베이징시의 중국 대학에 재학하였습니다.
- 병종 학생: 소학교 졸업자로 전부 톈진시의 중일(中日)학원에 입학하였습니다.

3) 중국 농촌경제 자료 수집 및 연구의 죄행

나는 1933년 4월부터 1937년 6월 사이에 중국 내에서 발간되던 신문과 잡지 등에서 농촌 경제 문제에 관한 자료를 수집하였습니다. 구독하였던 신문은 『대공보(大公報)』, 『신보(申報)』, 『베이징신보(北京新報)』, 『실보(實報)』, 『화북일보』, 『베이핑신보』 여섯 가지였고, 잡지류는 『중국농촌』, 『화북농촌』, 계간 『베이핑대학농업』, 계간 『금릉(金陵)대학농업경제』, 『화북농업합작』 등이었습니다. 나는 상기 수집한 자료를 정리한 연구자료를 대사관 교무과에 제출하였습니다. 그 밖에도 매월 1회 첫째 토요일에 개최한 유학생 간담회 석상에서 참가자들이 보고 들은 중국 애국학생운동 상황 및 연구자료를 발표하였습니다. 내용은 다음과 같습니다.

(1) 9·18 이후 베이핑과 톈진지구에서 목소리가 높아지고 늘어나던 중국 애국학생의 동향 보고

(2) 중국 문화운동의 분석: '한자(漢字)의 라틴문자화운동'과 '신흥 목각판화운동'에 대한 분석과 신문예운동에 대한 분석

(3) '친일 학생'을 얻는 방법에 대한 보고, '일본 문화'에 대한 선전 보고

(4) 종합적인 자료의 수집과 그 방법을 소개하고 편집 기록하고 번역하는 것에 대한 토론

이상 간담회에서 있었던 기록은 모두 대사관 교무과에 제출하였습니다. 나는 내가 이런 기초 자료를 제출함으로써 중국에서 일본제국주의가 문화적·경제적으로 침략하는 데 큰 작용을 한 사실에 대해 죄를 인정합니다.

나는 위 기간 중에 전문적으로 중국 농촌경제와 하천경제를 연구하여 남만주철도주식회사(南滿洲鐵道株式會社) 경제조사국 베이징 파견연구원 아마노 겐노스케(天野元之助)의 지도와 일본대사관 경제과 오하라 미노루(大原實)의 지도를 받아 연구논문의 일부를 베이징의 일문판 『베이징신문』, 『신지나(新支那)』와 일문 잡지 『만몽(滿蒙)』에 투고하여 발표하였습니다.

유학 기간 나의 행동은 다음과 같습니다.

(1) 1934년 7월 상순, 나는 베이징 주재 일본대사관 관원 오하라 미노루와 함께 허베이성

딩(定)현에서 '농촌실험공작'을 위한 시찰을 빌미로 침범 행동을 하였습니다.

(2) 1935년 7월, 나는 중국 국내 경제조사계획을 대사관에 제출하고, 베이징－톈진－지난(濟南)－쉬저우(徐州)－푸커우(浦口)－난징(南京)－상하이(上海)－일본(日本)－베이징을 다녀왔습니다. '약 1개월 반' 동안 중국 주요 도시경제 자료를 수집하는 것이 목적이었습니다.

(3) 1935년 12월 중순(약 13일 동안), 나는 베이징－장자커우(張家口)－다통(大同)－수이위안(綏遠)－바오터우(包頭)－베이징을 조사, 시찰하는 침범 행동을 하였습니다. 행동의 목적은 징수이(京綏)선 연선을 시찰하고 수이위안과 바오터우 근교의 중국 농가를 조사하는 것이었습니다.

(4) 1936년 7월부터 8월까지 만철 톈진사무국 조사단의 임시통역으로서 허베이성 동쪽(冀東) 지구의 하천 유역 경제를 조사하는 죄행을 저질렀습니다(뒤에 나오는 4) 항목에서 상세하게 죄행을 인정하고 기록함).

(5) 친구 나가노 켄(長野賢), 코지마 츠토무(小島勉), 오기 토루(大木徹) 등과 함께 동인잡지 『황토층(黃土層)』을 간행하였습니다. 내용과 목적은 주로 중국 신문학을 일본에 소개하는 것과 각자의 창작물 발표, 번역·소설 발표였습니다. 나는 잡지 간행 때마다 투고하였습니다.

(6) 수집한 자료를 대사관에 제출하였고 또 일본제국주의의 앞잡이로서 지식 획득을 위해 노력하였습니다. 제출한 자료의 건수는 다음과 같습니다.

① 『중국 농촌』 잡지에 실린 논문 번역 3건(화북 농촌의 소작 문제에 대하여)

② 수이위안성 농촌의 실제 상황 1건

③ 허베이성 딩현의 실험 공작 고찰 보고 1건

④ 허베이성 동쪽 지구의 하천 유역 경제 조사 보고 1건

⑤ 중국 '한자(漢字)의 라틴문자화운동'에 대해서 1건

⑥ 중국 '신흥 목각판화운동'에 대해서 1건

합계 8건

〈결과〉

나는 베이징 유학 기간에 일본제국주의의 앞잡이었습니다. 유학생으로서 문화 침략의 실제 행동에 적극적으로 참여하여 농촌경제 연구라는 미명을 씌워 중국 애국학생의 절대적 우정을 배신하고 일본제국주의의 중국 침략을 용이하게 만드는 수많은 기초자료를 수집하여 제공한 '학생 스파이'였던 것입니다.

나는 위에서 기술한 바와 같이 펜으로 칼을 대신하여 일본제국주의의 중국 침략 일원으로서 행동한 죄행이 중국 인민에게 얼마나 엄중한 피해를 입혔는지를 인식하고 있습니다. 베이징 유학 기간에 행한 한마디, 일거수일투족, 한 문장이 일본제국주의자의 최대한의 이윤 추구에 봉사하여 중국 인민의 피를 빨고 땀을 짜내는 결과를 초래하는 요소로 집행되었던 것이었으니, 나는 그것을 직접 적극적으로 집행해냈습니다.

나는 '학생 스파이'로서 일관되게 중국 인민의 반제국주의투쟁을 저해하고, 일본제국주의가 중국을 침략하는 과정에서 중국 인민의 재산을 약탈하는 일이 용이하게 이루어질 수 있도록 하는 데 필요한 기초자료를 제공하는 집행자 중의 한 사람이었습니다. 이에 나는 엄중하게 집행하였던 책임에 관해 죄를 인정합니다.

4) 허베이성 동쪽(기동) 지구의 하천, 운하 유역 경제 조사

일시: 1936년 7월 상순부터 1936년 8월 하순까지

지점: 허베이성 통(通)현, 우칭(武清)현, 닝허(寧河)현, 산허(三河)현, 핑구(平谷)현, 순이(順義)현, 바오디(寶坻)현, 지(薊)현, 샹허(香河)현

위에 기술한 기간과 지점에 걸쳐 나는 베이징 유학 중 남만주철도주식회사 톈진사무국 조사과의 임시통역으로서 스기우라(杉浦) 국장의 명령에 따라 이 회사의 직원 미우라 하기와라(三浦萩原)와 함께 아래의 사항을 조사하였습니다.

〈조사 목표〉

–주요 양곡의 생산고, 생산상황 조사.

–특산품: 종이, 무명, 돗자리, 향, 기타 가공품의 생산량과 운송 경로(수상·육상 운송수단), 판매처, 시중가격

〈조사 수단〉

친일 인루겅(殷汝耕)[6] 정권하의 각 현 기관, 상회, 특산물 상인 등을 통해서 자료를 수집하여 톈진으로 돌아온 후 조사 자료를 정리하여 미우라 주임을 통해 스기우라 국장에게 제출하였습니다. 본 조사의 결과는 톈진을 침범한 일본군사령부에 제출되었다고 들었습니다. 당시 상황으로 판단할 때 내가 제출한 자료는 일본제국주의의 중국 경제침략에 기초자료가 된 것으로 확인할 수 있었습니다. 7·7사변 후 대규모 자원 약탈과 설립되어 있던 회사의 강탈 과정에서 위에 기술한 사무국 직원들이 주요한 지위를 점하고 있던 사실을 확인하였습니다. 나는 본 죄행을 저지른 것에 대해 심각하게 죄를 인정합니다.

5) 동양척식주식회사의 '루타이(蘆臺)농장 강탈 예정지'의 중국 농민 의향 조사

일시: 1938년 3월 중순

지점: 허베이성 닝허현 루타이 부근 농촌

위에 기술한 일시와 지점에 걸쳐 나는 베이징 주재 일본대사관 조선과(朝鮮課) 통역생으로서 무로다(室田) 사무관의 명령에 따라 동양척식주식회사의 루타이농장 강탈 예정지의 중국 농민의 의향을 조사하였습니다. 이때 동양척식주식회사 사원 나가누마(長沼)와 함께 현지에 가서 조사하였는데, 농민들의 맹렬한 약탈 반대 의견을 듣고 그 취지대로 보고하였습니다.

〈결과〉

동양척식주식회사 톈진지점과 탕산시(唐山市)를 침범한 일본 육군특무기관 사이에 강탈 계획이 진행되어 무력으로 강탈한 것으로 들었습니다.

나는 이 죄행에 참가한 일원으로서 죄를 깊이 인정합니다.

6) 경성(京城)방적주식회사 스쟈장(石家庄)공장[7]의 침략적 건설에 협력

일시: 1939년 2월

---

6 殷汝耕(1988~1947), 일본이 만든 기동방공자치정부(冀東防共自治政府) 주석 역임, 1947년 처형되었다.

7 1939년 김성수의 경성방적에서 김연수를 내세워 중국 선양(沈陽)과 스쟈장에 방직공장을 건설하였다.

지점: 허베이성 스자장시

나는 베이징 주재 일본대사관 조선과 통역생으로서 무로다 사무관의 명령에 따라 경성방적 주식회사 박(朴) 경리와 함께 일본 침략군 사령부 특무기관을 방문하여 침략적 공장 건설에 관한 양해를 구하였습니다. 나는 소개와 협력 의뢰를 맡았습니다. 이후 신문을 통해서 이 침략적 공장 건설이 실현된 것을 알았습니다. 중국 인민의 재산과 노동력을 약탈한 사실에 대해 나는 협력자의 한 사람으로서 죄를 인정합니다.

2. 광둥성 난하이(南海)현에서 활동한 시기

1) 살인

(1) 일시: 1939년 8월 상순경

지점: 난하이현 스완(石灣)진 부근 묘지

나는 난하이현 친일 정부[8]의 행정고문으로서 친일 승심원(承審員)[9]을 지도하여 퍼산(佛山)시 근교의 어느 마을에서 중국 측 친일 형사대원들이 체포, 납치해 온 중국인 항일 남자 2명(성명 및 연령 미상)에게 사형 판결을 내리도록 하였습니다. 피해자 2명은 같은 해 11월 위에 기술한 지점에서 퍼산시에 침략, 주둔하고 있던 일본 헌병대 대장 마쓰쿠보(松久保) 소위 이하 몇 명에 의해 참살(斬殺)되었습니다. 이때 중국 측 친일 형사들에게 경계를 서게 하였습니다. 나는 살해를 명령한 책임이 있어 죄를 깊이 인정합니다.

(2) 일시: 1939년 11월

지점: 난하이현 스완진 부근 묘지

나는 난하이현 친일 정부의 행정고문으로서 승심원에게 명령하여 퍼산시 근교에서 친일 형사대원들이 체포, 납치해 온 중국인 항일 남자 2명(성명 및 연령 미상)에게 무기징역형을 판

---

8 1938년 10월 12일 광저우(廣州) 함락 후 12월 10일, '광둥치안유지회(治安維持會)'가 성립되었다. 1940년 3월 30일 왕징웨이(汪精衛) 수반의 난징(南京) 국민정부가 성립되었고, 이어 5월 10일 , 친일 광둥성정부가 성립되었다. 1939년 8월 상순은 '치안유지회'가 행정업무를 담당하던 시기였으므로, 여기서 말하는 '친일 정부'는 '치안유지회'를 이른다.

9 중화민국 이후 법원이 설치되지 않은 지역의 행정기관에서 사법을 담당한 공무원이었다.

결한 것을 사형으로 고치게 하였습니다. 살해를 집행한 상황은 위에 기술한 일시와 지점에서 퍼산시에 침략, 주둔하고 있던 일본 헌병대 대장 마쓰쿠보 소위 이하 몇 명에 의해 참살되었습니다. 이때 중국 측 친일 형사들에게 경계를 서게 하였습니다. 나는 사형을 지시하고 살해한 책임이 있어 죄를 깊이 인정합니다.

(3) 일시: 1940년 2월

지점: 난하이현 스완진 부근 묘지

나는 난하이현 친일 정부의 행정고문으로서 승심원을 지도하여 퍼산시 근교 어느 향(鄕)에서 친일 형사대원들이 체포, 납치해 온 중국인 항일 남자 2명(성명 및 연령 미상)에게 사형을 판결하게 하였습니다. 피해자 2명은 같은 해 11월 위에 기술한 지점에서 퍼산시에 침략, 주둔하고 있던 일본 헌병대 대장 마쓰쿠보 소위 이하 몇 명에 의해 참살되거나 또는 권총으로 살해되었습니다. 이때 중국 측 친일 형사들에게 경계를 서게 하였습니다. 나는 살해를 명령한 책임이 있어 죄를 깊이 인정합니다.

(4) 일시: 1940년 1월

지점: 퍼산시 서교(西郊) 성티엔(勝田)

나는 난하이현 친일 정부의 행정고문으로서, 위에 기술한 일시와 지점에서 보초를 서던 친일 형사 1명이 중국인 항일 남자 1명(성명 및 연령 미상)과 교전 중 권총으로 사살하도록 명령하여 살해한 책임이 있어 죄를 깊이 인정합니다.

(5) 일시: 1940년 3월

지점: 난하이현 스완진 부근 묘지

나는 난하이현 친일 정부의 행정고문으로서 승심원을 지도하여 퍼산시 근교에서 친일 형사대원들이 체포, 납치해 온 중국인 항일 남자 2명(성명 및 연령 미상)에게 사형을 판결하게 하였습니다. 살해를 집행한 상황은 위에 기술한 일시와 지점에서 퍼산시에 침략, 주둔하고 있던 일본 헌병대 대장 마쓰쿠보 소위 이하 몇 명에 의해 참살되거나 또는 권총으로 사살되었습니다. 이때 중국 측 친일 형사들에게 경계를 서게 하였습니다. 나는 살해를 명령한 책임이 있어 죄를 깊이 인정합니다.

(6) 일시: 1940년 3월

지점: 난하이현 스완진 부근 묘지

나는 난하이현 친일 정부의 행정고문으로서 승심원에게 명령하여 3월 상순, 난하이현 관할 어느 촌에서 친일 형사대원들이 체포, 납치해 온 중국 항일 남자 인민 2명(성명 및 연령 미상)에게 무기징역형을 판결한 것을 사형 판결로 고치게 하였습니다. 살해를 집행한 상황은 위에 기술한 일시와 지점에서 펴산시에 침략, 주둔하고 있던 일본 헌병대 대장 마쓰쿠보 소위 이하 몇 명의 손에 의해 참살되거나 또는 권총으로 사살되었습니다. 이때 중국 측 친일 형사들에게 경계를 서게 하였습니다. 나는 살인한 책임이 있어 죄를 깊이 인정합니다.

(7) 일시: 1940년 4월

지점: 난하이현 스완진 부근 묘지

나는 난하이현 친일 정부의 행정고문으로서 위에 기술한 일시와 지점에서 승심원을 지도하여 난하이현 관할 어느 촌에서 친일 형사대원들이 체포, 납치해 온 중국 항일 남자 인민 2명(성명 및 연령 미상)에게 사형을 판결하게 하였습니다. 살해를 집행한 상황은 같은 해 6월 하순(내가 귀국한 뒤)에 펴산시에 침략, 주둔하고 있던 일본 헌병대 대장 마쓰쿠보 소위 이하 몇 명의 손에 의해 참살되거나 또는 권총으로 살해되었습니다. 내가 사형을 판결하도록 명령함에 따른 살인 책임이 있어 죄를 인정합니다.

2) 살인 참가

(1) 일시: 1939년 5월

지점: 난하이현 스완진 부근 묘지

① 1939년 2월, 펴산시 동쪽 15킬로미터에 있는 티에강(鐵崗)향에서 펴산시에 주둔하고 있던 일본 헌병대가 친일 형사대원들을 지휘하여 항일 애국자 남자 5명(성명과 연령은 미상)을 체포하였습니다. 내가 활동하기 전에 발생한 일입니다.

② 1939년 4월, 펴산시 근교 레이강(雷崗)향에서 펴산시에 침략, 주둔하고 있던 일본 헌병대가 친일 형사대원들을 지휘하여 항일 애국자 남자 6명(성명과 연령 미상)을 체포, 납치하였습니다. 내가 활동하기 전에 발생한 일입니다.

위에 기술한 항일 애국자는 모두 11명으로, 위에 기술한 일시와 지점에서 펴산시에 침략, 주둔하고 있던 일본 헌병대 대장 사이조(西條) 소위가 부하 몇 명과 함께 참살 또는 권총으로 대학살을 하였습니다. 이때 중국 측 친일 형사들에게 경계를 서게 하였습니다. 나는 난하이현 친일 정부의 행정고문으로서 살인에 참가하도록 명령한 책임이 있어 죄를 인정합니다.

(2) 일시: 1939년 7월

지점: 난하이현 스완진 부근 묘지

① 1939년 6월, 난하이현 관할 어느 향에서 퍼산시에 침략, 주둔하고 있던 일본 헌병대가 친일 형사들을 지휘하여 항일 애국자 남자 6명(성명과 연령 미상)을 체포, 납치하였습니다.

② 1939년 6월, 순더(順德)현 천(陳)촌 부근 어느 촌에서 퍼산시에 침략, 주둔하고 있던 일본 헌병대가 친일 형사들을 지휘하여 항일 애국자 8명(여자 1명 포함, 성명과 연령 미상)을 체포, 납치하였습니다.

위에 기술한 항일 애국자는 모두 14명으로, 위에 기술한 일시와 지점에서 퍼산시에 침략, 주둔하고 있던 일본 헌병대 대장 사이조 소위가 부하 몇 명과 함께 참살 또는 권총으로 대학살하였습니다. 이때 중국 측 친일 형사들에게 경계를 서게 하였습니다. 나는 난하이현 친일 정부의 행정고문으로서 살인에 참가하도록 명령한 책임이 있어 죄를 인정합니다.

(3) 일시: 1939년 7월

지점: 난하이현 스완진 부근 묘지

친일 정부 형사대원들이 퍼산시 어느 여관에서 검색 중에 난하이현 현장(縣長) 리다오쉬안(李道軒)[10]의 암살을 기도한 중국 애국자 1명(성명 불상, 26세가량)을 체포, 납치하였습니다. 퍼산시에 침략, 주둔하고 있던 일본 헌병대의 요구에 따라 신병을 인도하였습니다. 그 후, 위에 기술한 일시와 지점에서 헌병대원에 의해 참살되었습니다. 나는 난하이현 친일 정부의 행정고문으로서 살인에 참가한 책임이 있어 죄를 인정합니다.

(4) 일시: 1939년 11월

지점: 난하이현 스완진 부근 묘지

위에 기술한 일시와 지점에서 퍼산시에 침략, 주둔하고 있던 일본 헌병대원이 난하이현 내 어느 곳에서 체포, 납치, 감금 중이던 중국 남자 항일 애국자 3명(성명 및 연령 미상)을 참살 또

10 암살 기도는 실패하였고 리다오쉬안은 1941년 광둥성 경무국장으로 승진하였다. 난하이현 현장은 그 동생이 이어받았다.

는 총살하였습니다. 이때 중국 측 친일 형사들에게 경계를 서게 하였습니다. 나는 난하이현 친일 정부의 행정고문으로서 살인에 참가한 책임이 있어 죄를 인정합니다.

(5) 일시: 1939년 11월

지점: 난하이현 루어거(羅格)향 산야용(三丫涌)촌

위에 기술한 일시와 지점에서 친일 형사대 제1대장 천버(陳鉢) 이하 몇 명이 퍼산시에 침략, 주둔하고 있던 일본군 1개 중대 및 일본 헌병대원을 불러 중국 인민 23명을 학살하는 데에 참가하였습니다. 나는 난하이현 친일 정부의 행정고문으로서 살인 참가 명령을 한 책임이 있어 죄를 인정합니다.

(6) 일시: 1939년 9월

지점: 난하이현 쥬장(九江)시[11] 시쟝(西江)부두 부근

1939년 8월경, 쥬장시 밖 다구(大谷)에서 쥬장시에 주둔하고 있던 일본헌병분견소(分遣所) 니시타니 미노루(西谷稔) 중사(軍曹)가 친일 형사대원을 지휘하여 체포, 납치, 감금한 항일 애국 남자 3명(성명 및 연령 불상)을 위에 기술한 일시와 지점에서 일본도(日本刀)로 참살하였습니다. 나는 난하이현 친일 정부의 행정고문으로서 살인 참가 명령을 한 책임이 있어 죄를 인정합니다.

(7) 일시: 1939년 10월

지점: 난하이현 쥬장(九江)시 시쟝부두 부근

1939년 8월 경, 난하이현 제9구 허시(河西)향에서 쥬장시에 침략, 주둔하고 있던 일본헌병분견소 니시타니 미노루 중사가 친일 형사대원을 지휘하여 체포, 납치, 감금한 남자 항일 애국자 3명을 위에 기술한 일시와 지점에서 일본도로 참살하였습니다. 나는 난하이현 친일 정부의 행정고문으로서 살인 참가 명령을 한 책임이 있어 죄를 인정합니다.

(8) 일시: 1940년 2월

지점: 퍼산시 친일 소방서 앞 부근

나는 난하이현 친일 정부의 행정고문으로서 퍼산분뇨회사 설립 허가를 지도하여 퍼산시

---

11 지금의 광둥성 퍼산시 난하이구 쥬장(九江)진이다. 상업이 발달하였던 지역의 특수성이 인정되어 1926년 쥬장시가 되었다가 1936년에 쥬장구로 바뀌었으나 여기서는 여전히 쥬장시로 부르고 있다.

근교 중국 농민들의 자유로운 변소 치기를 제한하였습니다. 위에 기술한 일시와 지점에서 난하이현 친일 정부 린(林) 비서가 타고 있던 자동차를 항일 농민들이 포위하자 퍼산시에 침범, 주둔하고 있던 일본 헌병 아사히나(朝比奈) 중사가 현장에 진압하러 출동하여 그의 손으로 권총을 쏘아 중국 농민 1명을 총살하였습니다. 이 농민을 살해한 죄행에 나는 원인을 유발한 살인 참가 책임이 있어 죄를 인정합니다.

(9) 일시: 1939년 12월

지점: 난하이현 제10구 장차(張槎)촌 서쪽 10킬로미터 어느 마을

위에 기술한 일시와 지점에서 퍼산시에 침범, 주둔하고 있던 일본군 와카마쓰(若松)부대가 항일 애국자들의 행동을 수색할 때, 나는 난하이현 친일 정부의 행정고문으로서 현정부 행정과 지원 2명과 친일 형사대원 10명을 지휘하여 함께 수색에 참가하였습니다. 당시에 일본군 병사가 경기관총으로 연기 속에 피난 중이던 주민 1명(성명 및 연령 불상, 남자)에게 200미터 거리에서 사격을 가하여 살해하였습니다. 시체는 현장에 왔던 가족에게 인도하였습니다. 이에 나는 살인 참가 명령을 한 책임이 있어 죄를 인정합니다.

(10) 일시: 1940년 3월

지점: 난하이현 스완진 부근 묘지

1940년 3월경, 퍼산시에 침범, 주둔하고 있던 일본 헌병대 대원이 친일 형사대원을 지휘하여 체포, 납치한 항일 애국자 4명(성명 및 연령 불상, 남자)을 위에 기술한 일시와 지점에서 헌병대장 마쓰쿠보 소위 이하 몇 명이 참살하였습니다. 이때 중국 측 친일 형사들에게 경계를 서게 하였습니다. 나는 난하이현 친일 정부의 행정고문으로서 살인에 참가한 책임이 있어 죄를 인정합니다.

3) 체포 감금

(1) 일시: 1939년 5월부터 1940년 5월까지

지점: 난하이현 퍼산시 및 근교 향촌

위에 기술한 기간과 지점에서 나는 난하이현 친일 정부의 행정고문으로서 친일 형사대원과 경찰인원, 연방국원(聯防局員)을 독려하여 항일 중국 인민 130명가량을 체포, 납치하였습

니다. 친일 승심원을 지도하여 80명가량에게 징역형을 판결하게 하고 투옥시켜 탄압하였습니다. 나머지 50명은 구류 처분하고 석방하였습니다. 이에 나는 체포 명령을 한 책임이 있어 죄를 인정합니다. 피해자 인원은 13개월 동안 매달 10명가량으로 계산한 것입니다.

(2) 일시: 1939년 5월부터 1940년 5월까지

지점: 난하이현 퍼산시 친일 감옥, 퍼산시 친일 경찰서 구류소

위에 기술한 기간과 지점에서 나는 난하이현 친일 정부의 행정고문으로서 친일 승심원의 '사법행정'을 지도하여 항일 중국 인민 240명(여자 10명 정도 포함)을 감금하고 심하게 박해를 가하였습니다. 위생과 음식 등 열악한 조건으로 피해자들에게 고통을 받게 한 사실에 대해 죄를 깊이 인정합니다.

내역: 내가 지도, 명령하여 감금한 피해자 80명, 전임자로부터 인계받아 계속해서 감금한 피해자 100명, 일본 헌병대에서 집행하여 감금한 피해자 60명. 계 240명.

퍼산 친일경찰서 구류소에 날마다 평균 3, 4명을 감금하여 탄압한 사실에 대해 나는 난하이현 친일 정부의 행정고문으로서 지도, 명령한 책임이 있어 죄를 깊이 인정합니다. 1일 감금 3.5명으로 산정할 때 피해자 연인원은 1천 267명입니다.

(3) 일시: 1939년 8월 하순

지점: 광둥성 난하이현 퍼산시

위에 기술한 일시와 지점에서 나는 난하이현 친일 정부의 행정고문으로서 퍼산시에 주둔하고 있던 니시야마(西山)병단사령부 고급부관 도이(土居)[12] 소령(少佐)의 명령에 따라 일본 헌병대 사이조 소위와 모의하여 소위 '퍼산 시내 점령, 경비상 관계 있다'는 이유로, 일본의 침략에 의해 집과 생업을 잃어버리고 퍼산시 시내에서 노숙하고 있던 중국인 중 남녀 노약자들을 광저우시로 추방할 것을 결정하였습니다. 일본헌병의 지휘하에 약 180명의 중국 측 친일 무장요원, 형사대원, 경찰들이 그 노숙자들을 체포하고 퍼산시 부두로 납치하여, 일본인이 경영하는 푸다(福大)회사의 기정(汽艇)이 예인한 민선(民船) 2척에 나누어 싣고 수송하여 광저우시 근교 난하이현 제4구 핑저우(平洲) 부근의 주강(珠江) 건너편 기슭으로 추방하였습니다. 그 결과 약 절반은 3, 4일 후 퍼산시 시내에 돌아갔고, 약 절반은 광저우시로 간 사실이 판명되었

12 '土居'는 '土井'의 잘못으로 보인다. 동일 인물로 보이는 니시야마병단사령부 고급부관의 성이 도이(土井)이다.

습니다. 나는 본 죄행에서 도이 소령의 명령을 받고 적극적으로 중국 측 친일 무장요원을 독려하며 명령을 내렸습니다. 나는 명령집행자로서 죄를 깊이 인정합니다.

(4) 일시: 1939년 10월 상순

지점: 난하이현 퍼산시 시내

위에 기술한 일시와 지점에서 나는 난하이현 친일 정부의 행정고문으로서 9월 하순에 화남(華南)을 침범한 일본군사령부 선전반에서 개최한 '일본군 화남침범 1주년 기념행사 주비회의'에 참가하여 선전반장 마쓰무라(松村) 참모의 명령을 받아 난하이현의 기만적 선전행사를 입안하고 보고하였습니다. 보고 후, 선전비 3천 엔을 수령하여 그날 주간에는 퍼산시의 기만적 기념대회를, 야간에는 제등행렬을 하는 계획을 세우고 퍼산시에 침범, 주둔한 니시야마병단의 고급부관 도이(土井) 소령에게 보고한 바, 도이 소령으로부터 행사 실시 당일에 있을지도 모를 항일애국자의 활동에 대비할 필요가 있다는 통지를 받았습니다.

일본 헌병대 대장 사이조 소위를 포함 3명이 모의하여 당일 전야 가두 통행자의 수색과 시내 각 여관의 일제수색을 실시할 것을 결정하였습니다. 수색 당일 일본군 70~80명과 일본헌병 14, 15명, 중국 측 친일 무장인원 70~80명을 시내 요충지 6개소에 배치하고, 증명서 '일본 헌병대 발급 양민증'을 소유하지 않은 자 약 120명을 체포, 납치하여 친일 현립병원 내에 감금하였습니다. 이후 친일 공안국으로부터 8명의 친일 앞잡이를 파견받아 일본 헌병의 지휘하에 취조를 실시하여 그중 11명의 항일 혐의자를 승심실(承審室)에 송치하여 취조하고 석방하였습니다. 그 나머지는 10시간 구류 후에 귀가시켰습니다. 나는 본 죄행을 모의하고 체포 명령을 내렸습니다.

(5) 일시: 1939년 12월 하순

지점: 퍼산시 시내

위에 기술한 일시와 지점에서 퍼산시를 침범, 주둔한 일본헌병대 대장 마쓰쿠보 소위의 명령에 따라 일본 헌병의 지휘하에 연말 시내 경계를 이유로, 중국 측 친일 정부 무장인원 약 100명이 참가한 시내 각 여관, 찻집, 오락장에서 중국 인민 약 50명을 체포, 납치하여 일본헌병대 내부 건물에 감금하고 취조한 뒤 1일 후 모두 귀가시켰습니다. 나는 난하이현 친일 정부의 행정고문으로서 체포 명령을 내린 책임이 있어 죄를 깊이 인정합니다.

(6) 일시: 1940년 1월 하순

지점: 퍼산시 시내

위에 기술한 일시와 지점에서 나는 난하이현 친일 정부의 행정고문으로서 퍼산분뇨회사 설립 허가를 지도하면서 분뇨회사 설립에 반대하는 항일 중국 농민 30여 명을 친일 경찰인원에게 명령하여 시내 각처에서 체포하게 하였습니다. 체포한 항일 농민을 친일 경찰서에 납치, 감금하고 며칠 뒤에 석방하였습니다. 나는 체포 명령을 내린 책임이 있어 죄를 깊이 인정합니다.

4) 방화 참가

(1) 일시: 1939년 6월경

지점: 순더현 천촌 부근의 어느 마을

퍼산시에 침범, 주둔하고 있던 일본 헌병대원이 친일 형사대원을 지휘하여 중국 애국자를 검문검색하였을 때, 일본 헌병이 민가 2호를 방화하여 소각하였습니다. 당시 친일 형사대원이 경계를 섰습니다. 나는 방화에 참가하도록 명령한 책임이 있어 죄를 깊이 인정합니다.

(2) 일시: 1939년 11월경

지점: 난하이현 루어거향 산야용촌

위에 기술한 일시와 지점에서 친일 형사대원이 퍼산시에 주둔하고 있던 일본군과 일본 헌병을 끌어들여 중국 애국자의 검문검색을 실시하고 대학살하였으며, 민가 177칸을 방화, 소각하였습니다. 이 엄중한 죄행에 친일 형사대원이 참가하였는데, 나는 난하이현 친일 정부의 행정고문으로 참가 명령을 내린 죄를 인정합니다.

5) 가옥 파괴

(1) 일시: 1939년 9월경

지점: 퍼산시(일본인 박애회 퍼산병원 부근)

위에 기술한 일시와 지점에서 나는 난하이현 친일 정부의 행정고문으로서 일본인 박애회 펴산병원 병원장 후지요시(藤好米太郞)가 중국 주민이 소유한 가옥 10호가량을 침범하여, 파괴하였을 때, 피해자로부터 신고를 받고 광둥특무기관에 보고만 하고, 계속해서 파괴하는 행위를 저지하지 않았을 뿐 아니라 이미 파괴된 피해 가옥의 소유자에 대한 구제 조치를 전혀 취하지 않았고, 가해자에게 어떤 처분도 내리지 않았으므로 나는 가옥 파괴를 원조한 책임이 있습니다.

(2) 일시: 1939년 12월경

지점: 난하이현 내 펴산시 친일 현정부 청사 부근

위에 기술한 일시와 지점에서 나는 난하이현 친일 정부의 행정고문으로서 친일 현정부 신청사 확장 명령을 내리고 지도하면서 '구내 용지 확장'을 이유로 하여 인접한 중국 주민이 소유한 가옥 5, 6호를 침범하여 파괴하게 하였습니다. 그리하여 피해자 10명이 거리에서 노숙하는 결과를 초래하였습니다. 나는 파괴명령을 내린 책임이 있어 죄를 인정합니다.

(3) 일시: 1939년 12월부터 1940년 1월까지

지점: 난하이현 펴산시 시내

위에 기술한 기간과 지점에서 나는 난하이현 친일 정부의 행정고문으로서 펴산시에 침범하여 주둔하고 있던 후지이(藤井)병단사령부 타니다(谷田) 참모장의 명령에 따라 시내 동서를 세로로 가로지르던 '경비(警備)도로'의 확장이라는 이유하에 중국의 평화적 주민이 소유한 가옥 약 700호에 대해 친일 현정부를 통해 명령하여 노폭에 관계되는 가옥의 일부(1~2칸, 담장 포함)를 자력으로 파괴하도록 강제하게 하였습니다. 그 결과, 자재 입수에 대한 어떤 조치도 해주지 않은 것은 물론 노동력을 약탈하였습니다. 그리하여 해당 주민들에게 엄중한 경제적 부담을 지게 함으로써 그들로 하여금 간고한 생활에 빠지게 하였습니다. 나는 파괴 집행을 명령한 자로서 죄를 깊이 인정합니다.

(4) 일시: 1940년 2월경

지점: 난하이현 펴산시 근교 성티엔 장차촌

위에 기술한 일시와 지점에서 나는 난하이현 친일 정부의 행정고문으로서 펴산시에 주둔하고 있던 후지이병단사령부 타니다 참모장의 명령에 따라 '경비도로'의 확장이라는 이유 하에, 중국인이 소유한 가옥 약 100호에 대해 친일 현정부를 통해 도로폭 확장에 관련되는 가옥의 일부(1~2칸)를 자력으로 파괴하도록 통보하고 강제 파괴하게 하였습니다. 그 결과 자재

입수에 대한 어떤 조치도 해주지 않은 것은 물론 방대한 노동력을 약탈하였습니다. 그리하여 해당 주민들에게 엄중한 경제적 부담을 지게 함으로써 그들로 하여금 간고한 생활에 빠지게 하는 사실을 발생시켰습니다. 나는 파괴집행을 명령한 자로서 죄를 깊이 인정합니다.

(5) 일시: 1940년 2월

지점: 퍼산시 성핑로(昇平路)

위에 기술한 일시와 지점에서 나는 난하이현 친일 정부의 행정고문으로서 침범하여 거주하고 있던 중국인 소유 가옥 1호의 내부를 파괴하여 일본식 주거형으로 개조하였습니다.

(6) 일시: 1940년 2월

지점: 퍼산시 동쪽 근교 퍼산고아원

위에 기술한 일시와 지점에서 나는 난하이현 친일 정부의 행정고문으로서 중국 자선단체가 경영하던 퍼산고아원의 일부를 친일 퍼산전염병원에서 사용하도록 통보하고 퍼산시의 일본인이 경영하던 박애병원이 강제로 파괴를 집행하였습니다. 나는 파괴를 집행하도록 명령한 자로서 죄를 깊이 인정합니다.

6) 강간

(1) 일시: 1939년 6월

지점: 난하이현 스완(石灣)진

위에 기술한 일시와 지점에서 나는 난하이현 친일 정부의 행정고문으로서 일본 박애회 병원의 의사 하세가와(長谷川)에게 주민 대상으로 콜레라예방주사를 접종하게 하였는데 하세가와가 접종 시행 중 중국인 여자를 강간하였습니다. 피해자가 친일 구장(區長)을 통해 피해 사실을 통보해 왔지만, 기만적 태도로 가해자의 죄행을 은폐하고, 퍼산시에 침범해 있던 일본 헌병대와 공모하여 가해자를 일본으로 추방하였습니다. 나는 강간과 관련된 책임이 있어 죄를 인정합니다.

(2) 일시: 1939년 5월부터 1940년 5월까지

지점: 퍼산시

위에 기술한 기간과 지점에서 나는 난하이현 친일 정부의 행정고문으로서 강간을 방치하였습니다. 펴산시에 침범, 주둔하고 있던 일본 헌병대는 침범 직후였던 1938년 12월경 펴산시 시내에 거주하며 생활이 곤궁하던 중국 여자 약 50여 명을 납치하여 '일본군병사위안소'에 감금하고 강간, 윤간 행위의 죄행을 저질렀습니다. 내가 행정고문이 된 뒤 계속해서 강간당하던 피해자를 목격하였지만 어떤 구제 조처도 해주지 않고 방치하였습니다. 나는 이에 강간에 깊이 참가한 책임이 있어 죄를 인정합니다.

7) 중국 인민에 대한 경제 압박

(1) 일시: 1939년 5월부터 1940년 5월까지

지점: 난하이현 일본군 주둔 지구

위에 기술한 기간과 지점에서 나는 난하이현 친일 정부의 행정고문으로서 광둥육군특무기관 기관장 나가노 히데미쓰(中野英光) 소장(少將)의 명령을 받고 화남을 침범해 주둔하고 있던 일본군의 점령정책이 용이하게 실행되도록 적극적으로 집행하였습니다. 다른 방면으로는 난하이현 친일 정부가 평화적 중국 인민으로부터 '수탈하는 재정'을 '건전'하게 유지시킬 목적도 있었습니다.

나는 부임 당초 매월 5만~6만 엔(일본군 군표)을 수탈하였습니다. 주요 수탈 출처는 펴산시 시내 퇴폐적인 '공인도박장' 4개소의 '개설도급세' 4만 엔가량과 그 밖에 음식점의 부가세와 상업교역소득세 등이 있었습니다.

나는 1939년 연말경부터 '공인 도박장'의 축소정책을 지도하고 명령하였는데, '개설도급세'를 일반 잡세로 변경하여 수탈하도록 지도, 명령하였습니다. 일반 잡세의 주요 수탈 출처는 국민당 통치 시기의 여러 수탈 방침에 의거하면서 그 내역을 변경한 당세(사탕수수출시세), 종이세(상피지출시세), 석유수입세, 무명출시세, 명주출시세, 토지세 등의 상업교역세로 점차적으로 수탈해 나갔습니다.

1940년 2월경에는 매월 12만~13만 엔(일본군 군표)이라는 거액의 수탈을 실현하기에 이르게 되었습니다.

난하이현 친일 정부의 재원을 수탈한 지역은 주로 펴산시 시내 및 근교에 있었습니다. 그 밖에 난하이현 현내 일본군 주둔 지역에서 친일 구(區) 공소, 향(鄉) 공소, 연방국(聯防局)의 제반 경비 수탈과 기부금 수탈이 이루어졌습니다. 이런 수탈은 현 내의 평화적 인민에게 이중 삼중으로 가중되어졌는데, 나는 수탈을 지도하고 명령하였습니다.

위에서 기술한 바와 같이 나는 수탈정책을 지도하고 명령하였는데, 그 결과 '그중에서도 화남에 침범하여 주둔한 일본군의 군사행동이 중국의 평화적 인민의 가옥을 태우고, 생업을 빼앗고, 생업터로부터 쫓아내어 경제생활을 파탄에 떨어뜨리게 하였을' 때, 그 수탈 상황을 가중시켰습니다. 또 일본군에서 발행한 군표를 강제로 유통시켜 관할 지구 내의 화폐제도를 극도의 혼란 상황으로 몰아넣었습니다. 광둥성은행이 발행한 샤오양(小洋), 중화민국 중앙은행이 발행한 다양(大洋)은 일반 시장에서 그 자취가 없어지는 상태에 이르렀습니다.

또 일본군에서 특정한 앞잡이 악덕상인과 상사에서 생활필수품과 필수물자를 독점판매하였습니다. 예를 들면 다음과 같습니다.

연초류: 타이완 출신 악덕상인 천(陳) 아무개(여자)

소금: 미쓰이(三井)물산

베트남에서 수입하는 쌀: 미쓰이물산, 미쓰비시(三菱)상사

포목(주로 무명): 미쓰이물산

종이: 왕즈(王子)제지

어류: 일본수산

생활필수품은 일본 군표가 아니면 입수할 수 없는 상태로 만들었기 때문에 주민들은 군표를 입수하기 위해 수중의 물자와 농작물, 가공품 등을 저렴한 가격에 내놓게 되었고, 다시 악덕상인이 경영한 환전은호(換錢銀號)와 은행에서 악조건하에 군표와 교환하지 않으면 안되게 하였습니다.

나는 현지에서 위에 기술한 엄중한 경제압박을 집행한 자의 일원으로 중국 인민의 생계를 곤란한 상태에 빠뜨려 기아 속에 헤매게 하였으므로 이 엄중한 죄에 대해 깊이 인식하고 있습니다.

(2) 일시: 1939년 5월부터 1940년 5월까지

지점: 난하이현 일본군 주둔 지구

위에 기술한 기간과 지점에서 나는 난하이현 친일 정부의 행정고문으로서 위 (1)항에 언급한 것처럼 엄중한 경제압박을 집행한 죄행을 저지른 결과, 생계 파탄에 빠진 중국의 평화적

인민들 중 숫자를 정확하게 확인하는 것은 불가능하지만, 그들을 기아상태에 빠지게 한 원인을 제공하였으므로 중국 침범을 집행한 일본제국주의자의 일원으로 엄중한 책임이 있어 죄를 깊이 인정합니다.

(3) 일시: 1940년 2월부터 1940년 3월까지

지점: 순더현 일본군 주둔 지구

위에 기술한 기간과 지점에서 나는 난하이현 친일 정부의 행정고문으로서 현정부의 '재정'을 지도하면서 조급한 '재정의 부흥'을 달성하겠다는 명의 아래 '현경(縣境)출입구세', 민물고기출시세, 포목출시세 등의 잡세를 만들어 수탈하도록 명령하였습니다. 순더현 현 내의 평화적 주민들에게 엄중한 경제적 압박을 가하였으므로 죄를 깊이 인정합니다.

(4) 일시: 1939년 5월부터 1940년 5월까지

지점: 난하이현 현내 일본군 주둔 지구

위에 기술한 기간과 지점에서 나는 난하이현 친일 정부의 행정고문으로서 화남을 침범, 주둔하고 있던 일본군이 세운 엄중한 약탈경제방침에 의해 각종 상공업이 극도로 쇠락하게 만들었습니다.

특히 스완진의 요업, 쥬장시 부근의 견직업, 퍼산시 주변의 전통제지업, 제10구의 양초업, 제7구의 사탕수수업 판로를 고려하지 않아 생산이 정지되는 상태에 빠지게 하여 수십만 명의 평화적 인민을 생계 유지가 곤란한 상태에 빠지게 하였습니다. 또 퍼산시 시내의 상업 교역에 대해 어떤 조처도 취하지 않고 일방적으로 수탈하도록 지도, 명령한 죄행을 집행하였으므로 죄를 깊이 인정합니다.

8) 약탈, 약탈 원조

(1) 일시: 1939년 9월경

지점: 난하이현 퍼산시

위에 기술한 일시와 지점에서 나는 난하이현 친일 정부의 행정고문으로서 일본인이 경영하던 광둥박애회병원에서 난하이현 친일 현립병원을 약탈 '접수'하겠다고 요구하였을 때, 시설 일체를 약탈하는 것을 승인하도록 친일 현정부에 명령하여 실현시켰습니다.

(2) 일시: 1939년 10월경

지점: 난하이현 퍼산 수이다오(水道) 입구 부근

위에 기술한 일시와 지점에서 퍼산시에 주둔하고 있던 일본 헌병대 니시타니(西谷) 중사(軍曹) 외 1명이 친일 수상경찰대원을 지휘하여 중국인이 소유하고 있던 기정(汽艇) 1척(시가 약 1천 엔 '군표')을 강탈하여 300엔 '군표'로 구입한 일을 연락받았을 때, 나는 난하이현 친일 정부의 행정고문으로서 그 기정을 강탈, 구입하여 친일 수상경찰서의 '경비정'으로 충당하여 중국 애국자를 탄압하는 용구로 사용하게 하였습니다. 이때 기정을 사용하려고 원소유자를 이용하기도 하였습니다.[13]

(3) 일시: 1939년 8월부터 1940년 5월까지

지점: 난하이현 제3구 관요(官窯) 북방 산지

위에 기술한 기간과 지점에서 나는 난하이현 친일 정부의 행정고문으로서 광둥육군특무기관 기관장 나가노 히데미쓰 소장의 명령을 받고 일본 재벌 아사노(淺野)시멘트공장 광둥공장(광둥성 성정부 경영 공장을 약탈하여 사용)의 원석 약탈을 용이하게 하기 위해, 친일 연방국 대원 20명을 파견하고 제3구 친일 연방국에 명령하여 경계하는 일을 원조하게 하였습니다. 나는 약탈을 원조한 책임이 있어 죄를 인정합니다.

(4) 일시: 1939년 5월부터 1940년 5월까지

지점: 난하이현 제4구 옌산쉬(鹽山墟)

위에 기술한 기간과 지점에서 나는 난하이현 친일 정부의 행정고문으로서 광둥육군특무기관 기관장 나가노 히데미쓰 소장의 명령에 따라 일본인이 경영하던 '광둥제지공장'의 약탈적 조업에 편의를 제공하기 위해 친일 연방국 및 친일 구 공소에 명령하여 '광둥제지공장'을 보호하고 협력하게 함으로써 중국 인민의 재산을 쉽게 약탈하게 하였습니다. 나는 약탈을 원조한 책임이 있어 죄를 인정합니다.

13 헐값에 기정을 판매한 원 소유자를 불러 기정을 운전하는 일을 맡긴 것으로 보인다.

9) 친일 기만 선전

(1) 일시: 1939년 5월부터 1940년 5월까지

지점: 난하이현 퍼산시 및 일본군 주군 지구

위에 기술한 기간과 지점에서 나는 난하이현 친일 정부의 행정고문으로서 주둔하고 있던 일본군사령부 선전반장 마쓰무라 참모의 명령에 따라 매국적 일간지 위에난(粵南)일보 및 친일 광둥부인회 난하이현 지부를 지도하여 매월 보조금을 지급하면서 항일에 반대하고 친일로 이끄는 기만선전을 하게 하였습니다. 또 중국인과 항일군을 이간시키는 선전을 계속해서 실시하였습니다. 나는 친일 정권의 기만정책을 대중에게 침투시키는 데 집행명령의 책임이 있어 죄를 인정합니다.

(2) 일시: 1939년 5월부터 1940년 5월까지

지점: 퍼산시 친일 일본어학교

위에 기술한 기간과 지점에서 나는 난하이현 친일 정부의 행정고문으로서 퍼산시에 거주하던 중국인 중 남녀 청소년을 기만하여 항일에 반대하고 친일하게 하는 교육을 보급하였습니다. 일본제국주의에 반항하는 투쟁을 마비시키는 목적 하에 타이완 출신 중국인 교사 3명을 배치하고 연인원 약 1천 명에 대하여 교육을 실시하게 하였습니다. 나는 집행명령의 책임이 있어 죄를 인정합니다.

(3) 일시: 1939년 5월부터 1940년 5월까지

지점: 퍼산시

위에 기술한 기간과 지점에서 나는 난하이현 친일 정부의 행정고문으로서 '일본군 화남 침범 1주년 기념대회'와 '친일 정권 창립 1주년 기념대회'에서 퍼산시에 거주하고 있거나 일본군 주둔 지구에 거주하던 중국인을 강제로 동원하여 시위행진집회에 참가하게 하였습니다. 피해 인원은 매번 합계 2만~3만 명에 이르렀다는 사실을 인정합니다. 나는 강제동원을 조직하도록 명령하고 시위행진을 실시하도록 명령한 책임이 있어 죄를 인정합니다.

11) 유인하여 구류한 공작[14]

(1) 일시: 1939년 11월경

지점: 퍼산시 퍼산호텔 내

위에 기술한 일시와 지점에서 나는 난하이현 친일 정부의 행정고문으로서 항일군 제51사(師) 장(張) 참모가 친일파 현장(縣長) 리다오쉬안에게 연락해 왔으므로, 그를 유인하고 구류하여 이용하고 회유할 목적으로 퍼산시로 불러서 퍼산시에 침범하여 주둔하고 있던 후지이병단사령부 니시노(西野) 참모에게 연락하여 위에 기술한 지점에서 면담하게 하였습니다.

니시노 참모는 면담 내용에 대해 유인, 구류된 장 참모의 진위(眞僞)를 알 수 없어, 작전용 용어로 응답하고 모욕을 주었다고 하였습니다. 약 2시간 후 다시 만나기로 약속하고 유인, 구류되어 있던 장 참모를 친일 현정부 공안국 웨이(魏) 부관의 자택에 연금시켰는데, 나는 웨이 부관에게 감시하라고 명령하고 돌아갔습니다. 다음 날 아침, 장 참모가 탈출하였다는 통지를 받았는데, 그 이후 일은 알 수 없습니다.

12) 정치 공작

(1) 일시: 1939년 5월부터 1940년 5월까지

지점: 난하이현 퍼산시 및 일본군 주둔 지구

위에 기술한 기간과 지점에서 나는 난하이현 친일 정부의 행정고문으로서 광둥육군특무기관 기관장 나가노 히데미쓰 소장의 명령에 따라 친일 현정부의 행정을 지도하여 화남을 침범한 일본군의 주둔을 용이하게 하였습니다. 이 과정에서 중국인에 대하여 기만적 탄압정책을 집행하였습니다. 항일군과 중국인 애국자 사이를 이간시키는 선전을 집행하기 위해 친일 현정부 소속으로 매국노가 된 중국인을 이용하여 정치, 경제를 압박하고 친일 기만선전을 통해 일본제국주의에 반항하는 투쟁을 마비시켰습니다. 또 다른 방면으로는 중국 측 친일 무장력을 지휘하며 명령을 내려 계속해서 항일 애국자의 수색을 실시하였습니다.

---

14 10)이 빠져 있다.

나는 부임 당초, 친일 난하이현 행정전원공서(行政專員公署)를 확대 강화한 현정부가 수립될 때까지 일관되게 '신난하이건설'의 기만적 슬로건을 높이 내걸고, 중국인으로 친일 행정부 직원이던 자를 이용하여 '친일(親日), 의일(依日), 신일(信日)'의 기만적 정신을 계속해서 고취시켰고, 일제를 우두머리로 하는 '대동아공영권'을 건설하는 것을 동아시아 민족의 최고 '목표이자 의무인' 것으로 강조하였으며, '반공사상'을 선전하였습니다.

나는 난하이현 내 일본군 주둔 지구에서 매국노가 된 친일파 현장, 향장, 연방국 국장과 직원으로 하여금 위에난일보 또는 친일 난하이현 현정부 공보(公報)를 통해서, 또 매달 10일에 소집 개최된 행정회의와 매달 5일에 소집 개최된 치안연락회의 석상에서 항일 애국자의 활동을 봉쇄, 탄압하도록 명령하였습니다.

나는 위에서 기술한 바와 같이 친일 정치공작을 통해 난하이현 내 평화적 중국 인민에 대해 정치, 언론, 출판, 결사의 자유를 막고 일본제국주의에 대한 투쟁을 탄압하였으며 애국자들을 학살, 투옥하였습니다. 그리하여 하늘에 차고 넘칠 만큼 큰 죄행을 집행하고 명령하였으므로 이에 죄를 깊이 인정합니다.

(2) 일시: 1940년 2월부터 3월까지

지점: 순덕현 제3구 어느 향(鄕)

위에 기술한 기간과 지점에서 나는 난하이현 친일 정부의 행정고문으로서 대량(大良)시[15]에 주둔 중이던 일본군부대가 일시 후퇴하여 흩어졌을 때, 광둥육군특무기관 기관장 나가노 히데미쓰 소장의 명령에 따라 친일 순더현 현정부의 '부흥공작'에 종사하였고, 항일 중국 인민들에게 연금되어 있던 친일파 현장 수더스(蘇德時)를 연금에서 풀어줬습니다. 퍼산시에 주둔 중이던 후지이병단사령부의 협력을 얻어 친일 순더현 판사처를 퍼산시 밖에 개설한 후, 위에서 기술한 지점으로 이전하여 순더현의 주민을 정치적·경제적으로 압박하고 약탈하는 일을 다시 개시하였습니다.

나는 겸임 기간에 주둔하던 일본군과 적극적으로 연락하면서 친일 순덕현 현정부의 '위신'을 높이기 위해 노력하고 친일 순덕현 현정부의 기초를 공고하게 하였습니다. 또 순더현 내의 평화적 중국 인민과 항일군 및 중국 애국자를 이간시키는 선전공작을 명령하고 지도

15 지금의 퍼산시 순더구 대량진이다.

하였습니다.

(3) 일시: 1940년 3월

지점: 중산(中山)현 스치(石岐)시[16]

위에 기술한 일시에 중산시에 침범하여 주둔 중이던 후지이병단사령부 참모장 타니다 대령의 명령에 따라 "홍콩-마카오에서 광둥성 주강(珠江)지구의 항일군부대로의 무기 보급루트 단절을 목적으로 하여 중산현 일대의 침범작전을 개시하였을 때, 친일 난하이현 정치공작대를 편성, 파견하여 친일 괴뢰정권의 확립을 준비하는 요원으로" 삼을 것을 통지하였습니다.

나는 난하이현 친일 정부의 행정고문으로서 공안국 비서 추이(崔) 아무개를 장으로 하는 정치공작대 20명을 후지이병단 본진부대에 배속, 종군시켜 위에 기술한 지점에서 중산현의 주민에 대해서 기만적인 정치공작을 실시하였습니다. 내가 명령하여 파견한 친일 정치공작대가 일본 침략군에 협력하여 중국 애국자와 인민 사이를 이간하는 공작을 하였고 기만적 정치공작을 실시하였습니다. 이에 파견명령한 책임이 있고 침범에 참가한 책임이 있으므로 죄를 인정합니다.

13) 무력 시위로 항일 중국 인민의 탄압에 참가

(1) 일시: 1939년 11월 상순

지점: 난하이현 스완진

위에 기술한 기간과 지점에서 나는 난하이현 친일 정부의 행정고문으로서 친일 난하이현 제10구 구장으로부터 항일유격대의 공격 때문에 두려워하고 있다는 보고를 받고, 퍼산시에 주둔 중이던 이다(飯田)병단사령부에 연락해서 일본군 1개 중대를 지휘한 세라다(世良田) 참모와 함께 중국 측 친일 무장인원 50명을 인솔하여 스완진에 도착하여 일부는 방어에 들어가면서 위협 사격하여 항일유격대의 진공을 불가능하게 만들었습니다. 직접 교전은 없었고 같은 날 밤 11시경 퍼산시에 돌아왔습니다.

---

16 지금의 중산시 스치구이다.

(2) 일시: 1939년 11월 하순

지점: 난하이현 제8구 관산쉬(官山墟)

위에 기술한 기간과 지점에서 나는 난하이현 친일 정부의 행정고문으로서 퍼산시에 주둔 중이던 이다병단사령부 세라다 참모의 명령에 따라 세라다 참모가 인솔한 일본군 2개 중대와 함께 중국 측 친일 무장인원 20명 및 친일 현정부의 행정과 직원을 이끌고 검문을 실시하여 항일군과 중국 애국자를 수색하는 일에 참가하였습니다. 그러나 용의자가 없었으므로 행정과 직원에게 명령하여 인민들에게 기만적 정책을 선전하게 하고, 인민들로 하여금 친일 현 정부와 연락할 것을 강요하였습니다. 그날 일본군과 함께 수로를 통해 퍼산시로 돌아갔습니다.

(3) 일시: 1940년 1월 하순

지점: 순더현 어느 향(난하이현 핑저우진 주강 건너 기슭 부근)

위에 기술한 기간과 지점에서 나는 난하이현 친일 정부의 행정고문으로서 광둥육군특무기관 기관장 나가노 히데미쓰 소장의 명령에 따라 궤멸하였던 친일 순더현 현정부의 부흥을 목적으로, 항일 중국인들에게 연금되어 있던 친일 순더현 현장 수더스를 풀어내기 위해 퍼산시에 후지이병단 마쓰이(松井)부대의 1개 중대의 협력하에 중국 측 친일 무장인원 50명을 지휘하여 수로를 통해 위에 기술한 지점으로 가서 수더스를 빼냈습니다. 그 뒤 30분에 걸쳐 무력 시위를 진행하고 그날 저녁 퍼산시로 돌아갔습니다. 이때 교전이나 기타 피해는 없었지만, 항일 중국 인민을 압박하였습니다.

(4) 일시: 1940년 1월 하순

지점: 순더현 어느 향(난하이현 핑저우진 주강 건너 기슭 부근)

위에 기술한 기간과 지점에서 나는 난하이현 친일 정부의 행정고문으로서 퍼산시 남사영(南舍營)에 침략해 있던 사령관 사노(佐野) 중령(中佐)의 인솔하에 일본군 1개 소대와 함께 기정(汽艇)을 타고 무력 시위 행동에 참가하였고, 친일 구공소와 연방국을 독려하여 시위 행동에 참가하게 한 뒤, 이틀 지나서 퍼산시로 돌아갔습니다. 교전은 일어나지 않았지만 항일 애국자의 행동을 저해하고 기만적 선전행위를 실시하였습니다.

(5) 일시: 1939년 10월 상순

지점: 난하이현 제4구(옌산쉬 주강 건너 기슭 부근)

위에 기술한 기간과 지점에서 나는 난하이현 친일 정부의 행정고문으로서 항일 중국 인민을 검색하고 친일 향공소 및 연방국 직원을 독려하여 중국 측 친일 무장인원 70명을 지휘하여 기정(汽艇)을 타고 수로에서 무력 시위 행동을 하였습니다. 항일 애국자를 발견하지 못하자 기만적 선전을 실시한 뒤, 그날 퍼산시로 돌아갔습니다. 이날 행동에서 항일 애국자의 행동을 저해한 죄를 인정합니다.

14) 혹사

일시: 1939년 5월부터 1940년 5월까지

지점: 퍼산시 성핑로

나는 퍼산시에 부임한 뒤 위에 기술한 기간과 지점에서 가사를 위해 중국인 여자 2명을 혹사시켰습니다. 피해자는 '아잉(阿英)'과 '아수(阿叔)'라는 별칭으로 불렸습니다.

3. 무단장(牡丹江)성에서 활동한 시기

1) 살인

(1) 일시: 1941년 6월 하순

지점: 무단장시 제2신시가(新市街) 무단장성 지방보안국 수용소

위에 기술한 기간과 지점에서 나는 무단장성 친일 지방보안국 정첩(偵諜) 공작반장으로서 나카무라(中村) 이사관(理事官)의 명령에 따라 빈수이선(濱綏線) 무링(穆陵)[17]역 수리반 항일 애국 노동자 간칭하이(干清海, 남자, 40세가량)를 철도 파괴 기도 용의자로 취조하던 중에 고문(물고문 2회, 죽도로 구타)을 가해서 무링역 수리반 류(劉) 기사(技師)가 관계자로 지도하였다고 강제로 진술하게 하였습니다. 또 증거품은 자택 지하실 내에 얼마간의 다이너마이트와 뇌관을 매장한 사실을 강제로 진술하게 하였습니다. 피해자 간칭하이는 내가 고문을 하자 공포에

17 '穆棱'의 오기이다.

질려 목을 매어 죽었습니다. 나는 본 살인을 나의 학살행위로 인정하고 이에 죄를 깊이 인정합니다. 사체는 공공묘지에 매장하였습니다.

2) 체포 고문

(1) 일시: 1941년 5월

지점: 무단장시 시창안가(西長安街)

위에 기술한 기간과 지점에서 나는 무단장성 친일 지방보안국 정첩(偵諜) 공작반장으로서 부하 중국인 친일파 경관 왕쩡더(王增德)에게 명령하여 중국인 종이판매업자 취(曲) 아무개(남자, 41세)를 경제 모략 용의자로 간주하고 체포, 납치하여 무단장성 친일 중국 경찰국에 감금하였습니다.

나와 왕쩡더가 5일 동안 직접 취조하면서 고문(구타 10여 회, 손으로 때림)을 가하였으나, 증거가 불충분하고 중국인의 거짓보고를 이용한 것이 판명되었으므로 귀가시켰습니다. 나는 명령하고 직접 집행한 책임이 있으므로 죄를 인정합니다.

(2) 일시: 1941년 5월 하순

지점: 무단장시 무단장성 친일 지방보안국 수용소

위에 기술한 기간과 지점에서 나는 무단장성 친일 지방보안국 정첩(偵諜) 공작반장으로서 무단장육군특무기관으로부터 넘겨받은 중국 항일 애국자 마(馬) 아무개(남자, 45세가량, 무링가 근교에 거주하던 농민)을 나카무라 이사관의 명령에 따라 위에 기술한 지점에서 철도 파괴기도 용의자로 취조하면서 몇 회에 걸쳐 직접 고문(물고문, 구타)을 가하여 위에 살해되었다고 기술한 간칭하이가 관계자라는 진술을 받아냈습니다. 나는 위에 기술한 내용을 명령자에게 보고함과 동시에 간칭하이를 체포해서 고문을 가해 참살하였습니다. 마 아무개를 취조하여 받은 진술에 따라 내가 집행한 죄행은 아래와 같습니다.

① 관계자인 항일 애국 노동자(무링역 수리반) 간칭하이를 체포하고 고문하여 살해하였습니다. 피해자의 집은 무링역 노동자숙소에 있었고, 처(성명 미상, 32세~33세가량)와 자식(아들로 기억됨)이 있었습니다. 사체는 무단장시 공공묘지에 매장하였습니다.

② 간칭하의 진술에 따라 항일 애국자(무링역 수리반) 류 기사를 체포, 고문하였는데, 철도

파괴 기도 용의 사항이 불명확하여 계속 추가로 압박하였습니다. 그러나 8월 15일, 내가 산장성 보안국으로 전근해 감에 따라 후지카네 시로(藤金四郎)에게 인계하였는데, 결과는 잘 모릅니다.

③ 항일 애국 노동자 간칭하이가 진술한 상황을 나카무라 이사관에게 보고하였고, 무단장에 주둔 중이던 일본군 사령부 아무개 소위, 무단장 특무기관 사토(佐藤) 촉탁, 무단장 친일 철도경찰 다케나카(竹中) 호감(護監), 무단장성 친일 경무청 오모모(大桃) 경정(警正)이 모인 자리에서 내가 사건의 내용을 설명하였습니다. 마 아무개 사건의 결과에 대해서는 내가 산장성 보안국으로 전근해 감에 따라 후지카네 시로 속관(屬官)에게 인계하였는데, 결과는 잘 모릅니다.

(3) 일시: 1941년 7월 상순

지점: 빈수이선 무링역 수리반

위에 기술한 기간과 지점에서 나는 무단장성 친일 지방보안국 정첩(偵諜) 공작반장으로서 이전 항목에서 살해하였다고 기술한 항일 애국 노동자 간칭하이의 진술에 따라 나카무라 이사관의 명령을 받고 오쿠야마(奧山) 속관, 친일 철도경찰 다케나카 호감, 나카무라 순감보(巡監補)와 함께 무링역에 가서 앞에서 기술한 간칭하이의 가택을 수색하여 증거품인 신문지로 포장한 '다이너마이트와 뇌관'을 약탈하였습니다.

항일 애국자 류 기사를 사건 관계자로 간주하고 무링 친일 철도경찰 본부에 불러서 체포하는 동시에 류 기사의 가택에 침범하여 수색을 집행하여 혐의점이 있는 문건으로 보이는 서류를 약탈하였습니다. 이날 무단장 친일 보안국에 납치, 감금한 류 기사를 취조하면서 진술을 강요하며 고문(물고문)을 가하였지만 사건과 직접 상관이 있다는 판명을 내리지 못하였습니다. 8월 15일 내가 친일 산장 보안국으로 전근해 감에 따라 후지카네 시로 속관에게 인계하였는데, 결과는 잘 모릅니다.

3) 음모 참가

일시: 1941년 6월 하순

지점: 무단장시 친일 지방보안국 회의실

위에 기술한 기간과 지점에서 나는 무단장성 친일 지방보안국 정첩(偵諜) 공작반장으로서,

독소(獨蘇)전쟁 개시와 동시에 중국 동북 지방을 침범하여 주둔하고 있던 관동군이 대소련 침략전을 위해 준비하고 있던 소위 '관특연(關特演)'[18] 계획에 호응하여 친일 만주국 중앙보안국으로부터 내려온 지령에 의해 무단장성 보안국 관계 각 현 및 시의 특무과, 고장(股長) 회의에 참가하였습니다.

회의에서 모의한 내용은 무단장성 관내에 거주하는 '전시유해분자', '요시찰인명부'에 등록되어 있는 약 300여 명의 중국 애국자, 조선족 애국자, 외국인 거류자에 대해 체포, 검색을 실시하는 음모였습니다.

피해자는 무단장성 지방보안국이 등록한 '방첩특수명부' 관계자들입니다.

실시 시기는 무단장시 주둔 일본 헌병대 본부에서 친일 만주국 헌경(憲警), 특무기관에 각각 올린 명부를 조회하여 무단장시 일본 헌병대장의 통제와 안배하에 일제히 탄압하라고 발표되었습니다.

내가 기억하고 있는 명부에 등록된 애국자의 분류는 다음과 같습니다.

갑) 암살: 70~80명

을) 송치: 30명(국제 관계를 고려한 차원에서)

병) 체포, 감금: 60명가량

정) 시찰 강화: 100명가량

무) 역이용: 40명

실시 시기는 친일 만주국 중앙보안국에서 지령이 내려오는 대로 발표하였습니다.

탄압 방법은 관할 친일 만주국 기관에서 '갑에 해당하는 애국자'는 학살, 암살하였습니다. '을에 해당하는 애국자'는 무단장 친일 만주국 고등검찰청에 송치하였습니다. '병에 해당하는 애국자'는 관할 친일 만주국 기관에 구류하였습니다. '정에 해당하는 애국자'는 관할 친일 만주국 기관에서 시찰 강화를 실시하였습니다. '무에 해당하는 애국자'는 관할 친일 만주국 기관에서 역이용을 실시하였습니다.

같은 모의 석상에서 나카무라 이사관으로부터 밀봉된 관계 명부가 특무과장, 고장, 정첩(偵諜) 공작반장에게 건네졌습니다. 나는 공작기간 관계로 해당 등록명부가 없었기 때문에 동

---

18 '관특연'은 관동군 특별군사훈련을 의미한다.

료 가쓰라(桂) 공작반장을 지원하라는 명령을 받았습니다.

탄압 관계로는 피해 애국자가 5명이고 '갑 해당자'가 1명에서 2명, '병 해당자'가 3명에서 4명으로 기억됩니다.

출석자(모의참가자)는 무단장성 지방보안국 국장 나카지마 겐지(中島健治), 무단장 육군특무기관 기관장 도이(土井) 대령(大佐), 나카무라 노부야(中村宣也) 이사관, 아키다 하루요시(秋田春吉) 사무관, 스즈다 타다오(鈴田忠雄), 하라다 토지(原田統治) 촉탁, 누루키 마스미(塗木益見) 2특무고장, 고바야시(小林) 3특무고장, 스즈키(鈴木) 친일 무단장시 경찰국 특무과장, 시미즈(清水) 친일 닝안현(寧安縣) 특무고장, 친일 무링현 특무고장, 친일 둥닝현(東寧縣) 특무고장, 친일 수이링현(綏陵縣)[19] 특무고장, 고토 긴시로(後藤金四郎), 가쓰라, 다케우치(竹内), 야마다(山田○○[20]治), 나카지마 가쿠지(中島學自), 후루카와 유이치(古川勇一) 무단장 시내 직할 정첩(偵諜) 공작반장이었습니다.

결과: 이상의 모의에 기초하여 친일 만주국 중앙보안국으로부터 지령이 내려오기를 기다렸으나, 일본제국주의의 남방침략 방침이 결정되어 소련 침략이 중지되면서 실시된 결과는 없었습니다.

4) 약탈

일시: 1941년 3월

지점: 무단장시 동창안가

위에 기술한 기간과 지점에서 나는 무단장성 친일 지방보안국 정첩(偵諜) 공작반장으로서 중국 애국자 탄압과 검문검색을 개시한 죄행이 있습니다.

중국인 상점 산이룽(三益隆), 통승허(同陞和), 다광밍(大光明) 외 24호를 강박하여 사무용 집기 시가 1천 500엔 어치를 약탈하였습니다.

---

19 '綏棱'의 오기이다.

20 두 글자는 식별하기 어렵다.

5) 정보활동

일시: 1941년 3월부터 8월 15일까지

지점: 무단장시 동창안대가 푸신가(福新街)

위에 기술한 기간과 지점에서 나는 무단장성 친일 지방보안국 정첩(偵諜) 공작반장으로서 나카지마 겐지 국장의 명령에 따라 무단장시 시내 및 근교의 중국 항일 애국자를 검색하고 첩보 용의 사항을 색출하여 용의자를 체포하는 것을 목적으로 활동하였습니다. 또 일반 평화적 인민의 반만항일(反滿抗日) 언동을 정탐하기 위해 부하 오쿠야마 타로(奧山太郎) 속관과 중국 측 친일 경관 왕쩡더, 친일에 빠진 중국 국민 장서우헝(張守恒), 리중산(李中山)을 강박, 이용해서 주로 구시가지에 거주하던 중국인 상인의 언동을 내사하여 정보 보고를 하게 하였습니다.

정보 보고 내용과 그 처리된 결과는 다음과 같습니다.

경제 단체 관련: 8건, 보고 후 처리된 결과는 체포 1건이 있었습니다.

시국 반영 관계: 20건, 보고 후 처리된 결과는 없었습니다.

항일반만 관계 유언비어: 6건, 보고 후 처리된 결과는 없었습니다.

계 34건

4. 자무스(佳木斯) 활동 기간

1) 살인

일시: 1943년 1월 중순

지점: 자무스시 친일 만주국 적십자병원 내

위에 기술한 일시와 지점에서 나는 산장성 친일 지방보안국 특첩(特諜)반장으로서 친일파가 된 중국인 장수형을 끌어들여 중국 애국자를 색출하고 항일반만 애국 행동을 내탐하도록 강박하였습니다.

장수형은 자무스시 남시장에서 위장영업하던 푸타이여잔(福泰旅棧)[21]에서 위에 기술한 일시에 아내 종잉란(宗英蘭)과 아편을 삼키고 동반자살을 기도하였습니다. 이 사실을 동거 중이던 아버지가 급보해 왔으므로 내가 혼미상태에 있던 2명을 위에 기술한 지점으로 옮겨 치료하였습니다. 그러나 장수형은 절명하고, 송잉란은 소생하였습니다. 사체는 관에 넣어 가족으로 하여금 원적지인 산동성(山東省) 황현(黃縣)에 운구하게 하였습니다.

나는 장수형이 죽음에 이른 원인은 내가 그로 하여금 친일파로 빠지게 하여 반인민행위를 강제한 결과로 인식하고 있습니다. 따라서 나는 살인을 집행한 죄를 인정합니다.

2) 살인 참가

일시: 1942년 1월 4일부터 2월 상순까지

지점: 자무스시 시내 및 하얼빈(哈爾濱) 이시이(石井)부대

1942년 1월 2일, 산장성 친일 보안국 수용소에 감금 중이던 중국 애국자 순뎬빈(孫殿賓) 외 1명이 탈출하였을 때 나는 가와카미 오사무(河上修) 이사관의 명령에 따라 산장성 지방보안국 특첩(特諜)[22] 공작반장으로서 부하 3명을 지휘하여 색출을 담당하였습니다. 2일 후, 자무스시 멍구리(蒙古里)[23] 부근에서 히라마쓰(平松) 공작반원에게 체포, 납치되어 다시 감금되었습니다.

그 뒤 친일 만주국 중앙보안국으로부터 명령을 받아 '특비보(特秘報)'로 가와카미 이사관의 명령에 따라 2고(股) 직원 2, 3명(성명 불상)이 순뎬빈을 하얼빈시 시외 샹팡(香坊)에 있던 이시이부대로 납치하여 세균실험에 이용하고 학살하였다는 소식을 들었습니다. 나는 체포 및 살인에 참가하였으므로 죄를 인정합니다.

---

21 '여잔'은 '여관'이다.

22 일본어 원문에 '偵諜'으로 되어 있으나 본인이 작성한 이력서는 '特諜'으로 되어 있다.

23 지금의 자무스시 동펑구(東風區) 멍구리항(蒙古力港)이다.

3) 정보 활동

(1) 일시: 1942년 4월부터 1945년 8월까지

지점: 자무스시

위에 기술한 기간과 지점에서 나는 산장성 지방보안국 특첩(特諜)반장으로서 친일파로 변한 중국인 왕위팅(王玉廷)을 이용하여 자무스시 친일 공서 행정과장 왕위(王禹)를 우두머리로 하는 항일 지하용의자 조직을 정탐하였습니다.

자무스시 적십자회에서 자무스시 시내에 거주하는 중국인 유력자 회합이 있었는데, 농후한 '반일적 언동'으로 판단되는 내용이 있다는 첩보를 받고 가와카미 오사무 이사관에게 보고하는 동시에 왕위팅에게 확증을 입수할 때까지 정탐을 계속하라고 명령하였습니다.

1943년 가을경, 위에 기술한 왕위가 산장성 공서 관방재정(官房財政) 과장으로 전임되어 정탐이 곤란해졌고, 나도 허강(鶴岡)[24]지구로 전근하게 되어 8·15에 이를 때까지 결과를 보지 못하였습니다. 나는 본 정탐과 정보활동을 통해 중국 인민의 반제국주의투쟁에 압박을 가하였으므로 죄를 깊이 인정합니다.

(2) 일시: 1943년 1월부터 2월 중순까지

지점: 자무스시 남시장

위에 기술한 기간과 지점에서 나는 산장성 지방보안국 특첩(特諜)반장으로서 요시마루(吉丸) 사무관의 명령에 따라 헤이허성(黑河省) 지방보안국에서 소련에 파견(일시 불명)하였던 일본인 이시다(石田) 아무개가 1942년 11월경 동안(東安)성 샤오허(曉河)가 부근에서 입경하였으므로 동안성 지방보안국을 통해 산장성 지방보안국으로 이첩하였습니다. 그때 나는 요시마루 사무관의 명령에 따라 위에 기술한 이시다를 이용, 조종하여 위에 기술한 지점에서 중국 애국자 리바터우(李把頭, 속칭)를 체포하게 하였으나 미리 감지되어 기만적 연락이 불가능하였습니다.

나는 이시다를 조종하여 목적을 달성하는 일이 불가능해졌다는 취지로 요시마루 사무관에게 보고한 바, 중앙보안국의 지령에 따라 이시다를 헤이허성 친일 지방보안국에 이첩하는

---

24 '鶴崗'의 오기이다.

것으로 결정되어, 2고(股) 속관 쿠마이 미쓰오(熊井光雄)가 기만적으로 그를 납치하여 수이화가(綏化街)에서 헤이허성 친일 지방보안국에서 파견된 직원에게 인계하였다고 들었습니다.

나는 본 죄행이 일본제국주의의 흉악한 음모 정보 활동이었다고 인식합니다. 결과는 없었지만, 항일 중국 애국자의 행동을 엄중하게 저해하였으므로 죄를 깊이 인정합니다.

(3) 일시: 1941년 8월부터 1944년 3월까지

지점: 자무스시 시내

위에 기술한 기간과 지점에서 나는 산장성 지방보안국 특첩(特諜)반장으로서 지방보안국장 다나카 요지(田中要次)의 명령에 의해 자무스시 및 근교의 중국 애국자를 검색하고 정보활동 용의자를 색출, 체포하는 것을 목적으로 하여, 또 평화적인 일반 인민의 반제국주의투쟁, 반만항일언동을 정탐하기 위해 부하였던 친일 중국 경찰 주궈칭(朱國卿)을 유인, 강박해서 친일파가 된 장수형, 마완서우(馬萬壽), 자오모옌(趙莫晻), 천이랴오(陳逸遼), 차오판하이(曹帆海), 왕위칭, 류팅리(劉廷禮)를 이용, 조종하고 지휘하여 정보를 수집한 후 산장성 보안국에 제공하였습니다.

정보 보고 내용과 그 처리 결과는 다음과 같습니다.

경제 관계: 22건, 보고 후 처리된 결과는 없었습니다.

시국 반영 관계: 36~37건, 보고 후 처리된 결과는 없었습니다.

항일반만 관계 유언비어: 14~15건, 보고 후 처리된 결과는 없었습니다.

친일 만주국 제 법률, 조례 반포에 따른 반영: 24~25건, 보고 후 처리된 결과는 없었습니다.

계 96건

중국 인민에 대한 만주국의 친일정책이 용이하게 실시되게 하고, 항일 애국자의 활동, 특히 지하조직의 활동을 방해하였습니다. 나는 일본제국주의자의 중국 동북침략정책을 위해 지하조직을 정탐하는 공작을 통해 위에 언급한 중국 인민들을 탄압하고 기만, 선전 등을 하였으며, 그것을 집행한 책임이 있어 죄를 인정합니다.

4) 특첩 공작교육회의 참가

(1) 일시: 1942년 3월 중순

지점: 자무스시 산장성 회관

위에 기술한 일시와 지점에서 나는 산장성 지방보안국 특첩(特諜)반장으로서 가와카미 이사관의 명령에 따라 중앙보안국 제2과장 에이후쿠(永福) 사무관과 고로키(興梠) 속관이 주최한 '신설 특첩반 부식에 관한 주의사항 시달' 교육회의에 참가하여 중국 애국자를 은밀히 정탐하는 요령과 유인과 강박에 의한 반원 획득 방법을 교육받았습니다. 그 내용은 다음과 같습니다.

① 특첩반원은 절대적으로 은폐시켜야 하고, 표면적으로는 경찰의 권력행사를 피해야 하며, 체포와 납치는 표면에서 활동하는 공작반 직원으로 하여금 실시하게 한다.

② 특첩조직의 탄압과 정탐의 주요 목표는 은밀한 공작을 통해 항일 애국자와 항일 지하조직을 정탐·색출하여야 하므로, 직접 집행에 의한 접촉을 피하고 항일 애국자 한 방면으로 정탐을 배치한다.

③ 강박, 기만, 유인에 의해 중국 인민을 친일파로 빠지게 할 때 특수성을 고려하여 신중하게 집행하고, 반원 사이에는 서로 연락이 불가능한 환경을 형성하여 중국 애국자를 탄압하고 색출하는 데 용이한 정탐이 이루어지게 한다.

④ 반원의 획득(강박, 기만, 유인에 의해)은 최대한 5명 내지 6명으로 하되 3명가량이 적당하다. 경제적 연계에 의한 유대를 공고하게 하고 정신적으로 농락시켜 유인하여 친일파로 빠지게 한다. 특히 위장영업의 투자는 기만적으로 반원을 획득하는 일을 용이하게 만든다.

이상 시달된 사항에 대해 참가한 각 반장의 간단한 의견 발표가 있었습니다. 참가인원은 다음과 같았습니다.

친일 만주국 중앙보안국 제2과 에이후쿠 아무개 사무관과 고로키 시게루(興梠繁) 속관, 친일 산장성 지방보안국 가와카미 오사무 이사관, 요시마루 시카노스케(吉丸鹿之助) 사무관, 나카유마 센타(中山千太) 속관, 사토 이사무(佐藤勇) 속관, 히라마쓰 쓰루요시(平松鶴吉) 자무스시 특첩반장, 후루카와 유이치 자무스시 특첩반장, 마루야마 유타카(丸山豊) 지셴진(集賢鎮) 특첩반장, 오가와라 히로시(大河原裕) 탕위안현(湯原縣) 샤오바이촌(小白村) 특첩반장, 스카와

(須川眞弁雄) 수이라이진(稅來鎭)[25] 특첩반장, 가타노(片野與弁雄) 루어베이현(羅北縣)[26] 펑샹촌(鳳翔村) 특첩반장, 시모다 신이치로(下田新一郎) 수이빈가(綏濱街) 특첩반장, 오가와(小川) 아무개 수이빈가 특첩반장, 이타야 가즈지(板谷一二) 자무스시 특첩반장

계 15명

이상 회의에 참가한 후, 나는 적극적으로 항일 지하조직의 정탐활동에 종사하면서 중국 애국자를 색출하기 위해 위에 언급한 정보활동 등 중국 인민을 강박하고 기만하고 유인하여 친일파로 끌어들인 반인민적 죄행을 계속해 나갔습니다.

(2) 일시: 1943년 4월경

지점: 조선 함경북도 주을(朱乙)온천 선선각(鮮仙閣)

위에 기술한 일시와 지점에서 나는 산장성 지방보안국 특첩(特諜)반장으로서 지방보안국 국장 다나카 요지의 명령에 따라 '산장성 지방보안국 특첩반장 연락회의'에 참가하여 중앙으로부터 특첩반 조직 담당 고로키 시게루 친일 속관이 하달한 '특첩반 위장 요령' 교육을 받았습니다. 참가인원은 다음과 같았습니다.

친일 만주국 중앙보안국 제2과 고로키 시게루 속관, 친일 산장성 지방보안국 다나카 요지 국장, 쓰쓰미(堤金錄) 이사관, 요시마루 시카노스케(吉丸鹿之助) 사무관, 나카유마 센타(中山千太) 속관, 사토 이사무(佐藤勇) 속관, 기타무라 다케오(北村丈夫) 속관, 히라마쓰 쓰루요시 특첩반장, 이타야 가즈지 특첩반장, 후루카와 유이치 특첩반장, 마루야마 유타카 특첩반장, 오가와라 히로시 특첩반장, 스카와 특첩반장, 시모다 신이치로 특첩반장, 오가와 특첩반장, 기다(木田覇太郎) 특첩반장

이상 16명

〈결과〉

위에 언급한 회의에 참가한 후 나는 내가 이용하던 중국인 친일파 마완서우로 하여금 자무스시 시내 린장가(臨江街)에 고물상을 열게 하고 하얼빈시 다오와이(道外) 푸자뎬(傅家甸)

25 '悦來'의 오기이다.

26 '蘿北'의 오기이다.

의 중국인 상인(특히 고철상)과 연락하여 경제적 모략과 항일 지하조직을 색출하도록 하였습니다. 항일 애국자의 활동에 엄중한 저해를 입혔으므로 이에 깊이 죄를 인정합니다.

5. 허강가(鶴岡街) 활동기간

1) 살인

(1) 일시: 1945년 1월 상순

지점: 산장성 허강탄광 스터우채탄(石頭採炭)사무소 부근

위에 기술한 일시와 지점에서 나는 산장성 지방보안국 허강특첩반장으로서 친일 만주국 토목건축공회 허강출장소에서 소장으로 위장활동 중, 허리현(鶴立縣) 친일 공서 동원과장 아마리(甘利)의 명령에 따라 중국 인민 중 토건 관계 노동자를 기만, 압박하여 노역시킨 소위 '허강토건보국단'의 대대장을 겸임하여 1천 500명을 혹사시켰습니다. 이때, 일본인 경영기업 나카지마쿠미(中島組) 소속 중국 노동자 1명이 작업지점에서 달려오던 기관차에 부딪혀 바로 즉사하였습니다. 사체는 허강탄광을 통해 산장성 이란가(依蘭街)의 피해자 친척에게 인도하였습니다. 내가 노동을 강제하며 노역을 시킨 결과로 살해되었으므로 이에 깊이 죄를 인정합니다.

피해자의 성명은 불상이며 나이는 36세가량의 남자였습니다. 친척은 당시 이란가에 거주하고 있었으며 성명은 불상입니다.

(2) 일시: 1945년 2월경

지점: 산장성 허강탄광 동산(東山)노동자 숙소 '허강토건보국단 숙사'

위에 기술한 일시와 지점에서 나는 산장성 지방보안국 허강 특첩반장으로서 친일 만주국 토목건축공회 허강출장소에서 소장으로 위장활동 중, 허리현 친일 공서 동원과장 아마리의 명령에 따라 중국 인민 중 토건 관계 노동자를 기만, 압박하여 노역시킨 소위 '허강토건보국단'의 대대장을 겸임하여 1천 500명을 혹사시켰습니다. 이때 일본인 경영기업 일만흥업(日滿興業) 소속의 한 중국인 노동자(남자, 40세가량)가 연일 혹사를 당해 병을 얻었다가 사망하였습니다. 나는 피해자에게 노동을 강제하여 살해하였으므로 이에 살인 죄행을 깊이 인정합니다.

2) 체포

(1) 일시: 1945년 4월

지점: 산장성 허강가 신카이지동거우(新開基東溝)

위에 기술한 일시와 지점에서 나는 산장성 지방보안국 허강특첩반장으로서 친일파로 변신한 주궈칭의 정탐 첩보 보고에 따라 중국 애국자와 연락한 용의가 있는 항일 중국인 마(馬) 아무개를 지방보안국 국장에게 보고하고 보안국 속관 쿠마이 미쓰오(熊井光雄) 외 1명과 중국측 친일 경관에게 체포하게 하였습니다. 그 후 피해자를 강박하며 취조하였으나 용의사항이 불충분하여 허강가 신카이지동거우에 거주하던 피해자 친형의 보증하에 귀가시켰습니다. 나는 보고하고 체포하는 일을 직접 집행한 책임이 있으므로 죄를 인정합니다. 피해자는 마 아무개(남자, 35세~36세가량)로 주소는 위에 기술한 지점이며 직업은 채소재배업이었습니다. 감금기간은 2일이었습니다.

(2) 일시: 1945년 3월 10일

지점: 산장성 허강가

위에 기술한 일시와 지점에서 나는 산장성 지방보안국 허강특첩반장으로서 1945년 2월 하순에 허강가 공서 서무과장 왕(王)과 일본인 서무주임 다케가와(竹川)가 공모하여 허강가의 중국 인민과 조선족, 일본인으로부터 일본제국주의 군대의 침략용구 '군용비행기 헌납자금' 만주국 화폐 약 3만여 엔(円)[27]을 약탈하여 횡령 소비한 첩보를 입수하고 만주국 허강가 경찰서 특무주임에게 그 사실을 제공하여 두 사람을 체포하게 하였습니다. 왕은 감금 3일 후에 귀가시키고 면직 조치하였고, 일본인 다케가는 자무스법원에 송치되어 징역 2년 판결을 받게 되었습니다.

나는 정보를 제공하고 체포하는 일을 집행한 책임이 있어 죄를 인정합니다.

(3) 일시: 1945년 4월

지점: 산장성 허강가 신카이지동거우

위에 기술한 일시와 지점에서 나는 산장성 지방보안국 허강특첩반장으로서 친일파로 변

---

27 만주국 화폐 단위 '圓'의 오기이다.

신한 중국인 마리머우(馬栗某)의 정탐 첩보 보고에 따라 '일본제국주의에 반대하는 언동'을 하였다는 이유로 허강가경찰서 특무계 주임 소에지마(副島)에게 연락하여 체포, 취조하게 하였습니다. 그 뒤 자무스법원에 송치되어 징역 2년 판결을 받게 되었습니다. 나는 정보를 제공하고 체포하도록 집행한 책임이 있어 죄를 인정합니다.

3) 정보활동

(1) 일시: 1944년 4월부터 1945년 8월까지

지점: 산장성 허강가 허강탄광

위에 기술한 기간과 지점에서 나는 산장성 지방보안국 허강특첩반장으로서 강박, 기만, 유인에 의해 친일파로 변신시킨 중국 국민 간원자오(干文藻), 류팅리, 장(姜) 아무개를 조종하여 허강탄광 내의 항일 지하조직 용의가 있는 사실에 대해 다음과 같이 정탐하게 하였습니다.

항일 국민당 관계 조직 용의 애국자: 바터우(把頭)사무소 왕치성(王棋生), 동산(東山)채탄소 차오커성(曹克生), 치(戚)바터우, 스터우채탄소 장바터우(姜把頭).

용의사항: 하얼빈 방면의 항일 지하조직과 연락한 사실이 농후하지만 구체적인 확증 파악은 하지 못하였습니다.

팔로군 관계 조직 용의 애국자: 싱산채탄소 자오광위안(趙光遠), 자오관장(趙關章), 선바터우(沈把頭), 자오(趙) 아무개.

용의사항: 이상 4명은 모두 산동성 황현(黃縣) 출신으로 원래 팔로군 전사였다는 소문을 정탐하였지만 구체적인 확증 파악은 하지 못하였습니다.

결과: 나는 정보를 탐지한 후 8·15 때까지 4회에 걸쳐 구두 또는 문서로 친일 지방보안국 이사관인 안둥산만(安東善滿)과 후루타니(古谷) 아무개에게 정보를 제공하였습니다. 침략전쟁 수행 중의 탄광 생산 관계에 영향을 끼칠 것을 고려하고 또 용의 조직의 확대가 예상되어 체포, 납치를 집행하지는 않았습니다.

나는 본 정탐과 첩보 죄행으로 항일 애국자, 반제국주의투쟁에 엄중한 저해를 가하였으므로 죄를 인정합니다. 나는 이때 정탐되었던 애국자 중 1945년 8월 15일까지 체포, 납치된 사실이 있다는 것을 듣지 못하였습니다.

(2) 일시: 1944년 4월부터 1945년 8월까지

지점: 산장성 허강가 허강탄광

위에 기술한 기간과 지점에서 나는 산장성 지방보안국 허강특첩반장으로서 부하 2명, 즉 허강토건 주사(主事)로 위장하였던 야마기시 히카루(山岸晃) 친일 지방보안국 속관과 산장성 친일 화물자동차조합 허강지부 주사 에사키 헤이이치(江崎平市) 친일 지방보안국 촉탁 외 기만, 강박, 유인에 의해 친일파로 변한 중국 국민 주궈칭, 마리머우, 류팅리, 장 아무개, 허강가 푸런(輔仁)의원 의원장 간원자오를 조종하여 허강지구의 중국 항일 애국자 검색, 항일 지하조직 색출, 모략 용의 사항의 색출과 체포 탄압을 목적으로 한 정보를 다음과 같이 수집하여 산장성 지방보안국에 제공하였습니다.

〈정보내역〉

경제 관계: 5건, 보고 후 처리된 결과는 없었습니다.

시국 반영 관계: 17건, 보고 후 처리된 결과는 없었습니다.

반만항일 관계 유언비어: 8건, 결과는 1건 처리되었습니다.

항일애국자 동향 관계: 2건, 결과는 1건 처리되었습니다.

나는 위에 언급한 대로 적극적으로 제 정보(합계 32건)를 제공하여 항일애국자의 활동, 특히 지하조직의 확대 발전을 저해하여 일본제국주의자들의 중국 인민에 대한 침략과 탄압정책이 용이하게 실시되도록 하였습니다. 이에 나는 집행 책임에 대해 죄를 깊이 인정합니다.

(3) 일시: 1945년 4월 20일경

지점: 자무스시 이신가(一心街)

위에 기술한 일시와 지점에서 나는 산장성 지방보안국 허강특첩반장으로서 이용하고 있던 류팅리로부터 류팅리의 친동생이자 항일 애국자였던 류팅즈(劉廷智)가 위에 언급한 자무스시 이신가에 있던 친어머니의 주택을 방문하였다는 정보를 입수한 뒤에 나는 류팅즈를 체포할 목적으로 산장성 지방보안국 이사관에게 보고하였습니다만 체포의 목적을 달성하지 못하였습니다. 나는 중국 애국자의 친형을 친일파로 변신시켜 친동생인 중국 애국자를 탄압, 체포하려고 한 엄중한 책임이 있으므로 죄를 인정합니다.

4) 약탈

일시: 1944년 4월부터 1945년 7월까지

지점: 산장성 허강가

위에 기술한 기간과 지점에서 나는 산장성 지방보안국 허강특첩반장으로서 만주국 토목건축공회 허강특첩반장으로 위장활동하던 중 직권을 이용하여 허강노수(勞需) 물자배급조합으로부터 연초 50갑 들이 13상자, 백주(白酒) 30근, 옥수수 종자 120근, 콩기름 40근을 약탈하여 소비하였습니다.

5) 노동력 착취

(1) 일시: 1944년 11월부터 1945년 3월 하순까지

지점: 산장성 허강가 허강탄광 내

위에 기술한 기간과 지점에서 나는 산장성 지방보안국 허강특첩반장으로서 친일 만주국 토목건축공회 허강출장소에서 소장으로 위장활동 중, 허리현 공서 아마리 동원과장의 명령에 따라 허강가의 일본인 경영 토건기업체에서 노역당하고 있던 중국인 노동자 1천 500명이 노역기간 만료에 따라 해산하게 된 것을 '만주국 동원법'을 구실로 하여 일본제국주의의 침략전쟁 수행의 자원 약탈에 혹사할 목적으로 허강탄광의 지상작업(박토작업, 선로부설, 물자운반 등 일반 토목공사)에 종사시키려고 허강탄광 당국과 허강경찰서, 노무흥국회와 모의하였습니다. 나는 대대장을 겸임하여 일본인 중대장 6명을 지휘하면서 1천 500명 노동자를 허강탄광 노동자숙소에 수용하여 연일 혹독한 추위에도 부족한 방한복을 보충 보급받지 않고 일반 의복을 방한복이라는 명목으로 지급하였고, 만주국 배급규정에 기초한 열악한 수준의 양식을 배급하며 노동력을 약탈하였습니다.

나는 여러 차례에 걸쳐 노역당하고 있던 중국 노동자들을 향해 기만적인 선전을 실시하여 탈출을 막았고, 가족과 통신하지 못하게 하는 등의 수단을 강구하면서 노역을 강제하였습니다. 나는 탄광 측과 노동자가 임금을 교섭할 때 중국인 노동자의 희망사항을 조금도 고려하지 않고 노역기간이 만료될 때까지 어떻게든 넘기기만 하면 된다는 죄악적 관점으로 탄광

측의 요구를 들어주고 임금을 체불하였습니다. 나는 위에서 언급한 것처럼 일본제국주의자의 앞잡이로서 방대한 노동력을 착취하였습니다.

〈결과〉

위에서 언급한 기간에 나는 전항 1) 살인의 (1)과 (2)에 기술한 대로 노역 중인 2명의 중국 노동자를 살해하였습니다. 또 노동자들에게 경제적·정신적 압박을 가하였습니다. 노역기간이 만료된 1944년 3월 말일, 피해자들의 희망을 무시한 채, 원래 소속되어 있던 일본인 경영 토건기업체에 재고용시켜 계속해서 피해자들의 노동력을 더 가혹하게 착취하였습니다. 나는 본 죄행의 직접 집행자로서 엄중한 책임이 있으므로 이에 죄를 깊이 인정합니다.

(2) 일시: 1944년 12월 상순부터 1945년 8월 15일까지

지점: 산장성 허강가 신카이지

위에 기술한 기간과 지점에서 나는 자택의 가사를 위해 중국 청년 차오머우산(曺某山, 17세)을 혹사하며 노동력을 착취하였습니다. 직접 집행한 책임이 있으므로 죄를 인정합니다.

6. 8·15 무렵 시기

1) 음모 활동 참가

일시: 1945년 8월 15일부터 9월 2일까지

지점: 산장성 자무스시 화촨(樺川)현, 이란현, 팡정(方正)현 일대

위에 기술한 지점과 기간에 나는 산장성 지방보안국 허강특첩반장으로서 중국 동북 해방전쟁을 위해 소련군이 동북에 진주해 오자 동북을 침범해 있던 관동군 무단장 병사부장이 하달한 '동만주지구의 일본 재향군인 전원소집령'을 받고, 8월 11일 아침 허강가를 출발하여 정오경에 자무스역에 도착, 역 구내에서 자무스를 침범하여 주둔 중이던 관동군 제 853부대에 영장을 제출하고 연락을 마쳤습니다. 그 후 나는 자무스역 역전에 있던 만주국 자무스시 특첩총반 히라마쓰 쓰루요시 반장을 방문하였습니다. 그때 산장성 지방보안국 후루타니 이사관의 지시에 의해 자무스를 침범하여 주둔 중이던 일본 육군특무기관 후지와라(藤原) 대위가 주재한 회의에 참가하였습니다. 이 회의에서 위에 언급한 히라마쓰 쓰루요시와 시다 기이치

로(志田己一郎) 특첩반장이 획책 모의한 대소련군 정보수집반에 참가할 것을 제안 받고 적극적으로 참가하였습니다.

나는 일본인 대원 5명과 중국인 2명을 지휘하여 11일과 12일에는 자무스시 시내에서, 13일과 14일에는 멍구리 일본군 주둔 병영(공병대)에서, 15일에는 자무스시 시내 아사히(朝日)국민학교에서, 16일에는 자무스시를 출발하여 17일에 화촨현 타이라이강(泰來崗)에서 정보를 수집하다가 진주해온 소련군의 포함(砲艦)의 공격을 받고 궤산되었습니다. 이 기간 동안은 히라마쓰대의 구성원으로서 행동하였습니다. 이후 9월 2일, 산장성 팡정현 요우산툰(有山屯)에서 소련군에 투항할 때까지 후지와라 대위의 지휘를 받으며 행동하였습니다.

위에서 언급한 기간 동안 내가 직접 집행한 것과 내가 속하였던 히라마쓰대의 죄행은 다음과 같습니다.

(1) 8월 12일, 나는 히라마쓰 대장(隊長)으로부터 만주국 화폐 2만 엔과 아편 연고(煙膏)[28] 20냥(兩), 1천 포(包)를 수령하여 히라마쓰가 기만, 유인하여 친일파로 변신시켰던 중국인 2명(현재 성명은 기억나지 않고 연령은 27세~28세가량)을 인솔, 히라마쓰의 명에 따라 롄쟝커우(蓮江口) 허강가지구에 잠입하려고 자무스역에 이르렀지만 이 방면으로 가는 열차 운행이 정지되었으므로 중국인 2명을 롄쟝커우에 파견하고 나는 히라마쓰대 주둔 지점 즈싱가(志興街) 시마다(島田)의 집으로 돌아갔습니다. 위에 기술한 중국인 2명은 행방불명이 되었는데, 같은 날 탈출하여 자무스시로 돌아갔다는 소식을 들었습니다.

(2) 8월 13일, 나는 히라마쓰대의 지휘 아래 자무스시를 출발하여 서교(西郊) 멍구리 발전소를 경비하도록 배치되었습니다. 같은 날 저녁, 약 1.5킬로미터 서쪽에 있던 일본군 공병대 부대 터를 경비하기 위해 일본인 대원 10명을 지휘하여 배치된 곳으로 갔습니다.

(3) 8월 15일경, 원대복귀하라는 명령을 받고 발전소에 도착하였을 때, 대문 쪽에 가로놓여 있던 5칸 건물이 불타고 있었습니다. 그 건물이 타는 중에 히라마쓰대가 대문 앞에 정렬하였습니다. 나는 히라마쓰대의 일원으로 방화에 참가한 책임이 있습니다.

(4) 8월 11일 밤, 자무스시 샹양가(向陽街) 부근에서 히라마쓰대의 일원이었던 니시야먀

28 생아편을 고아서 검고 끈끈하게 만든 것이다.

가쓰치(西山勝次)가 중국 인민 1명을 일본도로 참살하였으므로 히라마쓰대의 일원으로 죄를 인정합니다. 8월 12일 저녁, 나는 히라마쓰대의 일원이었던 시다 기이치로가 자무스시 즈싱가 시마다 집의 중국인 1명을 일본도로 참살한 것에 대해 히라마쓰대의 일원으로 책임이 있어 죄를 인정합니다.

(5) 자무스에 침범해 주둔 중이던 육군특무기관 후지와라 대위가 지휘하는 자무스 잔류경비대가 저지른 자무스발전소 방화, 자무스 일본인 주택 방화, 쑹화강 철교 폭파에 대해 나는 소속되어 있던 히라마쓰대의 일원으로 이에 깊이 죄를 인정합니다.

위에 기술한 음모활동은 8월 17일, 화촨현 타이라이강에서 소련군 포함의 포격에 의해 궤멸되었습니다. 그 후 어떤 정보수집 행위도 집행하지 못하였습니다. 위 음모활동에 참가한 인원은 다음과 같습니다.

대장(隊長) 쓰루요시, 연락계 겸 부관 시다 기이치로, 제1반장 이타야 가즈지, 반장 스즈키 다이스케(鈴木太助), 제2반장 오가와라 유타카(大河原裕), 제3반장 후루카와 유이치, 반장 海雲賊, 西◯藏, 사쿠마(佐久間), 시미즈(清水), 스기야마(杉山), 하야시(林), 다케다(竹田), 오모모(大桃), 후루카와 사쿠지(古川作次), 후루카와(古川), 니시야마 가쓰치 외 성명 미상 5, 6명

계 22명

〈결과〉

위에 기술한 음모활동의 결과, 위에 기술한 바와 같이 엄중한 죄행을 집행하여 소련군의 동북 해방을 저해하고 중국 인민의 반제국주의투쟁을 탄압하였습니다. 중국 인민의 재산에 피해를 입히고 중국의 평화적 인민을 살해하기에 이르렀습니다. 나는 직접 집행에 참가하지는 않았지만, 소속 부대의 일원으로서 이에 깊이 죄를 인정합니다.

2) 방화(放火) 참가

일시: 1945년 8월 23일경

지점: 산장성 이란현 투청즈(土城子) 부근 어느 툰(屯)

위에 기술한 일시와 지점에서 궤멸하여 도주 중이던 일본 잡편(雜編)부대가 중국 인민의 가옥 16호에 방화하여 전소시켰습니다. 집행자는 히라마쓰대 시다 기이치로 외 여러 명이었

습니다. 이 죄행에 대해 나는 히라마쓰대에 소속된 일원으로 책임이 있으므로 죄를 인정합니다.

3) 약탈

(1) 일시: 1945년 8월 16일 밤

지점: 산장성 화촨현 헤이통(黑通)촌

위에 기술한 일시와 지점에서 나는 히라마쓰대 대원으로서 히라마쓰의 명령에 의해 동료 이타야 가즈지 등과 공모하여 헤이통촌 공소를 강박하여 중국 농민이 소유한 우차(牛車) 1대를 약탈, 8월 17일, 화촨현 타이라이강까지 끌고 갔다가 버렸습니다. 나는 직접 집행한 책임이 있으므로 죄를 인정합니다. 피해자의 성명은 기억나지 않습니다만, 위에 기술한 촌에 거주하는 사람이었습니다.

(2) 일시: 1945년 8월 17일부터 9월 2일까지

지점: 산장성 화촨현 타이라이강에서 이란현 퇀산즈(團山子), 투청즈(土城子)를 지나 팡정현 다루어미(大羅米)[29] 부근, 허리강 부근, 요우산툰 부근

위에 기술한 기간과 지점에서 나는 히라마쓰대 대원으로서 산장성 팡정현 현성으로 도주하던 중 중국 농민에게서 돼지 2마리(150킬로그램), 닭 5마리, 옥수수 종자 30킬로그램, 옥수수 60자루, 야채 50근, 기타 약간의 조미품, 소금, 기름 등을 약탈하였습니다. 나는 직접 집행한 책임이 있으므로 이에 죄를 인정합니다.

4) 납치

일시: 1945년 8월 27일경

지점: 산장성 팡정현 다루어미촌 부근

위에 기술한 일시와 지점에서 나는 히라마쓰대 대원으로서 산장성 팡정현 현성으로 도주

29 지금의 헤이룽장성 하얼빈시 팡정현 다루어미(大羅密)진이다.

중 중국인(성명 불상, 연령 46, 47세)를 납치하여 약 6킬로미터 떨어져 있던 동북 침범 일본군이 구축한 진지까지 길 안내를 시키고 돌려보냈습니다. 나는 직접 집행한 책임이 있으므로 죄를 깊이 인정합니다.

1954년 7월 20일

푸순에서

후루카와 유이치

후루카와 유이치의 죄행 총람

죄행 분류	책임분류 활동지점	베이징	광둥성 난하이현	무단장성 지방 보안국	산장성 지방 보안국	산장성 지방 보안국 허강 특첩반장	8·15 전후 히라마쓰대	총 합계	비고
살인	직접집행			1	1	2		4	'참가자'는 참가명령 포함됨
	명령집행		14					14	
	참가자		64		2			66	
	일원책임						2	2	
	합계		78	1	3	2	2	86	
체포 고문 투옥	직접집행			3		4	1	8	구금 1일 감금 3.5명, 13개월로 계산. 8·15 시기의 납치를 체포로 계산함
	명령집행		460					460	
	참가자		50					50	
	투옥자 수	난하이현 투옥 탄압 24, 구류 연인원 1,267							
	합계		510	3		4	1	518	
고문	직접집행								
	명령집행								
	참가자								
	합계								
음모 조사	음모건수			1			1	2	
	조사건수	6						6	
	합계	6						6	
방화	건수		2				3	5	방화 참가: 난하이현 시기, 177칸 850호
	호수		52					52	
강간 참가	건수		2					2	
	피해인원		51					51	
약탈	건수		4	1		1	2	8	
경제 압박	건수		4					4	
정보 활동	건수	6		34	98	37		175	
혹사	건수		1			2		3	
	피해인원		2			1,501		1,503	
정치 압박	건수		3					3	
가옥 파괴	건수		6					6	부분 파괴도 합산함
	호수		818					818	
선전	건수		3					3	
유인 구류			1					1	
회의 참가			1			2		3	
기타	건수	3	5					8	베이징 시기를 제외한 시기의 조사 건수임

찾아보기

일제침탈사 자료총서 93

전쟁범죄 · 일본군 '위안부' 피해실태 자료집

중국 침략 일본전범 자필진술서

초판 1쇄 인쇄 2020년 12월 18일
초판 1쇄 발행 2020년 12월 30일

엮은이 동북아역사재단
발행처 동북아역사재단

등록 제312-2004-050호(2004년 10월 18일)
주소 03739 서울시 서대문구 통일로 81 NH농협생명빌딩
전화 02-2012-6065
팩스 02-2012-6189
홈페이지 www.nahf.or.kr
표지디자인 역사공간
제작·인쇄 역사공간

ISBN 978-89-6187-607-0 93910